GESCHICHTE S II

Europa im Aufbruch

Vom Spätmittelalter bis
zur Französischen Revolution

Schroedel

GESCHICHTE S II
Europa im Aufbruch
Vom Spätmittelalter bis zur Französischen Revolution

bearbeitet von Anton Egner
Dietrich Mehrgardt
Bernhard Müller

unter Mitarbeit der Verlagsredaktion

Bildquellenverzeichnis

Archiv Gerstenberg, Wietze 57, 58, 113, 120, 151 li.; Archiv für Kunst und Geschichte, Berlin Umschlag li., 6, 10, 16, 39 re., 43, 48 re., 54, 56, 63, 67 re., 73, 74, 83, 90, 94, 98, 103, 107, 115, 119, 130, 133, 138 o., 147, 159; Augustinermuseum, Freiburg 34, 35; Bibliothèque Nationale 122, 134, 138 u., 139; Bildarchiv Preußischer Kulturbesitz, Berlin 127, 154; Bildarchiv Foto Marburg 31; dpa 5; Generallandesarchiv Karlsruhe 92 (Vorlage und Aufnahme; G/Konstanz 20); Germanisches Nationalmuseum Nürnberg 11; Graphische Sammlung Albertina 14; Graphische Sammlung Stuttgart 157; Zentralbibliothek Zürich 31 (Aufnahme: Universitätsbibliothek Göttingen; Abteilung für Handschriften und seltene Drucke)

CHLORFREI
Gedruckt auf Papier, das nicht mit Chlor gebleicht wurde. Bei der Produktion entstehen keine chlorkohlenwasserstoffhaltigen Abwässer.

ISBN 3-507-34911-6

Druck A[98] / Jahr 2004 2003

Alle Drucke der Serie A sind im Unterricht parallel verwendbar. Die letzte Zahl bezeichnet das Jahr des Druckes.

Grafik: Peter Langner, Hannover
Satz: O & S, Hildesheim
Druck: Westermann, Braunschweig

Inhaltsverzeichnis

Die Kuppel des Domes Santa Maria del Fiore in Florenz, erbaut 1420–1436 von Filippo Brunelleschi

Vorausblicke auf den Aufbruch Europas 1500–1800

Sonderweg Europas in der frühen Neuzeit?

MATERIAL 1 **Europa im Aufbruch**

Sebastian Münster, Königin Europa, Kupferstich aus seinem Werk „Cosmographia“, Basel 1588: eine allegorische Darstellung Europas und des Europabewusstseins im 16. Jahrhundert

Weite Teile Europas waren im Mittelalter von denselben Lebensformen und Lebensordnungen geprägt. Gemeinsame Erfahrungen waren, trotz aller Vielfalt im Einzelnen, die Beschränkungen der Königsgewalt durch Kirche und Adel, die lateinische Bildung, das römische Recht, das Universitätsstudium, die rationale Theologie und das Stadtbürgertum. Der europäische Kulturkreis grenzte

sich häufig gewaltsam und kriegerisch von der Welt des Islam, vom byzantinischen Reich und der Ostkirche ab.
Eine für das mittelalterliche Europa, die islamische Welt, die indianischen Hochkulturen oder das chinesische Reich unvorstellbare Unruhe, Dynamik und Beschleunigung erfasste um 1500 den europäischen Kulturkreis. Erst dieser Modernisierungsschub zwischen 1500 und 1800 ermöglichte eine zweite, noch tiefer greifende Umwälzung Europas im 19. und 20. Jahrhundert, deren Wirkung und Richtung für uns unabsehbar ist. Wir blicken heute fragend zurück: Welche Kräfte führten zu der Herausbildung einer neuen Zeit in Europa?

Begrüßung der Neuzeit – Verabschiedung des Mittelalters?

Eine im Einzelnen erdichtete, insgesamt die historische Realität aber treffende Szene aus dem Leben des großen italienischen Physikers Galileo Galilei soll uns den Charakter und die Bedeutung des neuen Zeitalters zwischen 1500 und 1800 vergegenwärtigen. In einem Lebensaugenblick werden Merkmale einer ganzen Epoche sichtbar und gebündelt. Es ist die erste Szene aus Bertolt Brechts Schauspiel „Leben des Galilei"; es wurde 1943 in Zürich uraufgeführt.
Im 16. und 17. Jahrhundert begann in Europa eine technisch-wissenschaftliche Entwicklung, die ihresgleichen in der Menschheitsgeschichte sucht. Galilei (1564–1642) gilt als der Begründer der experimentellen und systematischen Naturwissenschaft. Er erforschte die Bewegungen von Körpern in Raum und Zeit: Er beschrieb z. B. die periodische Schwingung eines Pendels, den Lauf einer Kugel, den freien Fall eines Steins, die Ellipsenbahnen der Planeten um die Sonne in mathematischen Formeln, denn „das Buch der Natur" war für ihn „in mathematischer Sprache abgefasst". Er entdeckte die Jupitermonde, die Sonnenflecken und die Ursachen der Meeresgezeiten.

In der ersten Szene seines Schauspiels lässt Brecht seinen Galilei in einer Morgenstunde des Jahres 1609 das neue Zeitalter begrüßen, in welchem Galilei selbst als Bahnbrecher wirkte. Die Worte sind an seinen Schüler Andrea Sarti gerichtet, sie richten sich aber auch an uns Heutige, wenn wir nach der Herkunft und damit zugleich auch nach der Zukunft unserer technisch-wissenschaftlichen Zivilisation fragen.

MATERIAL 2 **„Die alte Zeit ist herum, und es ist eine neue Zeit"**

Bertolt Brecht, Leben des Galilei
1. Szene
[…]
Galilei: […] Durch zweitausend Jahre glaubte die Menschheit, dass die Sonne und alle Gestirne des Himmels sich um sie drehten. Der Papst, die Kardinäle, die Fürsten, die Gelehrten, Kapitäne, Kaufleute, Fischweiber und Schulkinder glaubten, unbeweglich in dieser kristallenen Kugel zu sitzen. Aber jetzt fahren wir heraus, Andrea, in großer Fahrt. Denn die alte Zeit ist herum, und es ist eine neue Zeit. Seit hundert Jahren ist es, als erwartete die Menschheit etwas.

Die Städte sind eng, und so sind die Köpfe. Aberglauben und Pest. Aber jetzt heißt es: Da es so ist, bleibt es nicht so. Denn alles bewegt sich, mein Freund.
Ich denke gerne, dass es mit den Schiffen anfing. Seit Menschengedenken waren sie nur an den Küsten entlanggekrochen, aber plötzlich verließen sie die Küsten und liefen aus über alle Meere.
Auf unserem alten Kontinent ist ein Gerücht entstanden: Es gibt neue Kontinente. Und seit unsere Schiffe zu ihnen fahren, spricht es sich auf den lachenden Kontinenten herum: Das große gefürchtete Meer ist ein kleines Wasser. Und es ist eine große Lust aufgekommen, die Ursachen aller Dinge zu erforschen: Warum der Stein fällt, den man loslässt, und wie er steigt, wenn man ihn hochwirft. Jeden Tag wird etwas gefunden. Selbst die Hundertjährigen lassen sich noch von den Jungen ins Ohr schreien, was Neues entdeckt wurde.
Da ist schon viel gefunden, aber da ist mehr, was noch gefunden werden kann. Und so gibt es wieder zu tun für neue Geschlechter.
In Siena, als junger Mensch, sah ich, wie ein paar Bauleute eine tausendjährige Gepflogenheit, Granitblöcke zu bewegen, durch eine neue und zweckmäßigere Anordnung der Seile ersetzten, nach einem Disput von 5 Minuten. Da und dann wusste ich: Die alte Zeit ist herum, und es ist eine neue Zeit. Bald wird die Menschheit Bescheid wissen über ihre Wohnstätte, den Himmelskörper, auf dem sie haust. Was in den alten Büchern steht, das genügt ihr nicht mehr.
Denn, wo der Glaube tausend Jahre gesessen hat, ebenda sitzt jetzt der Zweifel. Alle Welt sagt: Ja, das steht in den Büchern, aber lasst uns jetzt selbst sehen. Den gefeiertsten Wahrheiten wird auf die Schulter geklopft; was nie bezweifelt wurde, das wird jetzt bezweifelt. Dadurch ist eine Zugluft entstanden, welche sogar den Fürsten und Prälaten die goldbestickten Röcke lüftet, sodass fette und dürre Beine darunter sichtbar werden, Beine wie unsere Beine. Die Himmel, hat es sich herausgestellt, sind leer. Darüber ist ein fröhliches Gelächter entstanden.
Aber das Wasser der Erde treibt die neuen Spinnrocken, und auf den Schiffswerften in den Seil- und Segelhäusern regen sich fünfhundert Hände zugleich in einer neuen Anordnung.
Ich sage voraus, dass noch zu unseren Lebzeiten auf den Märkten von Astronomie gesprochen werden wird. Selbst die Söhne der Fischweiber werden in die Schulen laufen. Denn es wird diesen neuerungssüchtigen Menschen unserer Städte gefallen, dass eine neue Astronomie nun auch die Erde sich bewegen lässt. Es hat immer geheißen, die Gestirne sind an einem kristallenem Gewölbe angeheftet, dass sie nicht herunterfallen können. Jetzt haben wir Mut gefasst und lassen sie im Freien schweben ohne Halt, und sie sind in großer Fahrt, gleich unseren Schiffen, ohne Halt und in großer Fahrt.
Und die Erde rollt fröhlich um die Sonne. Und die Fischweiber, Kaufleute, Fürsten und die Kardinäle und sogar der Papst rollen mit ihr.
Das Weltall aber hat über Nacht seinen Mittelpunkt verloren, und am Morgen hatte es deren unzählige. Sodass jetzt jeder als Mittelpunkt angesehen wird und keiner. Denn da ist viel Platz plötzlich.
Unsere Schiffe fahren weit hinaus, unsere Gestirne bewegen sich weit im Raum herum, selbst im Schachspiel gehen die Türme neuerdings weit über alle Felder.
Wie sagt der Dichter? „O früher Morgen des Beginnens! …“
Andrea: „O früher Morgen des Beginnens!
O Hauch des Windes, der
von neuen Küsten kommt!“ […]

(Aus: Bertolt Brecht, Leben des Galilei. Schauspiel in: Ders., Werke, Band 5, Aufbau, Berlin/Weimar und Suhrkamp, Frankfurt/Main 1988, S. 190–192)

1. Stellen Sie die in Material 2 genannten Merkmale der alten und der neuen Zeit zusammen.
2. Welche Gründe für die Veränderungen lassen sich aus Material 2 erschließen?

MATERIAL 3 Fausts Teufelspakt

Im Jahre 1587 veröffentlichte ein Frankfurter Verleger, Johannes Spieß, die „Historia von Doktor Johann Fausten“ als Volksbuch für eine breite Leserschicht. Das Buch fand europaweit Verbreitung, wurde um 1690 in England zu einem Schauspiel und später zu einem Puppentheater verarbeitet. Ein geschichtlich nachweisbarer Dr. Johannes Faust, Zeitgenosse Luthers, erregte als herumziehender Halbgelehrter, Gaukler, Schwindler und Astrologe die Gemüter. Nach mittelalterlicher Vorstellung trieben Machtwille und Genussgier Menschen zu Teufelspakten. Im Volksbuch will Faust jedoch durch einen Pakt mit dem Teufel seinen Wissens- und Erkenntnistrieb über das einem Menschen Mögliche erweitern. Der Glaube an Zauber und Magie steht neben Vernunft und aufgeklärter Erkenntnis.

Faust verschreibt sich dem bösen Geist:

Faust lässt sich Blut heraus in einen Tiegel, setzt es auf warme Kohlen und schreibt: Ich, Johannes Faustus D., bekenne mit meiner eigen Hand: […] Nachdem ich mir fürgenommen, die Elemente zu spekulieren, und aber aus den Gaben, so mir von oben herab beschert und gnädig mitgeteilt worden, solche Geschickligkeit in meinem Kopf nicht befinde und solches von Menschen nicht erlernen mag (kann), so habe ich gegenwärtigem gesandtem Geist, der sich Mephostopheles nennt, […] mich untergeben, auch denselbigen mich solches zu berichten und zu lehren mir erwählet, der sich auch gegen mir versprochen in allem untertänig und gehorsam zu sein. […]
Faust sagt Gott und allen lebenden Menschen ab und unterschreibt den Pakt als „der Erfahrene der Elementen“.

Fausts Ende – ein „gräulich und erschrecklich Spektakel”:

Nach Ablauf von 24 Jahren ereilt Faust das Strafgericht. Bei einem Abschiedsmahl mit seinen Studenten bereut er seinen frevelhaften Pakt mit dem Teufel und warnt sie, je einer solchen Anfechtung zu verfallen. Nach dem Essen legen sich Faust und die Studenten schlafen.
Es geschahe aber zwischen zwölf und ein Uhr in der Nacht, dass gegen dem Hause her ein großer ungestümer Wind gienge, so das Haus an allen Orten umbgabe, als ob es alles zu Grunde gehen und das Haus zu Boden reißen wollte. […] Die Studenten lagen nahend bei der Stuben, da D. Faustus innen war; sie hörten ein gräuliches Pfeifen und Zischen, als ob das Haus voller Schlangen, Nattern und anderer schädlicher Würmer wäre. In dem gehet D. Fausti Tür auf in der Stuben; der hub an umb Hülfe und Mordio zu schreien, aber kaum mit halber Stimm; bald hernach hört man ihn nicht mehr. Als es nun Tag ward und die Studenten die ganze Nacht nicht geschlafen hatten, sind sie in die Stuben gegangen, darinnen D. Faustus gewesen war; sie sahen aber keinen Faustum mehr und nichts dann die Stuben voller Bluts gesprützet. Das Hirn klebte an der Wand, weil ihn der Teufel von einer Wand zur anderen geschlagen hatte. Es lagen auch seine Augen und etliche Zähne allda, ein gräulich, ein erschrecklich Spektakel. Da huben die Studenten an, ihn zu beklagen und zu beweinen, und suchten ihn allenthalben. Letztlich aber fanden sie seinen Leib heraußen bei dem Miste liegen. […]

(Aus: Robert Petsch [Hrsg.], Das Volksbuch von Doctor Faust nach der 1. Ausgabe von 1587, Halle 1911, S. 21, S. 121)

1. Zeigen Sie, wie Wissenschaft im Volksbuch des Doktor Faust bewertet wird.
2. Vergleichen Sie die Einschätzung des wissenschaftlichen Erkenntnisstrebens in den Materialien 2 und 3. Erörtern Sie, ob ähnlich unterschiedliche Einstellungen auch heute anzutreffen sind, und suchen Sie nach möglichen Gründen.

Albrecht Dürer, Die vier apokalyptischen Reiter, 1498, Holzschnitt

Ende oder Wende – zwischen Furcht und Hoffnung

Mittelalterlich denkende Menschen des 15. und 16. Jahrhunderts deuteten ihre Erfahrungen der Umbruchszeit oft in apokalyptischen Bildern aus der „Geheimen Offenbarung" des Johannes. In diesem Buch der Bibel sind die Visionen beschrieben, in denen sich dem Einsiedler Johannes das Nahen des

Lucas Cranach d. Ä., Die apokalyptischen Reiter, 1522, Holzschnitt

Die vier apokalyptischen Reiter versinnbildlichen wahrscheinlich Völkerkrieg und Bürgerkrieg, Hungersnot und Tod durch Pest. Dürers Holzschnitt wurde 1522 in Martin Luthers Bibelübersetzung „Das Neue Testament Deutsch" übernommen, in der Werkstatt Lucas Cranachs des Älteren wurde er sozialkritisch zugespitzt. Jetzt gesellten sich Kaiser, Adel (Ritter) und Kriegsknecht zu Tod und Hölle und ritten ausschließlich arme Menschen nieder. Das religiös-symbolische Weltbild der Apokalypse wurde zu einer Gesellschaftsanklage umgestaltet.

Weltgerichts offenbarte: Ganze Länder werden überflutet, die Erde erbebt, die Lufthülle verbrennt, die Sterne fallen vom Himmel und künden den Tag des Zorns an. Diese Schreckensvisionen sollten die sündigen Menschen aufrütteln und zur Umkehr aufrufen.

Die Wirkung der apokalyptischen Bilder muss in Europa ungeheuerlich gewesen sein: 1498 erschien das Buch der Apokalypse in Deutschland bereits zum dritten Mal im Druck, diesmal mit Holzschnitten Albrecht Dürers illustriert. Auch astrologische Prophetien waren weit verbreitet, da viele Zeitgenossen für die Jahrhundertwende 1500 das Weltende befürchteten – oder erhofften.

1. Vergleichen Sie die beiden Holzschnitte und zeigen Sie die Veränderungen auf. Berücksichtigen Sie die Bilderläuterung.
2. Vergleichen Sie die Wahrnehmung und Bewertung Dürers mit der des Verfassers des Volksbuchs des Doktor Faust (Material 3) und mit der des Brecht'schen Galilei (Material 2).

Krise als Umbruch oder Aufbruch?

„Krise" ist ein Zeitbegriff, der uns heute hilft, den Charakter der frühen Neuzeit zu erschließen. Der Begriff meint ursprünglich „Entscheidung", „Wende"; er stammt aus der altgriechischen Medizin und benennt den kritischen, den entscheidenden Punkt in einer Krankheitskurve. Von der Medizin wurde er auf politische, gesellschaftliche und kulturelle Lebensprozesse übertragen. Das 15. Jahrhundert und die Anfänge des 16. Jahrhunderts gelten als ein Zeitalter ineinander verschlungener Krisen: einer Agrarkrise, einer Krise der mittelalterlichen Feudalgesellschaft, einer Krise der Kirche und des Denkens.

Die geistige Krise können wir beispielhaft an der Darstellung des Doktor Faust im Volksbuch wiedererkennen. Mittelalterlich-magische Angst- und Frömmigkeitsvorstellungen überdeckten die Erschütterung der Zeitgenossen durch den Epochenwandel und die Verunsicherung durch das neue wissenschaftliche Denken. Der begeisterte Ausruf des jungen Humanisten Ulrich von Hutten aus dem Jahre 1518: „O Jahrhundert, o Wissenschaften, es ist eine Lust zu leben, die Studien blühen und die Geister erwachen!" wurde in einen Fluch auf die neuen Wissenschaften umgedeutet. Aufbruch wurde als bedrohlicher Umbruch, als gefährlich und zweideutig wahrgenommen. Die Begrüßung der neuen, alles verändernden Zeit durch Brechts Galilei 1943 wäre zu Galileis Lebzeiten gegen die tief sitzende Angst der Zeitgenossen schwerlich angekommen, sie hätte ihr weit vorausgegriffen. Wie im Volksbuch des Doktor Faust dargestellt, sah die überwiegende Mehrheit der Zeitgenossen in einer neuen Wissenschaft von der Natur eine teuflische Verführung und Vermessenheit, die nur in einer Höllenfahrt enden konnte. Diesem Krisenbewusstsein gab der Verfasser des Volksbuches von 1578 Ausdruck. Im Rückblick aber erweist sich die Krise als „Entwicklungsknoten", als Geburt von etwas Neuem, nicht, wie es damals vielfach gedeutet wurde, als Wiedergeburt (Renaissance) der Antike.

MATERIAL 4 Krise und Krisenbewusstsein

Der spanische Kulturphilosoph José Ortega y Gasset analysiert in seinem Werk „Das Wesen geschichtlicher Krisen“ auch die Krise des 15. / 16. Jahrhunderts.

Eine geschichtliche Krise tritt ein, wenn die Veränderung der Welt darin besteht, dass der Welt oder dem System der Überzeugungen der vorangehenden Generation ein Zustand folgt, in welchem der Mensch ohne diese Überzeugungen, also ohne Welt, ist. Der Mensch weiß nicht mehr, was er tun soll, weil er in Wahrheit nicht mehr weiß, was er über die Welt denken soll. Deshalb steigert sich die Veränderung zur Krise und nimmt den Charakter einer Katastrophe an.

[...] Die Welt, in der man gelebt hat, ist zusammengebrochen [...], man weiß nicht, was man nun Neues denken soll, man weiß nur oder glaubt zu wissen, dass die überlieferten Ideen und Normen falsch und unzulässig sind. [...] Da er nun keinen Lageplan mehr hat, fühlt sich der Mensch verloren, unsicher, ohne Orientierung.

Dieser Zeitabschnitt (d. h. das 15./16. Jahrhundert), aus dem sich die moderne Welt entwickelt hat, war eine Zeit der Krise wie die unsrige (d. h. das 20. Jahrhundert). Daher rührt unser besonderes Interesse für sie. Auch damals sah sich der Mensch genötigt, eine bekannte Welt, ein wohlbekanntes Land, in dem er wohnte, die mittelalterliche Welt zu verlassen.

(Aus: José Ortega y Gasset, Das Wesen geschichtlicher Krisen, Übers. Gerhard Lepiorz, DVA, Stuttgart 1951, S. 37ff., S. 88)

1. Was versteht Ortega y Gasset unter geschichtlichen Krisen?
2. Beziehen Sie Ortega y Gassets Krisenbegriff auf Dürers Apokalypse und auf das Volksbuch des Doktor Faust.
3. Nennen Sie Krisensymptome und Krisenerfahrungen aus unserer Zeit und überlegen Sie, welche Bezüge sich zum 15. und 16. Jahrhundert herstellen lassen.

1. - Zusammenbruch eines Weltbildes
 - Orientierungslosigkeit, Unsicherheit
 - Alles Alte falsch
 -

2. - göttlicher Zorn gegen die Ideologie der Herrscher
 - personifizierte Angst
 -
 - Angst vor Neuem
 - Unglück durch Neues
 -

3. - 11.9.01 Sicherheit futsch, bröckelnde Ideologie
 - Genschaf Dolly Angriff auf den Menschen
 - Klimakatastrophe selbstverschuldet?

Die Wende zur europäischen Neuzeit

Maerten van Heemskerck, Die aus dem Sattel geworfene Gerechtigkeit, 1550

Die Welt, ein ungezügeltes wildes Ross? – Umsturz der Weltordnung?
Die allegorische Darstellung aus dem Jahre 1550 trägt die Bildunterschrift: „Die aus dem Sattel geworfene Gerechtigkeit". Der Holzdruck ist Teil einer Serie, in der die Gesellschaft als ein Pferd dargestellt wird, das von der Vernunft nicht gezähmt ist. Justitia wird von ihrem bockigen Hengst abgeworfen, über ihrer stürzenden Gestalt befindet sich die Inschrift: „Gute Gerechtigkeit will die närrische Welt reiten, aber sie lässt dies nicht zu."
In diesem Holzdruck brachte der Holländer Maerten van Heemskerck seine Krisenerfahrung als Zeitgenosse zum Ausdruck. Ähnlich wie mit den Bildern der Apokalypse (s. S. 10 –11) soll hier das Gefühl, dass die Zivilisation in Gefahr sei, vermittelt werden.

1. Krisenzeiten – Europa 1300 bis 1500

1.1 Pestepidemien – Gottesgeißel, Verschwörung oder blindes Schicksal?

Pest in Europa

Zwischen 1347 und 1351 wurden weite Teile Europas von der Pest heimgesucht. Wahrscheinlich durch genuesische Schiffe 1346 aus Asien nach Sizilien eingeschleppt, griff sie blitzartig um sich. Rund ein Drittel der Bevölkerung Europas fiel ihr damals zum Opfer. Besonders schwer betroffen waren wegen des engen Zusammenlebens der Menschen und der schlechten hygienischen Verhältnisse die Städte. Auch nach dem Abklingen dieser ersten Pestwelle wütete die Seuche vor allem im 14. und 15. Jahrhundert in Europa immer wieder und forderte ihren Tribut. Erst gegen Ende des 16. Jahrhunderts konnten die enormen Bevölkerungsverluste aufgeholt werden.

Beulen- und Lungenpest

Die Pest ist eine bakterielle Infektionskrankheit, die als Beulen- und als Lungenpest auftreten kann. Die Beulenpest wird vor allem durch Rattenflöhe auf den Menschen übertragen. Spätestens zehn Tage nach der Infizierung tritt plötzlich sehr hohes Fieber auf; die der Biss- oder Einstichstelle am nächsten liegenden Lymphdrüsen schwellen bis zur Größe eines Apfels an; ohne antibiotische Behandlung tritt dann bei 50 bis 80 Prozent der Erkrankten der Tod innerhalb weniger Tage durch Lähmung des Zentralnervensystems ein. Die noch lebensbedrohlichere Lungenpest wird von Mensch zu Mensch – etwa durch Tröpfcheninfektion – übertragen. Ohne Einsatz von Antibiotika endet sie fast immer tödlich. Vor allem auf sie geht die extrem hohe Sterblichkeit während der großen Pestepidemie der Jahre 1347 bis 1351 zurück.

Schwarzer Tod

Die damals nach Europa eingeschleppte Pest war den zeitgenössischen Medizinern unbekannt. Man gab dem Massensterben den Namen „schwarzer Tod“. Die ursprüngliche Bedeutung dieser Bezeichnung ist nicht geklärt. Sie könnte auf entsprechende farbliche Veränderungen am Körper der Opfer hindeuten, aber auch darauf anspielen, dass die Menschen die Pest als besonders verhängnisvoll und schicksalhaft empfunden haben. Viele haben den Juden die Pest angelastet; sie wurden der Brunnenvergiftung beschuldigt und damit als ihr Urheber gebrandmarkt. In fast allen Teilen Europas wurden nach Ausbruch der Pest Juden verfolgt, gequält, gefoltert und ermordet; ihr Vermögen fiel in der Regel an die Christen. Die Juden boten sich als „Sündenböcke“ geradezu an; als nichtchristliche Minderheit lebten sie nach eigenem Recht von den übrigen Stadtbewohnern getrennt in besonderen „Judenvierteln“. Ihre Rechte waren gegen Geldzahlungen häufig durch Könige oder Stadtherren verbrieft. Bei den Christen waren sie oft als „Wucherer“ verschrien, da sie gegen Zinsen Geld ausleihen durften – ein Geschäft, das den Christen als Sünde durch die Kirche verboten war. Viele Überlebende der Judenpogrome des 14. Jahrhunderts wanderten nach Polen aus. – Die Panik und Erschütterung der Zeitgenossen über das Massensterben äußerte sich auch in anderen Verhaltensweisen: So fand die Bußbewegung der Geißler, für die die Pest ein Vorbote des bald zu erwartenden Jüngsten Gerichts war, großen Zulauf.

Judenverfolgungen

Geißlerfahrten

Fresko von Francesco Traini. Camposanto, Pisa, um 1350: Eine fürstliche Jagdgesellschaft trifft unvermutet auf Särge mit verwesenden Leichen. Ein Mönch deutet auf eine Schriftrolle, auf der einst zu lesen war: „Was ihr seid, waren wir. Was wir sind, werdet ihr sein."

MATERIAL 1 **Boccaccio über die Pest in Florenz**

Giovanni Boccaccio (1313–1375), ein italienischer Humanist und Dichter, verfasste eine Novellensammlung, den „Decamerone", zur Zeit der Pestepidemie in Florenz. Er erzählt darin, wie sieben junge Frauen und drei junge Männer der vornehmen Florentiner Gesellschaft vor der Pest fliehen und sich – in einem Landhaus eingeschlossen – die Zeit mit Musik und Tanz, Gesprächen und Erzählen vertreiben.

Im Jahre des Herrn 1348 brach in der trefflichen Stadt Florenz, der schönsten unter Italiens Städten, die todbringende Pest aus, die – ob zufolge einer Einwirkung der Gestirne, ob von Gott in seinem gerechten Zorn über die Sterblichen gesandt –, vor einigen Jahren im Morgenlande ihren Anfang genommen, unzählige Menschen hingerafft, sich unaufhaltsam von einem Orte zum andern fortgepflanzt und nun bis zum Abendlande ausgebreitet hatte. Alle Mittel, die menschliche Einsicht erdenken konnte, wurden angewandt: Die Stadt wurde von einem besonders dazu bestellten Beamten von Schmutz reingehalten, jedem Kranken wurde der Eintritt in die Tore verwehrt, es wurde viel Rats erteilt, wie die Gesundheit am besten zu wahren sei, aber trotz den demütigsten Gebeten zu Gott, trotz Prozessionen und sonstigem frommen gottgefälligen Sinn hielt die Pest ihren Einzug. [...]
Kein ärztlicher Rat vermochte diese Krankheit zu heilen, keine Arznei tat irgendeine Wirkung, sei es, dass gegen diese Seuche an sich eben kein Kraut gewachsen war, sei es, dass die Unwissenheit der Ärzte, deren Zahl sich durch allerhand quacksalbernde Männer und Frauen unendlich vermehrt hatte, die Ursache nicht erkannte und darum auch kein Heilmittel finden konnte. Welches nun auch der Grund gewesen sein mag – nur wenige kamen mit dem Leben davon, die meisten aber starben binnen drei Tagen nach den ersten Anzeichen. Umso verheerender war die Seuche, weil die Kranken, die Gesunden ansteckend, sie täglich weiter ausbreiteten. Sie übertrug sich nicht nur, wenn ein Gesunder mit dem Kranken sprach oder ihm nahe kam, sondern schon wenn er nur seine Kleider oder irgendetwas, was der andere angefasst hatte, berührte.

[...] Die allgemeine Angst war so groß, dass ein Bruder den Bruder floh, dass ein Weib den

Mann verließ und die Eltern ihre Kinder im Stich ließen. […] Manche hielten es für gut, mäßig zu leben und Ausschweifungen jeder Art zu meiden; sie taten sich mit Gleichgesinnten zusammen und schlossen sich von der übrigen Welt ab; in ihren Häusern aßen und tranken sie von den erlesensten Speisen und Getränken, hielten aber Maß in allen Genüssen und ergötzten sich an Musik und anderen Unterhaltungen, die sie im Hause haben konnten. Andere wieder hielten eine ungezügelte Lebensweise für den sichersten Schutz. Sie ließen keine Leidenschaft, kein Gelüst, das ihnen kam, unbefriedigt, trinkend und lärmend zogen sie – Tag und Nacht – von Schenke zu Schenke, suchten auch fremde Häuser auf, die jetzt häufig von ihren Eigentümern verlassen waren, mieden jedoch ängstlich, und in brutaler Rücksichtslosigkeit, jeden Kranken. Und das allgemeine Elend in unserer Stadt war zu jener Zeit so groß, dass die menschlichen und göttlichen Gesetze nicht mehr beachtet wurden. […]

Was die niederen Klassen und auch zum Teil den Mittelstand betrifft, so ging es hier noch jämmerlicher her; denn sie blieben in ihren Häusern, teils weil ihre Armut sie hinderte wegzugehen, teils auch, weil sie auf gegenseitige Hilfe in ihrem Elend hofften; hier erkrankten täglich Tausende und starben meist, da sie keinerlei Pflege hatten: Manche hauchten ihr Leben auf den Straßen aus, andere wieder schlossen sich in ihren eigenen Häusern ein, bis der herausdringende Gestank den Nachbarn die erste Kunde von ihrem Tode brachte. In der Tat war es überall voll von Toten. […]

Niemand gab den Toten das Geleit und weinte ihnen eine Träne nach, denn die Dinge waren jetzt so weit gediehen, dass das menschliche Leben nicht mehr galt, als wenn eine Ziege verreckte. […] Bei der großen Menge von Toten reichte die geweihte Erde nicht mehr hin, wenn man, nach alter Sitte, einem jeden seinen besonderen Platz hätte geben wollen; so warf man denn auf den Friedhöfen, als alles voll war, Gruben auf und legte die Leichen zu Hunderten hinein, dicht an dicht, jede Schicht nur mit ein wenig Erde bedeckt, bis endlich die Grube bis an den Rand gefüllt war.

(Aus: Giovanni Boccaccio, Das Dekameron, Goldmann, München 1970, S. 10–15)

MATERIAL 2 **Die Ausbreitung der Pest**

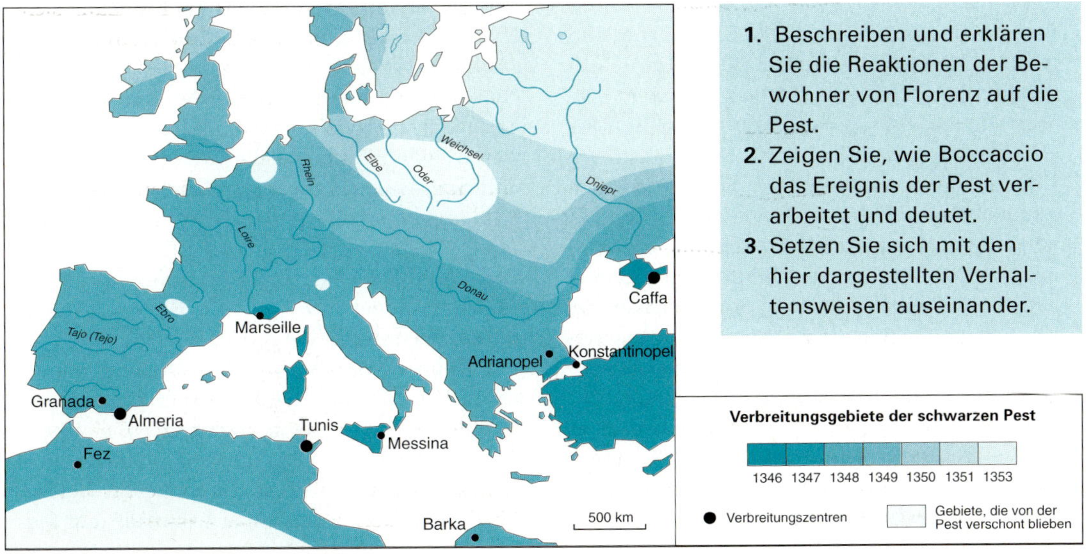

1. Beschreiben und erklären Sie die Reaktionen der Bewohner von Florenz auf die Pest.
2. Zeigen Sie, wie Boccaccio das Ereignis der Pest verarbeitet und deutet.
3. Setzen Sie sich mit den hier dargestellten Verhaltensweisen auseinander.

MATERIAL 3 Pest und Judenverfolgung in Straßburg (1349)

Der Kleriker Jakob Twinger stammte aus einer der vornehmsten Familien Straßburgs. Ungefähr 30 Jahre nach dem Wüten der Pest und den Verfolgungen von 1348/49 beschrieb er diese Ereignisse in seiner Chronik.

Dieses Sterben kam auch nach Straßburg und es starben hier ungefähr 16 000 Leute. Wegen dieses Sterbens wurden die Juden in der Welt verleumdet und überall beschuldigt, sie hätten es durch Gift bewirkt, das sie ins Wasser und in die Brunnen getan hätten. Deshalb wurden die Juden verbrannt vom Meer bis ins deutsche Land, nur nicht zu Avignon, wo sie der Papst beschirmte. […]

Da nun das Volk (in Straßburg) allgemein über die Juden ergrimmt war, sperrte man die Juden in die Judengasse, postierte davor bewaffnete Leute, um ihrer sicher zu sein. […] Am Samstag, dem St. Valentinstag, verbrannte man die Juden auf ihrem Kirchhof auf einem hölzernen Gerüst. Es waren ihrer 2 000. Welche sich wollten taufen lassen, die ließ man am Leben. Es wurden auch viele Kinder aus dem Feuer genommen um ihrer Mütter und ihrer Väter willen, die getauft wurden. Was man den Juden schuldig gewesen war, das war alles wett, und es wurden alle Pfänder und Schuldbriefe zurückgegeben. Das bare Geld aber nahm der Rat und teilte es unter die Zünfte nach ihrem Verhältnis. Das Geld war auch die Ursache, dass die Juden getötet wurden. Wären sie arm und die Landesherren ihnen nichts schuldig gewesen, so wären sie nicht verbrannt worden.

(Aus: Jakob Twinger von Königshofen, Chronik (um 1382), in: Die Chroniken der deutschen Städte, Straßburg, Bd. 2, Hirzel, Leipzig 1871, S. 759–768)

MATERIAL 4 Die Bewegung der Geißler in Straßburg (1349)

Der Kleriker Fritsche Closener stammte aus einer angesehenen Straßburger Familie. In seiner 1369 geschriebenen Chronik beschreibt er u. a. die Geißlerzüge des Jahres 1349.

Als man das Jahr 1349 zählte, kamen vierzehn Nächte nach Sonnenwende (= 8. Juli) nach Straßburg gegen zweihundert Geißler. Die führten ein Leben, wie ich es nun zum Teil beschreibe.
Erstens hatten sie kostbarste Fahnen aus Sammet und die besten Baldachine, die man haben konnte, und gedrehte Kerzen. Die trug man voran, wo sie in Städte oder Dörfer kamen, und man läutete alle Sturmglocken für sie, und sie folgten den Fahnen in Zweierreihen, und sie trugen alle Mäntel und kleine Hüte mit roten Kreuzen, und sie sangen zu zweit oder zu viert ein geistliches Lied vor, und die anderen sangen es ihnen nach. […]
Wenn sie in dieser Weise in die Kirche kommen, knien sie nieder und singen:
Jesus wurde gelabt mit Galle,
darum sollen wir zu einem Kreuz niederfallen.
Bei diesem Wort fielen sie in Kreuzesform auf die Erde. Nachdem sie eine Weile so dagelegen hatten, begann ihr Vorsänger und sang:
Nun hebt eure Hände auf, damit Gott dieses große Sterben abwende!
Nun standen sie auf. Das taten sie dreimal. Nachdem sie zum dritten Mal aufgestanden waren, luden die Leute die Brüder ein und sie nahmen sie nach Hause und ließen es ihnen wohl ergehen.

Nun war Folgendes ihre Regel. Wer der Bruderschaft angehören und die Buße antreten wollte, der musste ihr 33 1/2 Tage angehören. […] Wenn sie nun Buße tun wollten, so nannten sie das Geißeln. Das geschah täglich wenigstens zweimal, früh und spät. Sie zogen dann ins Feld hinaus, und man läutete die Glocken, und wenn sie an die Stelle der Geißelung kamen, so zogen sie sich barfuß und bis

auf die Hosen aus […] und schlugen sich mit Geißeln aus Riemen, die vorn Knoten hatten, in die Spitzen gesteckt waren, und schlugen sich auf ihre Rücken, sodass viele heftig bluteten.[…] Man soll wissen: Als die Geißler sich schlugen, da war der größte Zulauf und das größte andächtige Weinen, wie es niemals jemand gesehen haben dürfte.
Diese Geißelfahrt dauerte länger als ein Vierteljahr, indem jede Woche eine Gruppe von Geißlern kam. Danach machten sich Frauen auf und reisten auch durch das Land und geißelten sich. Danach nahmen junge Knaben und Kinder an der Geißelfahrt teil. Danach wollten die von Sraßburg ihnen nicht mehr läuten und wollten ihnen auch keine Beihilfe zu Kerzen und Fahnen geben. Man wurde ihrer auch so müde, dass man sie nicht mehr nach Hause einlud, wie man das getan hatte. […] Bischof Berthold von Bucheck zu Straßburg verbot es auch in seinem Bistum mit geistlichen Anordnungen, da der Papst allen Bischöfen befahl, dass sie das Geißlertum beseitigen sollten.

(Aus: Fritsche Closener, Chronik [um 1369], in: Die Chroniken der deutschen Städte, Straßburg, Bd. 1, Hirzel, Leipzig 1870, S. 105–120, übertr. von Hartmut Boockmann, Das Mittelalter, Ein Lesebuch aus Texten und Zeugnissen des 6. bis 16. Jahrhunderts, Beck, München 1988, S. 245–253)

1. Erläutern Sie die in den Straßburger Chroniken (Materialien 3 und 4) dokumentierten sozialpsychologischen und gesellschaftlichen Auswirkungen der Pest.
2. Versuchen Sie zu erklären, warum der Papst die Juden beschützte (Mat. 3) und die Bewegung der Geißler bekämpfte (Mat. 4).
3. Vergleichen Sie die Erscheinungsformen mittelalterlicher Judenfeindschaft mit dem Antisemitismus im 20. Jahrhundert.

1.2 Die spätmittelalterliche Agrarkrise – eine Krise des Feudalismus?

Wüstungen

In der Zeit zwischen 1300 und 1500 sind in Deutschland rund 40 000 ländliche Siedlungen aufgegeben worden, d.h. fast ein Viertel aller Dörfer. Auch zahlreiche Ackerflächen wurden nicht mehr kultiviert, sondern in Weiden umgewandelt oder gar vom Wald zurückerobert. Allerdings war das Ausmaß dieses Wüstungsvorgangs regional sehr unterschiedlich. Mit über vierzig Prozent abgegangener Orte waren etwa Nordbrandenburg, Thüringen und das Hessische Bergland die am stärksten betroffenen Gebiete. Wüstungen entstanden auch in anderen europäischen Ländern, z. B. in England, wo ebenfalls ganze Dörfer verlassen und – wie auch in Frankreich und Spanien – zahlreiche Äcker in Schafweiden umgewandelt wurden. Für die Entstehung der Wüstungen und ihre Konzentration auf bestimmte Gebiete gibt es mehrere Ursachen.

Ursachen

Zwischen 1150 und 1300 hatte sich die Bevölkerung Europas sprunghaft vermehrt. Um den wachsenden Bedarf an Nahrungsmitteln zu decken, musste die landwirtschaftliche Nutzfläche ausgeweitet werden. Nun wurden auch solche Böden gerodet und kultiviert, die für den Ackerbau weniger geeignet waren.

Bevölkerungsrückgang

Der Bevölkerungsrückgang im 14. und 15. Jahrhundert, den in erster Linie die verschiedenen Pestwellen, aber auch Kriege, Fehden und Naturkatastrophen

Sicherheitsbedürfnis
Naturkatastrophen
Bauernlegen

verursachten, führte demgegenüber zu einem Rückgang der Nahrungsmittelnachfrage und damit zu fallenden Preisen für landwirtschaftliche Produkte, insbesondere für Getreide, dem weitaus wichtigsten Agrarerzeugnis. Dieser mehr als einhundert Jahre anhaltende Trend in der Preisentwicklung wurde jedoch immer wieder durch kurzfristig scharf ansteigende Getreidepreise überlagert, eine Folge zahlreicher Missernten, die auf eine Klimaverschlechterung zurückgeführt werden und oft Hungersnöte ausgelöst haben. Wegen der aber insgesamt doch schlechten Ertragslage und der begründeten Aussicht auf höhere Einkommen in den Städten gaben damals viele Bauern ihre Höfe auf und verließen ihre Dörfer. Vor allem die erst im Hochmittelalter gerodeten Gebiete mit ertragsschwachen Böden waren von der Abwanderung betroffen. Oft zogen Bauern aus kleineren Siedlungen in größere Gemeinden, um so in größerer Sicherheit zu leben; insofern ging der Wüstungsvorgang teilweise auch mit einer Siedlungskonzentration einher. Besonders ausgeprägt war der Siedlungsrückgang auch an der Nordseeküste, wo zahlreiche Sturmfluten, wie z. B. die große „mandränke“ von 1362, die Menschen zum Rückzug gezwungen haben. Ein weitere Ursache ist das Bauernlegen, das Einziehen von Bauernstellen durch Grundherren. In Westdeutschland waren es vornehmlich Klöster, die ihre Gutshöfe zu Lasten der abhängigen Bauernhöfe vergrößerten. Für England hat Thomas Morus in seiner „Utopia“ die Vertreibung von Bauern bei der Umwandlung von Ackerland in Schafweiden sehr eindringlich beschrieben.

Strukturwandel in der Landwirtschaft

In Stadtnähe und in durch Klima und Bodenverhältnisse begünstigten Gebieten reagierten die Bauern auf die fallenden Getreidepreise mit einer Umstellung der Produktion. Sie bauten vermehrt Sonderkulturen wie Wein, Obst und Gemüse an. Da bei steigenden Einkommen in den Städten erheblich mehr Fleisch als früher gegessen wurde, musste trotz des Bevölkerungsrückgangs die Viehzucht nicht eingeschränkt werden. Diese Entwicklung macht deutlich, dass man nicht generell von einer Agrarkrise im 14. und 15. Jahrhundert sprechen kann.

Auswirkungen auf die Grundherrschaft

Die Wandlungen in der Landwirtschaft im Spätmittelalter hatten erhebliche Auswirkungen auf die überkommene Agrarverfassung, die Grundherrschaft. Seit dem frühen Mittelalter war der Grund und Boden im Wesentlichen in das Eigentum des Adels und der Kirche übergegangen. Diese Grundherren bewirtschafteten jedoch nur einen Teil der Äcker selbst, die große Masse der Ländereien war gegen Dienste auf den Herrenhöfen (Frondienste) sowie gegen Natural- und Geldabgaben an die Bauern zur selbständigen Bewirtschaftung gegeben worden. Dieses dingliche Verhältnis zwischen Grundherren und hörigen Bauern wurde nicht selten personenrechtlich durch eine wechselseitige Verpflichtung zu Schutz und Treue ergänzt. Der Grundherr, der oft auch gleichzeitig Gerichtsherr war, hatte seine Bauern zu schützen, diese waren als Leibeigene an den Herrn und bisweilen auch an den Boden gebunden.

Raubritter

Den Preisverfall für Agrarerzeugnisse spürten vor allem jene Grundherren, die überwiegend oder ganz von den Abgaben ihrer Bauern lebten, weil sie nicht auf Ersatzeinkünfte außerhalb des agrarischen Sektors zurückgreifen konnten. Insbesondere der niedere Adel, die zahlreichen Angehörigen der Ritterschaft, drohten jetzt zu verarmen. Viele Ritter suchten ihr Auskommen als Söldner oder in Stellungen bei Territorialherren; auch das Phänomen des Raubrittertums ist mit auf diese Krise zurückzuführen. Nicht wenige Grundherren vor allem im bayerisch-österreichischen Rechtsbereich sahen sich gezwungen, ihre traditionellen grundherrlichen Ansprüche teilweise aufzugeben, um die Bauern überhaupt auf dem Land halten zu können. In Südwestdeutschland dagegen wurden die abgabenpflichtigen Bauern zusätzlich belastet; ihnen wurde damit die Last der Agrarkrise weitgehend alleine aufgebürdet. In den nordöstlichen Gebieten, z. B. in Pommern, verstand es der Adel, die wüstgefallenen Gebiete den eigenen Gütern einzugliedern. Als im 16. Jahrhundert die Getreidepreise wieder anstiegen, begannen diese Gutsherren ihre Besitztümer durch Bauernlegen noch weiter zu vergrößern; sie nutzten ihre von den Territorialfürsten an sie übertragenen Hoheitsrechte (Besteuerung, niedere Gerichtsbarkeit) aus, um auch die rechtliche Stellung der ehemals freien bäuerlichen Kolonisten zu verschlechtern. Diese verloren ihre Freizügigkeit und wurden unbeschränkt zu Fronden herangezogen; ihre Kinder wurden dem Gesindezwang unterworfen; sie mussten gegen geringe Vergütung landwirtschaftliche Dienste für die Grundherren erbringen. Mit dieser „zweiten Leibeigenschaft" entstand der besondere Typus der ostdeutschen Gutsherrschaft, die die Landwirtschaft dort bis ins 20. Jahrhundert bestimmte.

Gutsherrschaft

Manche Historiker sehen in der Agrarkrise des 14./15. Jahrhunderts eine Krise des Feudalsystems, d.h. der auf der Verfügungsgewalt über den Grund und Boden basierenden Herrschaft des Adels über die bäuerliche Bevölkerung. Die politische, soziale und wirtschaftliche Vorrangstellung des Adels sei durch die teilweise existenzbedrohenden Einnahmeeinbußen erheblich beeinträchtigt worden. Zu ihrer Erschütterung habe vor allem die im Vergleich zur Landwirtschaft zunehmende Bedeutung der Stadtwirtschaft beigetragen. Dieser These wird entgegengehalten, dass eine grundlegende Änderung der gesellschaftlichen und politischen Ordnung zu Lasten des Adels damals nicht eingetreten sei. An den Machtverhältnissen habe sich nichts geändert.

Krise des Feudalismus?

MATERIAL 5 Thomas Morus über die Einhegungen

Bauernlegen

Thomas Morus, 1478–1535, war Schüler und Freund des Humanisten Erasmus von Rotterdam, Lordkanzler Heinrichs VIII. Später wurde er wegen seines Widerstandes gegen dessen staatskirchliche Pläne hingerichtet. Im Jahre 1935, genau vierhundert Jahre nach seinem Märtyrertod, wurde er heilig gesprochen. In seinem Buch „Utopia" (1516) ersann Thomas Morus einen Inselstaat, dessen Bewohner auf Besitz, Geld und Krieg verzichtet haben, in dem es niemals an etwas mangelt und wo Toleranz jeden Streit um die Religion schlichtet. In dem ersten Buch seines Werkes wird dem Weltreisenden Raphael Hythlodeus eine humanistisch verschlüsselte Kritik an den in England herrschenden Zuständen in den Mund gelegt.

Das sind eure Schafe, sagte ich, die so sanft und genügsam zu sein pflegten, jetzt aber, wie man hört, so gefräßig und bösartig werden, dass sie sogar Menschen fressen, Felder, Gehöfte und Dörfer verwüsten und entvölkern. Denn überall, wo in eurem Reiche feinere und daher bessere Wolle erzeugt wird, da sind hohe und niedere Adlige, ja auch heilige Männer, wie einige Äbte, nicht mehr mit den jährlichen Einkünften und Erträgnissen zufrieden, die ihren Vorgängern aus den Landgütern erwuchsen. Es genügt ihnen nicht, müßig und üppig zu leben, der Allgemeinheit nicht zu nützen, sofern sie ihr nicht sogar schaden; sie lassen kein Stück Land zur Bebauung übrig, sie zäunen alles als Weide ein, reißen die Häuser ab, zerstören die Dörfer und lassen gerade noch die Kirchen als Schafställe stehen und, als ob die Wildgehege und Tiergärten bei euch noch zu wenig Ackerboden beanspruchten, verwandeln jene edlen Leute alle Ansiedlungen und alles, was es noch an bebaubarem Lande gibt, in Wüsten.

Damit also ein einziger Prasser, in seiner Unersättlichkeit eine unheilvolle Pest für sein Vaterland, einige tausend Morgen zusammenhängendes Ackerlandes mit einem einzigen Zaun einfrieden kann, werden Pächter vertrieben; durch Lug und Trug umgarnt oder mit Gewalt unterdrückt, werden sie enteignet oder, durch Schikanen zermürbt, zum Verkauf gezwungen. Daher wandern die Unglücklichen in jedem Falle aus: Männer, Frauen, Ehemänner, Ehefrauen, Waisen und Witwen, Eltern mit kleinen Kindern und einer mehr zahlreichen als wohlhabenden Familie, wie eben die Landwirtschaft vieler Hände bedarf. Sie wandern aus, sage ich, aus ihrer gewohnten und vertrauten Häuslichkeit und finden keinen Platz, wohin sie sich wenden könnten. [...] Was bleibt ihnen schließlich anderes übrig, als zu stehlen und – natürlich nach Recht und Gerechtigkeit – gehenkt zu werden, oder aber umherzustreunen und zu betteln, obgleich sie auch dann als Landstreicher ins Gefängnis geworfen werden, weil sie sich müßig herumtreiben? Es gibt aber eben niemanden, der sie dingt, wenn sie sich auch noch so eifrig anbieten. Denn mit der Landwirtschaft, an die sie gewöhnt sind, ist nichts mehr anzufangen, wo nichts gesät wird. Ein einziger Schaf- oder Kuhhirt genügt ja, um dasselbe Land vom Vieh abweiden zu lassen, zu dessen Bebauung und Bestellung viele Hände erforderlich waren.

(Aus: Thomas Morus, Utopia, Übers. Klaus J. Heinisch, in: Der utopische Staat, Rowohlt, Reinbek 1960, S. 26–27)

1. Entschlüsseln Sie das Bild des Thomas Morus von den „gefräßigen und bösartigen Schafen".
2. Worin erblickt Thomas Morus Fehlentwicklungen in der englischen Landwirtschaft?

MATERIAL 6 Schreiben des Vogtes von Dirschau, einer Stadt bei Danzig, an den Hochmeister des Deutschen Ordens am 11. 11. 1444

Ritter und Knechte haben sich über die Städte beklagt, dass sie große Schäden und Verderbnis durch sie beim Kaufen und Verkaufen haben, nämlich, dass sie und ihre armen Leute das Getreide und alle ihre Waren mit dem Wohlfeilsten geben und verkaufen müssen, und alle Dinge, die sie wieder haben sollen, mit dem Teuersten wieder kaufen müssen, also Bier, Salz, Schuhe, Eisen. [...]
Und auch über die Dienstboten, also die Knechte und Maiden beklagen sie sich, dass sie allzu groß Lohn nehmen und je länger, je höher und mehr. Das kommt davon, glauben sie, dass die Leute von dem Land in die Städte ziehen. [...] So klagen sie auch wohl, mit der Bitte Abhilfe zu schaffen, über die Leute aus Polen und aus Pommern, die hier in das Land ziehen und mit solcher Ware, wie ihre und Eure armen Leute hier im Lande auch haben, in allen Städten die Märkte überfüllen, sodass sie und Eure armen Leute ihre Waren, die sie verkaufen wollen, stets mehr feiler geben müssen. [...]
Auch wünschen sie, dass man die Zustände so ändern solle, dass kein Bauer von seinem Herrn noch von seinem Junker ziehen soll, er hätte denn seines Herrn oder seines Junkers Brief, dass er in Freundschaft und mit Bewilligung von ihm gezogen, und dass so ein jeder Herr oder Junker einen solchen Bauern nicht aufnehmen soll, er sehe denn seines vorigen Herrn Brief.

(Aus: Ordensbriefarchiv Nr. 8599, in: Wilhelm Abel, Agrarkrisen und Agrarkonjunktur, Paul Parey-Verlag, Hamburg 1978, 3. Aufl., S. 68)

MATERIAL 7 Entwicklung der Getreidepreise, der Löhne und der Preise für gewerbliche Produkte

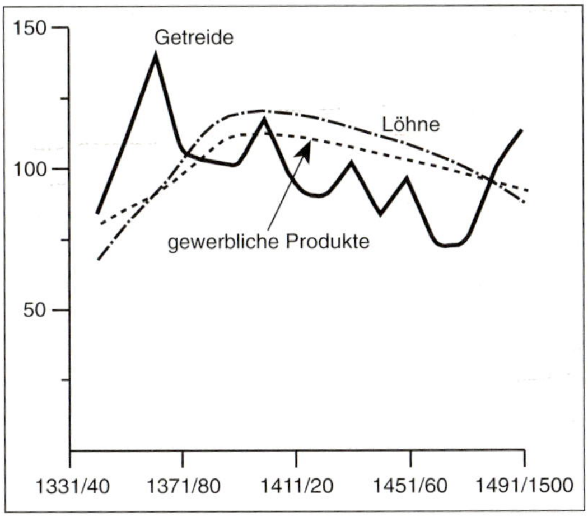

(Aus: Friedrich Wilhelm Henning, Deutsche Wirtschafts- und Sozialgeschichte im Mittelalter und in der frühen Neuzeit, Schöningh, Paderborn 1991, S. 398)

1. Worin erblickt der Vogt von Dirschau in seinem Schreiben an den Hochmeister des Deutschen Ordens Anzeichen für eine Krise in der Landwirtschaft?
2. Überprüfen Sie die Aussage des Briefes am Darstellungsteil (S. 19–21) sowie an Material 7.
3. Erläutern Sie, warum in dem Schreiben des Vogtes ein Abschiedsbrief für die Bauern gefordert wird und was dies für die rechtliche Stellung der Bauern bedeutete.
4. Die Materialien 5 und 6 berichten über Krisenerscheinungen in der Landwirtschaft Englands und Preußens. Untersuchen Sie die beiden Quellen auf Gemeinsamkeiten und Unterschiede.
5. Beschreiben Sie den Verlauf der Kurven zur Preis- und Lohnentwicklung (Mat. 7) und versuchen Sie Ihre Feststellungen zu erklären.

MATERIAL 8 Der Reichsritter Ulrich von Hutten über das Elend des Ritterlebens

Der Ritter, Humanist und Publizist Ulrich von Hutten (1488–1523) äußerte sich in einem Brief an den Nürnberger Patrizier Willibald Pirckheimer über die Lage der Ritter (25. 10. 1518).

Es steht um uns Ritter so, dass mir die Zeit keine Ruhe gönnte, auch wenn ich ein noch so ansehnliches Erbe besäße und von den Einkünften meines Besitzes leben könnte. […] Die uns ernähren, sind bettelarme Bauern, denen wir unsere Äcker, Wiesen und Wälder verpachten. Der Erwerb, der daraus eingeht, ist im Verhältnis zur Arbeit, die er kostet, schmal, doch wird alle Mühe angewandt, um ihn reich und ergiebig zu machen, denn wir müssen sorgsame Hausväter sein. Sodann müssen wir uns in den Dienst eines Fürsten stellen, von dem wir Schutz erhoffen dürfen, denn andernfalls glauben alle, sie könnten sich alles gegen mich herausnehmen. Stehe ich aber im Dienste, so ist auch jene Hoffnung wieder gepaart mit Gefahr und täglicher Furcht. Gehe ich nämlich vom Haus fort, so muss ich fürchten, dass ich auf Leute stoße, mit denen der Fürst, einerlei, wer er sei, Fehde oder Krieg hat, und sie mich unter diesem Vorwand anfallen und wegschleppen. […] Daher müssen wir uns Pferde und eine Wehr bereithalten und uns mit zahlreicher Begleitschaft umgeben – alles unter schweren Kosten. […]

Der ganze Tag, vom frühen Morgen an, birgt Sorge und Plage, beständige Unruhe und dauernden Betrieb. Die Äcker müssen gepflügt und gegraben werden, die Weinberge kosten Mühe, Bäume müssen gepflanzt, Wiesen bewässert werden; man muss eggen, säen, düngen, mähen und dreschen. Es kommt die Ernte und Weinlese. Wenn es dann einmal ein schlechtes Jahr gewesen ist, wie es bei jener Magerheit häufig geschieht, so tritt furchtbare Not und Bedrängnis ein, bange Unruhe und tiefe Niedergeschlagenheit ergreift alle.

(Aus: Hajo Holborn, Ulrich von Hutten, Vandenhoeck & Ruprecht, Göttingen 1968, S. 22f.)

1. Ulrich von Hutten beschreibt die Not des Reichsritterstandes. Welche Ursachen und Folgen dieser Not nennt er?
2. Arbeiten Sie anhand der Materialien 6 und 8 unterschiedliche Merkmale von Gutsherrschaft und Grundherrschaft heraus.

MATERIAL 9 **Friedrich Engels über den Verfall des Feudalismus und das Aufkommen der Bourgeoisie**

Und dann hatten sich die Bedürfnisse des Adels so vermehrt, dass selbst ihm die Städte unentbehrlich geworden; bezog er doch [...] seinen Panzer und seine Waffen aus den Städten: Einheimische Tuche, Möbel und Schmucksachen, italienisches Seidenzeug, Brabanter Spitzen, nordische Pelze, arabische Wohlgerüche, levantinische Früchte, indische Gewürze kaufte er von den Städtern. [...]
Dabei hatte die Bürgerschaft eine gewaltige Waffe gegen den Feudalismus – das Geld. In der feudalen Musterwirtschaft des frühen Mittelalters war für das Geld kaum Platz gewesen. Der Feudalherr bezog von seinen Leibeigenen alles, was er brauchte: [...]

Alles war jetzt anders. Geld war allgemeines Austauschmittel geworden [...]; auch der Adel konnte es nicht mehr entbehren und da er wenig oder nichts zu verkaufen hatte, musste er sich entschließen, vom bürgerlichen Wucherer zu borgen. Lange ehe die Ritterburgen von den neuen Geschützen in Bresche gelegt, waren sie sozusagen vom Geld unterminiert. Das Geld war der große politische Gleichmachungshobel der Bürgerschaft. Überall, wo ein persönliches Verhältnis durch ein Geldverhältnis verdrängt wurde, da trat ein bürgerliches Verhältnis an die Stelle eines feudalen. Zwar blieb die alte brutale Naturalwirtschaft auf dem Lande in bei weitem der meisten Fälle bestehen; aber schon gab es ganze Distrikte wo, wie in Holland, Belgien, am Niederrhein, die Bauern den Herren Geld statt Fronden und Naturalabgaben entrichteten, wo Herren und Untertanen schon den ersten entscheidenden Schritt getan hatten zum Übergang in Grundbesitzer und Pächter.

(Aus: Karl Marx/Friedrich Engels, Werke Bd. 31, Berlin 1956, S. 392ff.)

1. Erläutern Sie, welche Rolle Engels zufolge das Geld für den Untergang des Feudalismus gespielt hat.
2. Was kennzeichnet nach Engels die Feudalgesellschaft, was die moderne bürgerliche Gesellschaft?
3. Erörtern Sie, inwieweit Ulrich von Huttens Bericht den Äußerungen von Engels entspricht.
4. Erörtern Sie, ob die Agrarkrise den Feudalismus eher gestärkt oder geschwächt hat. Berücksichtigen Sie dabei auch die Materialien 6 und 8.

1.3 Kirche und Reich – immer noch universale Ordnungsmächte?

Kaisertum und Papsttum waren die beiden Grundpfeiler der christlichen Weltordnung des Mittelalters. Der lange währende Kampf um das Verhältnis von geistlicher und weltlicher Gewalt endete im ausgehenden Mittelalter ohne einen Sieger: Mit dem Kaisertum hatte auch das Papsttum an Autorität verloren und war erschüttert worden. Die Krise des späten Mittelalters war somit nicht zuletzt auch und vor allem eine Krise von Papst- und Kaisertum.

Universalitätsanspruch von Papst- und Kaisertum

Das abendländische Kaisertum war aufgrund einer Initiative der Päpste entstanden: Als Nachfolger des Apostels Petrus im Bischofsamt von Rom beanspruchten sie die Führung der Christenheit. Ein abendländischer Kaiser sollte den Papst und die römische Kirche schützen und zur Verbreitung des Christentums beitragen. Papst und Kaiser verkörperten somit gleichermaßen den Universalitätsanspruch, der schon in der Bezeichnung der römischen Kirche als „katholisch" (griech. = allgemein) anklingt. Als Träger der Kaiserkrone kam nur der mächtigste unter den abendländischen Fürsten in Betracht: Karl der Große, der Herrscher des Frankenreichs, wurde am Weihnachtsfest des Jahres 800 als erster König vom Papst in Rom zum Kaiser gekrönt. Nach der Teilung des Frankenreiches ging 962 unter König Otto dem Großen die Kaiserkrone auf das ostfränkisch-deutsche Reich über und verblieb dort bis zum Jahre 1806.

Kampf zwischen geistlicher und weltlicher Macht

Ungeachtet der Krönung durch den Papst haben Kaiser Karl und seine Nachfolger die Kaiserwürde als ein unmittelbar von Gott abgeleitetes Amt betrachtet, mit dem das Recht verbunden war, in kirchliche Angelegenheiten einzugreifen. Dies führte im 11. Jahrhundert zu einer ersten Auseinandersetzung zwischen Kaiser und Papst: dem Investiturstreit. In diesem Streit um das Recht zur Bischofseinsetzung ging es um die Grundsatzfrage, ob die weltliche Gewalt der geistlichen untergeordnet sei. Schon damals hatte die Idee eines sakralen Kaisertums Schaden genommen: Der Kaiser sollte keinen Platz mehr in der kirchlichen Hierarchie haben; sein Einfluss wurde auf den weltlichen Bereich beschränkt, den mitzugestalten der Papst allerdings beanspruchte.

Babylonische Gefangenschaft der Kirche

Gut zweihundert Jahre später wurde dieser Grundkonflikt erneut in aller Schärfe ausgetragen, diesmal mit einem anderen weltlichen Herrscher, dem mittlerweile zu einem europäischen Machtfaktor erstarkten König von Frankreich. Anlass war eine Auseinandersetzung zwischen diesem und dem Papst, in dem es um die Besteuerung von Geistlichen ging. Der Streit führte zur „Babylonischen Gefangenschaft der Kirche" – so wurden jene Jahre zwischen 1309 und 1377 genannt, in denen die Päpste ihre Residenz von Rom ins südfranzösische Avignon verlegen mussten und trotz aller Universalitätsansprüche praktisch zu einem Sprachrohr französischer Interessen verkamen.

Abendländisches Schisma

Am Ende der Avignon-Zeit brachte das Abendländische Schisma (Kirchenspaltung) eine weitere Erschütterung der Papstkirche. Zwei Päpste, ein italienischer in Rom und ein französischer in Avignon, bekämpften sich gegenseitig. Die Idee eines universalen Papsttums und einer universalen römischen Kirche schien sich endgültig überlebt zu haben.

Konziliare Idee

Einen Ausweg aus dem Schisma zeigte die von Theologen der Universität Paris angestoßene konziliare Bewegung auf. An das Vorbild der Urkirche anknüpfend erklärte sie alle Bischöfe für gleichberechtigt. Dementsprechend war für sie nicht der Papst, sondern die Versammlung aller Bischöfe das Konzil, die höchste Entscheidungsinstanz der Kirche. Unter der Schirmherrschaft von Kaiser Sigismund versammelten sich von 1414–1418 mehr als 900 Bischöfe zu einem Konzil in Konstanz. Unter der Losung einer Reform der Kirche an „Haupt und Gliedern" stellte das Konzil sich drei Aufgaben:

Konzil von Konstanz

1. Beendigung des Schismas (Einheit der Kirche)
2. Ausrottung ketzerischer Irrlehren (Einheit des Glaubens)
3. Durchführung einer Kirchenreform (innere Stärkung der Kirche)

Ziel war es, den Anspruch der Kirche auf universale Herrschaft erneut durchzusetzen. Gelang dem Konzil die angestrebte „Reform an Haupt und Gliedern"?

Nach dem Rücktritt bzw. der Absetzung der rivalisierenden Päpste beendete das Konzil mit der Wahl des allgemein anerkannten Papstes Martin V. das Schisma. Kritik an Kirche, Papst und Klerus hatte damals der Prager Theologe Jan Hus geübt und diese mit Freiheitsbestrebungen der Tschechen verbunden. Er wurde vom Konstanzer Konzil als Ketzer verurteilt und hingerichtet. Dies provozierte in Böhmen eine Volksbewegung, deren Niederschlagung in den Hussitenkriegen nicht gelang.

Zu einer Kirchenreform schließlich ist es überhaupt nicht gekommen; die konziliare Idee verlor nach Überwindung des Schismas an Kraft und wurde 1460 durch Papst Pius II. als ketzerisch verworfen. Das Papsttum selbst verweltlichte in der beginnenden Renaissance immer mehr und verstrickte sich in die politischen Streitigkeiten Italiens. Die vorkonziliaren Probleme und Missstände – Käuflichkeit und Häufung geistlicher Ämter, ihr Missbrauch für weltliche Zwecke, mangelhafte theologische Bildung und unmoralischer Lebenswandel zahlreicher Angehöriger des Klerus – verschärften sich noch und bereiteten der Kirchenspaltung in der Reformationszeit den Boden.

MATERIAL 10 **Alexander von Roes: Denkschrift über den Vorrang des Römischen Reiches, 1281**

Alexander von Roes, ein deutscher Kleriker, verfasste um 1281 eine Denkschrift für den Kurienkardinal Jacobo Colonna:

Es entspricht durchaus einer gebotenen und notwendigen Ordnung, dass die Römer als die Älteren das Papsttum, die Germanen oder Franken als die Jüngeren das Kaisertum, die Franzosen oder Gallier aber als die besonders Scharfsinnigen das Studium der Wissenschaft bekamen, sodass die Römer fest und beständig den katholischen Glauben bewahren, die Deutschen hochgemut mit der Kaisermacht dafür sorgen, dass er gehalten wird, die Gallier aber scharfsinnig und beredt die Gründe nachweisen und aufzeigen, warum er für alle verbindlich ist. In diesen dreien nämlich, Papsttum, Kaisertum und Studium, wie in den drei Kräften von Seele, Leib und Geist, wächst und gestaltet sich der Sinn der heiligen katholischen Kirche. […]

Der Antichrist wird nicht kommen, solange die Kirche im Römischen Kaisertum ihren Beschützer in weltlichen Dingen und im Studium der Franzosen ihren Helfer in geistlichen Dingen hat. Wenn diese beiden aber untergehen, wenn die Kirche nach Vernichtung des Kaisertums und der weltlichen Streitmacht in Deutschland sich selbst in weltlichen Dingen gegen die Tyrannen wehren will und nach Vernichtung des Studiums und der geistlichen Streitmacht in Frankreich sich der Ketzer nicht mehr wird erwehren können, dann wird, wie ich schon sagte, jener Sohn der Verdammnis kommen und ungestraft in der Christenheit tun, was er will. Deshalb sollte der Papst auf der Hut sein, dass das Kaisertum nicht vernichtet werde. [...] Wie Christus nicht kam, ehe nicht das Reich der Juden zerstört war, so wird der Antichrist nicht kommen, ehe nicht das Römische Reich zerstört ist.

(Aus: Alexander von Roes, Memoriale de praerogativa Romani imperii, in: Joachim Leuschner, Das Reich des Mittelalters, Stuttgart 1971, S. 36f.)

1. Erläutern Sie die abendländischen Ordnungsvorstellungen, die Alexander von Roes entwirft. Welche Rolle weist er dem Reich zu?
2. Welche Motive bewegten Alexander von Roes dazu, die Denkschrift zu verfassen?

MATERIAL 11 **Kernsätze aus der Bulle „Unam Sanctam“ des Papstes Bonifaz VIII. vom 18. 11. 1302**

In der Bulle „Unam Sanctam“ formulierte Papst Bonifaz VIII. seinen Machtanspruch. Er stieß auf heftigen Widerstand.

Eine heilige katholische apostolische Kirche müssen wir im Gehorsam des Glaubens annehmen und festhalten. Von dieser einen und einzigen Kirche gibt es nur einen Leib und ein Haupt, Christus nämlich und Christi Stellvertreter Petrus und Petri Nachfolger.

Dass dieser über zwei Schwerter zu verfügen hat, ein geistliches und ein weltliches, das lehren uns die Worte des Evangeliums. Beide Schwerter hat die Kirche in ihrer Gewalt, das geistliche und das weltliche. Dieses aber ist für die Kirche zu führen, jenes von ihr. Jenes gehört dem Priester, dieses ist zu führen von der Hand der Könige und Ritter, aber nur wenn und solange der Priester es will. Ein Schwert aber muss dem anderen untergeordnet sein; die weltliche Macht muss sich der geistlichen fügen.

Die geistliche Macht hat die weltliche einzusetzen und ist Richterin über sie, wenn sie nicht gut ist.

Es ist aber diese Macht, auch wenn sie einem Menschen gegeben ist und von einem Menschen ausgeübt wird, keine menschliche, sondern eine göttliche, nach Gottes Wort dem Petrus gegeben, ihm und seinen Nachfolgern von Christus selbst. Somit erklären wir denn, dass alle menschliche Kreatur dem Papst in Rom untertan sein muss, wenn sie nicht die Seligkeit ihrer Seelen verlieren will, und wir sagen es ihr und wir bestimmen es.

(Aus: Carl Mirbt [Hrsg.], Quellen zur Geschichte des Papsttums und des römischen Katholizismus, Band I, Mohr, Tübingen 1924, S. 162ff.)

1. Erläutern Sie die Lehre des Papstes Bonifaz von den zwei Gewalten.
2. Vergleichen Sie den Weltordnungsentwurf des Papstes Bonifaz VIII. mit dem des Alexander von Roes.

Kaiser Sigismund (1410–1437) hatte beim Konzil von Konstanz eine entscheidende Rolle gespielt. Als Schutzherr der Kirche hatte er das Zustandekommen des Konzils durch Verhandlungen mit den europäischen Monarchen politisch vorbereitet und während des Konzils den Vorsitz geführt. Bewies in dieser Rolle der Kaiser nicht, dass die mittelalterliche Kaiseridee noch lebendig war? Fraglos handelte der Kaiser aus mittelalterlichen Ordnungsvorstellungen heraus; das darf jedoch nicht darüber hinwegtäuschen, dass seine Position erschüttert war. Den Königen von England und Frankreich war es – im Gegensatz zum Kaiser – mittlerweile gelungen, ihre innenpolitische Machtposition auszubauen. Im Inneren des Reiches dagegen hatte vor allem die wachsende Bedeutung der Reichsstände, aber auch die Ausbildung von Territorial- bzw. Landesherrschaften zum Machtverlust des Kaisers geführt. Was waren die Gründe für diese Entwicklung?

Bedeutungsverlust des Kaisertums

Als Vasallen des Königs hatten die Großen des Reiches – geistliche und weltliche Adlige – im Mittelalter die Pflicht zu „Rat und Hilfe", die sich vor allem in der Pflicht zur „Hoffahrt" und zur „Heerfahrt" äußerte; die Vasallen mussten an jährlichen Hoftagen teilnehmen, dort delegierte der König wichtige Herrschaftsaufgaben an den Adel. Mit der Pflicht zur Heerfahrt erfasste er das Wehrpotential des Adels. Für diese Dienste und gegen Treueversprechen gegenüber dem König erhielt der Adel von diesem Land als Lehen zur dauernden Nutzung. Die Kronvasallen hatten das Recht, das Lehen ganz oder teilweise weiterzuverleihen. Durch dieses Prinzip der Unterleihe wurde eine Vielzahl einzelner Lehensverhältnisse gebildet. So entstand ein abgestuftes Lehnssystem mit dem König als oberstem Lehnsherr.

Lehenswesen

Als Lehnsherr konnte der deutsche König aber nur auf die von ihm unmittelbar beliehenen Vasallen, die Kronvasallen, nicht jedoch auf deren Untervasallen zurückgreifen. Im Konfliktfall zwischen König und Kronvasallen waren – anders als etwa in Frankreich – deren Untervasallen dem König nicht zur Treue verpflichtet. Im Spätmittelalter versuchten die Könige daher, die Untervasallen durch Vergabe kleinerer unmittelbarer Reichslehen direkt an sich zu binden. Diese Strategie konnte jedoch nur begrenzt verfolgt werden, da in Deutschland der Grund und Boden zum Großteil im Eigenbesitz des Adels war. Teile dieses Eigenlandes gab der Adel ebenfalls als Lehen aus und schuf damit die Basis für eine eigenständige Macht über Personen.

Territorialisierung

Im Spätmittelalter zogen die adligen Herren immer öfter beim Tod eines Lehensmanns dessen Lehen ein, um so nach und nach eine Territorialherrschaft aufzubauen. Durch Erbschaften, Heirat und Zukauf rundeten sie ihr Herrschaftsgebiet ab. Sie dehnten ihre Gerichtsbarkeit über das gesamte Territorium aus und ernannten Ministerialen, um die größer werdenden Territorien zu verwalten und zu kontrollieren. Dadurch lösten sich die alten Personenbindungen allmählich auf, der alte Personenverbandstaat wurde durch die moderne Gebietsherrschaft ersetzt. Auch die Kaiser – seit 1438 stets Angehörige der Dynastie Habsburg – bemühten sich, ihr Territorium, das sie als Reichsfürsten regierten, zu vergrößern; nur hier hatten sie wirkliche Macht als Herrscher. Die Habsburger waren in dem Bemühen, sich solchermaßen eine Hausmacht aufzubauen, besonders erfolgreich; manche Kaiser, wie Friedrich III. (1440–1493), konzentrierten sich völlig auf die Hausmachtpolitik.

Wahlkönigtum

Eine weitere Besonderheit des deutschen Reiches im Mittelalter war das Wahlkönigtum, während sich in Westeuropa Erbmonarchien herausgebildet hatten. Dieses Wahlkönigtum bot auch dem Papst die Möglichkeit, Einfluss auf das deutsche Königtum zu nehmen und es damit zu schwächen, wie es beispielsweise im Investiturstreit geschah. Das Königswahlrecht übten ursprünglich die Großen des Reichs stellvertretend für das Volk aus. Im 13. Jahrhundert wurde es dann zum Vorrecht von sieben Kurfürsten, drei geistlichen und vier weltlichen. Im Jahr 1338 – zur Zeit der Avignon-Päpste – legten sie fest, dass ein von ihnen gewählter König nicht mehr der Bestätigung durch den Papst bedürfe; damit wollten sie einen möglichen französischen Einfluss auf die Wahl abwehren. In der Goldenen Bulle von 1356, dem Königswahlgesetz von Kaiser Karl IV. (1346–1378), wurde diese Entwicklung rechtlich festgeschrieben. Die Kurfürsten gingen bald dazu über, bei anstehenden Königswahlen von den Kandidaten erhebliche Zugeständnisse in so genannten Wahlkapitulationen zu verlangen.

Goldene Bulle

Wahlkapitulation

Im Spätmittelalter erhielten die Ratsherren der Reichsstädte das Recht, an den Beratungen auf den Hoftagen teilzunehmen. Die Kurfürsten, die übrigen geistlichen und weltlichen Fürsten sowie die Reichsstädte wurden als Reichsstände bezeichnet. Es bildete sich die Gewohnheit heraus, dass auf Reichstagen, wie die Hoftage jetzt hießen, die Reichsstände in drei Kurien getrennt berieten und abstimmten. Nach und nach wurde aus dem Beratungsrecht ein Mitbestimmungsrecht; insbesondere setzten die Reichsstände das Steuerbewilligungsrecht durch – eine scharfe Waffe gegen den Kaiser. Auch Reichsgesetze konnten nicht mehr ohne Zustimmung der Reichsstände erlassen werden. Der Dualismus von Kaiser und Reichsständen wurde zu einem bestimmenden Verfassungsmerkmal des deutschen Reiches. Die Vielzahl unterschiedlicher Interessen machten das Reich schwer regierbar, eine straffe Reichsverwaltung wurde nicht aufgebaut. Auch in den Territorialherrschaften entstanden Ständeversammlungen; die Reichsfürsten mussten sich dort ihrerseits mit ihren Landständen auseinandersetzen.

Reichsstände
Reichstag

Dualismus Kaiser-Reichsstände

MATERIAL 12 **Nikolaus von Cues über Missstände im Reich, 1433**

Der Jurist, Philosoph und Theologe Nikolaus aus Kues an der Mosel befürwortete eine Reform in Kirche und Reich.

Dahin ist alle Sorge um den Staat, gelockert sind die Zügel und ungestraft übertritt ein jeder die Gesetze. Und wo einst Verehrung und Zittern und Furcht war, da herrscht jetzt Geringschätzung und Verachtung. Und alle Gesetze sind aus Spinnfaden zusammengewebt, kaum die kleinsten Heuschrecken können in ihnen festgehalten werden. […] Durch die Sorglosigkeit der Kaiser hat alle Aufsicht aufgehört und die Rebellen werden nicht bestraft; an Stelle der Alleinherrschaft sind viele Fürsten und Mächtige geworden, während das Reich abnahm. Was nützt der zeitliche Besitz der Kirchen dem Staate, was dem Reiche, was den Untertanen? Sicher wenig oder nichts. […] Nicht wollten die Kaiser, dass das Geistliche vom Weltlichen, das sie nur zur Erhöhung des Geistlichen den Kirchen gaben, aufgesogen werde. […]

Und überdies gibt es noch ein anderes Verderbnis des Reiches: Während der Kaiser nämlich nur Verwalter zum Nutzen des Staates ist, tritt er oft durch Verträge mit den Kurfürsten die ihren eigenen Vorteil suchen, die Regierung an. […] Nachdem so die Glieder alle Gewalt des Hauptes und des Reiches zerrissen und zerfleischt haben, wird alle hierarchische Ordnung aufhören, denn es ist kein Erster da, zu dem man seine Zuflucht nehmen kann. Und wo keine Ordnung ist, da ist Verwirrung, da ist keiner sicher. Und wenn die Adligen so untereinander streiten, werden sich solche erheben, die alles Recht in der eigenen Waffe suchen; denn wenn die Fürsten das Reich verzehren, so werden Volksführer die Fürsten verzehren.

(Aus: Nikolaus von Cues, De concordantia catholica [1433], Philosophische Bibliothek, Meiner, Hamburg 1958, S. 40)

1. Erläutern Sie, worin Nikolaus von Cues Gefahren für das Reich erblickt.
2. Erklären Sie, worin Nikolaus von Cues die Bedeutung des Reiches sieht. Vergleichen Sie seine Ordnungsvorstellung mit derjenigen des Alexander von Roes (Mat. 10, S. 26f.).

MATERIAL 13 Kernsätze aus dem Defensor pacis des Marsilius von Padua (1324)

Mit seinem Defensor pacis („Verteidiger des Friedens“) veröffentlichte der Italiener Marsilius von Padua 1324 eine Kampfschrift von großer staatstheoretischer Bedeutung zum Verhältnis von geistlicher und weltlicher Gewalt. Als Ketzer verurteilt floh er 1326 zum Kaiser, dem schärfsten Widersacher des Papstes.

Das Papsttum ist die Ursache des gestörten Friedens, der Grund des zerrissenen Universums der Christenheit. Seine Aufgaben, die ihm Christus und die Apostel hinterlassen haben, sind apostolische Armut, geistliche Seelsorge, nicht aber Einmischung in die Dinge des Staates.

Jeder, der gegen das göttliche Gesetz sündigt, muss nach ihm gerichtet, zurechtgewiesen und gestraft werden. Christus jedoch wollte und ordnete an, alle Übertreter dieses Gesetzes sollten durch ein zwingendes Gericht erst in der kommenden Welt gerichtet werden, nicht in der irdischen. Aufgabe des Bischofs ist es, die Schuldigen und Übertreter der Gesetze zu belehren, zu ermahnen, zu überführen, zu rügen und durch ein Gericht in der kommenden Welt mit der ihnen drohenden Verdammung und mit Verhängung einer Strafe durch den zwingenden Richter Christus zu schrecken. Denn nicht deswegen, weil er ausschließlich gegen das göttliche Gesetz sündigt, wird jemand von dem Herrscher bestraft. Sondern wer gegen das göttliche Gesetz sündigt, wird nur dann, wenn eine solche Sünde auch das menschliche Gesetz verbietet, in dieser Welt bestraft, und zwar wegen Verstoßes gegen das menschliche Gesetz.

Menschlicher Gesetzgeber ist allein die Gesamtheit der Bürger oder ihre Mehrheit. Notwendigerweise ergibt sich, dass die Gesamtheit der Bürger oder ihre Mehrheit besser entscheiden kann, was zu bestimmen und was zu verwerfen sei. Denn die Mehrheit der Bürger ist weder schlecht noch dumm. Von jedem Bürger wird jenes Gesetz besser beachtet, das er sich offenbar selber gegeben hat.

Ich halte dafür, dass es für den Staat an sich besser sei, einen künftigen Regenten durch eine Neuwahl zu bestellen, als ihn durch Erbfolge anzunehmen. Der zum Regenten oder sonst zu einem Amt Gewählte hängt allein von dem ab, der die Berechtigung zu seiner Wahl hat, und bedarf keiner anderen Bestätigung.

Dekretalen oder Dekrete der römischen oder irgendwelcher anderen Bischöfe, die von einer Versammlung oder von Einzelnen ohne Zustimmung des menschlichen Gesetzgebers erlassen wurden, sind für niemanden verbindlich.

(Aus: Marsilius von Padua, Defensor Pacis, Akademie Verlag, Berlin 1958, S. 58, Übers. W. Kurtzmann)

1. Erläutern Sie die neuen Auffassungen des Marsilius von Padua über die geistliche und die weltliche Gewalt und ihr Verhältnis zueinander.
2. Welche unterschiedlichen Lösungen schlagen Nikolaus von Cues und Marsilius von Padua für das Problem der Krise von Reich und Kirche vor. Vergleichen Sie.

1. Beschreiben und deuten Sie die in den beiden spätmittelalterlichen Abbildungen dargestellten Szenen.

Christus überreicht Petrus einen Schlüssel und dem Kaiser ein Schwert. Französische Buchmalerei aus dem 14. Jh.

Die Königswahl Sigismunds in Frankfurt, 1410. Deutsche Buchmalerei.
Es wählten die Erzbischöfe von Trier, Köln und Mainz, der König von Böhmen, der Pfalzgraf bei Rhein, der Markgraf von Brandenburg und der Herzog von Sachsen.

2. Die spätmittelalterliche Stadt als Wegbereiterin der Moderne

2.1 Stadtgründung, Stadtrecht und Stadtregiment als Vorboten einer neuen Zeit

Urbanisierung

Betrachtet man Ursachen und Verlauf der Urbanisierung (Verstädterung) im europäischen Mittelalter, muss man sich zunächst einmal klarmachen, dass auch am Ende dieses Prozesses in der frühen Neuzeit die meisten Menschen Europas noch immer auf dem Lande lebten: Nur knapp 5% waren Städter, in manchen Regionen wie in Italien und in den Niederlanden allerdings auch über 30%. Im Vergleich zur Antike und erst recht zur Moderne waren die mittelalterlichen Städte recht klein; bereits bei 10 000 bis 20 000 Einwohnern spricht man von einer Großstadt. Für das 14. Jahrhundert sind folgende Zahlen ermittelt worden: Köln hatte 40 000, Gent 60 000 und Paris ca. 80 000 Einwohner, für Venedig werden 90 000 geschätzt, für Florenz (vor der Pest) etwa 100 000, Mailand lag wesentlich über der 100 000-Einwohner-Grenze. Die große Mehrzahl der Städte aber hatte weniger als 5 000 Einwohner.

Stadtbegriff

Diese Zahlen machen verständlich, warum bereits die Definition des Stadtbegriffs in Abgrenzung zu ländlichen Siedlungsformen Schwierigkeiten bereitet. Die Historiker haben sich deshalb auf ein Bündel von Kriterien verständigt, die je nach Zeit und Ort in sich unterschiedlich gewichtet angewandt werden: Danach ist eine Stadt eine Zusammenballung von Menschen auf relativ engem Raum; sie hat eine geschichtete Gesellschaft und eine arbeitsteilige Wirtschaft, in der stets auch die Sektoren Handel und Gewerbe vertreten sind; sie verfügt über einen Markt und übt für das Umland eine Zentralitätsfunktion aus, die sich in der Regel auf mehrere Sachbereiche bezieht. Zudem sind im Mittelalter die meisten Städte auch Bezirke eigenen Rechts, das sie von der feudalen Umgebung abhebt. Diese stadtspezifischen Rechte waren vor allem das Marktrecht, das Recht auf Selbstverteidigung (Bau einer Stadtmauer) sowie das Recht der Stadtbewohner, sich „nach Jahr und Tag" aus der Abhängigkeit des Grundherrn lösen zu dürfen („Stadtluft macht frei" und „Landluft macht eigen", d.h. hörig). Diese rechtliche Heraushebung unterscheidet die mittelalterliche Stadt von der antiken Stadt, die mit dem sie umgebenden Territorium einen Rechtsbezirk bildete. Die Bewohner der umliegenden Dörfer waren in der Antike Bürger der Stadt gewesen, in der die Verwaltung ihren Sitz hatte.

Ursachen der Urbanisierung

Die Wurzeln mittelalterlichen Städtewesens sind vielfältig: Ehemalige römische Städte werden weiter- oder neu besiedelt, daneben wurden Märkte und Handelsplätze an verkehrsgünstig gelegenen Orten zu Keimzellen städtischer Siedlungen. Aber auch aus Pfalzen und Burgen entstanden Städte, die den „Bürgern" ihren Namen gaben, weil sie in den Burgsiedlungen wohnten. Eine regelrechte Urbanisierungswelle wurde in Mitteleuropa, vor allem im 12. bis 14. Jahrhundert, dadurch ausgelöst, dass sich Könige und Fürsten durch Neugründungen von Städten eine Verbesserung ihrer Machtposition sowie in der Zeit der Entstehung der Geldwirtschaft in den Städten Einnahmen versprachen. Freiburg im Breisgau ist ein frühes Beispiel für eine solche Gründungsstadt in Deutschland; die Stadt wurde zwischen 1118 und 1120 von Herzog Berthold von Zähringen gegründet. Dem Urbanisierungsprozess entsprach ein Aufschwung in Handel und Verkehr sowie in der landwirtschaftlichen Produktion durch Rodungen und Steigerung der Erträge. Die Städte konnten aber auch den Bevölkerungszuwachs aufnehmen, der zwischen der Jahrtausendwende und dem beginnenden 14. Jahrhundert die Bevölkerung Mittel- und Westeuropas verdreifacht zu haben scheint, bevor diese Entwicklung durch Krisen und Pest wieder einen starken Einbruch erlebte.

Stadtherr und Stadtrecht

Die Fortentwicklung der mittelalterlichen Stadt führte zu einer fortschreitenden Autonomie. Anfangs nahm der Stadtherr (also der König, Bischof oder andere, auch kleinere Grundherren) durch seinen Vogt und dessen Ministerialen (Dienstmannen) die Stadtregierung und grundherrliche Rechte wie die Marktgerichtsbarkeit selbst wahr. Im Laufe der Zeit wurden aber einzelnen Gruppen oder der ganzen Einwohnerschaft immer mehr Rechte und Privilegien eingeräumt. Damit sollte das Gedeihen der Stadt, die eine wichtige Einnahmequelle war, gefördert werden; bisweilen verkaufte der Stadtherr auch seine grundherrlichen Rechte aus akuter Geldnot. Bei Neugründungen wurden oftmals von vornherein weitgehende Selbstverwaltungsrechte gewährt, um möglichst viele Handwerker und Kaufleute in die neue Stadt zu locken.

Kampf um das Stadtregiment

So entwickelte die Stadt nicht nur eigene, stadttypische Lebensformen, sondern auch ein eigenes Selbstbewusstsein und gab sich ihre eigene innere Ordnung mit einem „Rat“ an der Spitze. Die führende Rolle hatte zunächst das aus den reichen Kaufmannsgilden und den Ministerialen entstandene Patriziat. Im weiteren Verlauf waren auch die Handwerkerzünfte an der Stadtregierung beteiligt. Dies geschah nicht selten erst nach Bürgerkämpfen um Macht und städtische Verfassung, vor allem zwischen dem 13. und 15. Jahrhundert. In diese Auseinandersetzungen waren häufig auch die ärmeren Unterschichten der unselbständigen Lohnempfänger verwickelt und verliehen ihnen eine nachhaltige Dynamik. Dennoch blieb das Recht auf politische Mitbestimmung weitgehend auf die Männer der Ober- und Mittelschichten beschränkt; Frauen, Kranke, Bettler und die so genannten „unehrlichen Berufe“ (z. B. Henker, Totengräber, Schinder, Spielleute, Prostituierte) sowie Juden blieben von jeder Mitsprache ausgeschlossen. In der Auseinandersetzung mit den lokalen Stadtherren waren die Bürger zum politischen Faktor geworden.

Stadtlandschaften

Lenkt man schließlich den Blick auf die verschiedenen europäischen Stadtlandschaften, so zeichnen sich in einem südlichen Gebiet Ober- und Mittelitalien und in einem nördlichen Gebiet der Raum zwischen Seine und Rhein als historisch besonders „fortschrittlich“ aus. Dabei geht die Bedeutung der italienischen Städte über ihre glanzvolle Stadtkultur und Wirtschaftskraft weit hinaus. Parallel zum Wandlungsprozess vom Personenverbandsstaat zum institutionellen Flächenstaat bildeten nämlich die italienischen Städte als erste ihre eigenen Territorien und damit relativ großräumige, „moderne“ Stadtstaaten aus. So war aus der ursprünglichen Herrschaft des Grundherren *über* die Stadt nicht nur die Herrschaft *in* der Stadt als Selbstregierung von Kaufleuten und Handwerkern geworden, sondern schließlich auch die Herrschaft *der* Stadt über ihr Umland als stadteigenes Territorium.

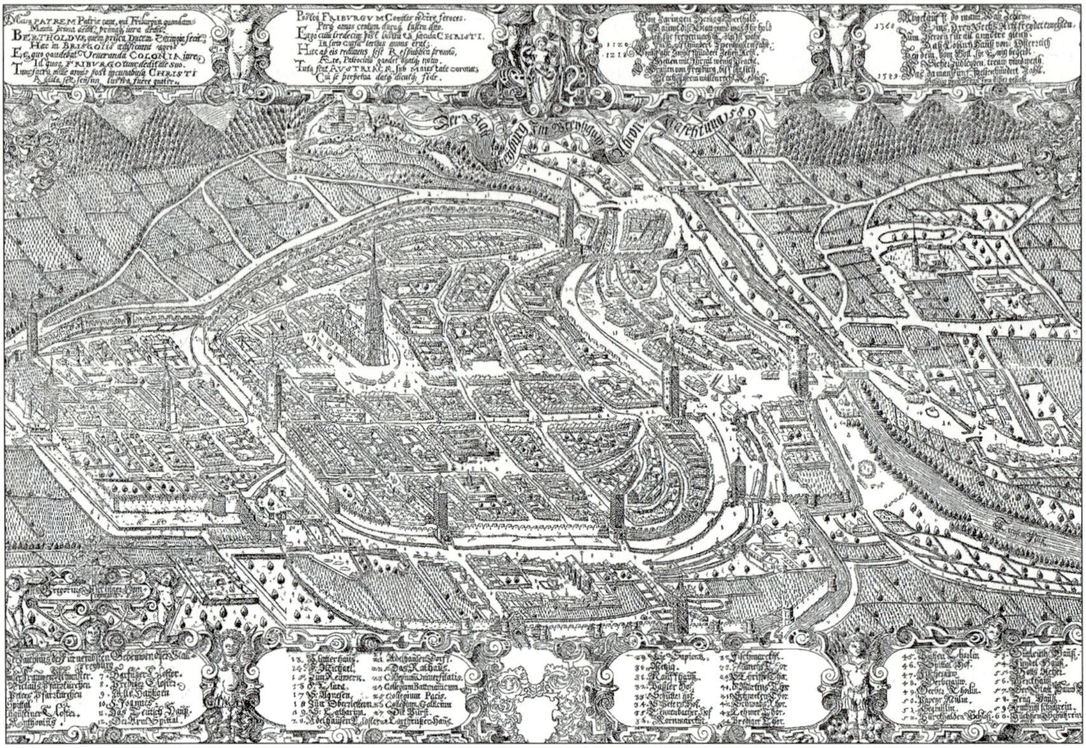

Eine mittelalterliche Gründungsstadt: Stadtansicht von Freiburg im Breisgau, 1589

MATERIAL 1 **Der Freiburger Stadtrodel: Zusammenstellung der Rechte der Freiburger Bürger**

Ein Rodel ist eine amtliche Urkunde, die zusammengerollt aufbewahrt wird (von lat. rota = Rad). Das Original des Freiburger Stadtrodels von 1120 ist nicht erhalten, doch konnte es aus einer jüngeren Fassung weitgehend erschlossen werden. Die Zusätze von 1218 sind in runde Klammern gestellt.

Aller Nachwelt und Mitwelt sei kundgemacht, dass ich, Konrad, an dem Platz, der mir als Eigengut gehört, nämlich Freiburg, einen Marktort gegründet habe, im Jahr 1120. Nachdem angesehene Geschäftsleute von überallher zusammengerufen worden waren, habe ich angeordnet, diesen Marktort durch eine Art Schwurverband anzufangen und auszubauen. Daher habe ich jedem Geschäftsmann für den Hausbau zu Eigengut in dem angelegten Marktort eine Hofstätte zugeteilt und angeordnet, dass mir und meinen Nachkommen von jeder Hofstätte ein Schilling gängiger Währung als Zins jährlich am Fest des heiligen Martin (11.11.) zu zahlen ist. (Die einzelnen Hofstätten sollen in der Länge 100 Fuß haben, in der Breite 50 = ca. 450 m^2.) Es sei nun allen kundgemacht, dass ich ihnen auf ihren Antrag und Wunsch folgende Vorrechte zugestanden habe. Dabei erschien mir aus freiem Entschluss ratsam, sie in einer Vertragsurkunde aufzuzeichnen, damit sie für lange Zeit im Gedächtnis bleiben, sodass meine Geschäftsleute und ihre Nachkommen dieses Privileg für immer von mir und meinen Nachkommen behaupten können.

Ich verspreche also allen, die meinen Marktort aufsuchen, im Bereich meiner Herrschaft Frieden und sichere Reise. Wenn einer von ihnen

in diesem Raum ausgeplündert wird und mir den Räuber namhaft macht, werde ich das Entwendete zurückgeben lassen oder den Schaden selbst bezahlen.
Wenn einer von meinen Bürgern stirbt, darf seine Frau mit ihren Kindern alles besitzen und ohne jede Bedingung alles, was ihr Mann hinterließ, behalten. [...]
Allen im Marktort Begüterten bewillige ich die Teilhabe an den Lehen meiner Landsleute, soweit ich das vermag; sie sollen nämlich ohne Verbot Wiesen, Flüsse, Weiden und Wälder nutzen dürfen.
Allen Geschäftsleuten erlasse ich den Marktzoll.
Ich werde meinen Bürgern niemals ohne Wahl einen anderen Vogt und einen anderen Priester vorsetzen, sondern wen immer sie dazu wählen, werden sie von mir bestätigt bekommen.
Wenn zwischen meinen Bürgern Rechtshandel und Streit entsteht, wird er nicht nach meinem Ermessen oder dem ihres Leiters behandelt; sondern der Fall wird nach dem anerkannten Gewohnheitsrecht aller Geschäftsleute, vor allem der Kölner, entschieden.
Wenn der Mangel am Notwendigsten jemanden dazu zwingt, darf er seinen Besitz verkaufen, an wen er will. Der Käufer soll aber für die Hofstätte den festgesetzten Zins zahlen. [...]
(Auch darf jeder, der an diesen Ort kommt, hier frei wohnen, wenn er nicht jemandes Knecht ist und den Namen seines Herrn zugibt. Dann kann der Herr den Knecht in der Stadt belassen oder nach Wunsch wegführen. Wenn aber der Knecht den Herrn verleugnet, soll der Herr mit sieben Nächstverwandten vor dem Herzog beschwören, dass er sein Knecht ist; dann kann er ihn haben. Wenn einer aber über Jahr und Tag ohne solche Hemmung geblieben ist, soll er sich fortan sicherer Freiheit erfreuen.

Das Freiburger Stadtsiegel von 1255

Wenn draußen ein Aufruhr entsteht und zufällig jemand in Waffen dazukommt, braucht er keine Buße zu leisten. Wenn er aber nach Hause zurückkehrt und Waffen herbeiholt, ist ihm die Huld des Herzogs entzogen, wenn er der Tat überführt wird.
Keiner von den Lehensleuten oder Ministerialen des Herzogs und kein Ritter kann in der Gemeinde wohnen, es sei denn nach gemeinsamer Verabredung und Zustimmung aller Städter.
Kein Auswärtiger kann gegen einen Bürger Zeuge sein, sondern nur Bürger gegen Bürger; jedes Zeugnis ist von zwei rechtsfähigen Personen beizubringen, und zwar aufgrund von Sehen und Hören. [...])

Damit nun meine Bürger den oben genannten Zusagen nicht zu wenig Glauben schenken, habe ich mit zwölf meiner namhaftesten Ministerialen, die auf die Reliquien der Heiligen gemeinsam den Eid geschworen haben, zugesichert, dass ich und meine Nachkommen die oben genannten Punkte stets einhalten werden.

(Aus: Arno Borst, Lebensformen im Mittelalter, Insel, Frankfurt/Main 1973, S. 396-398)

1. Nennen Sie die im Text erwähnten Personen oder Personengruppen und ordnen Sie ihnen Rechte und Pflichten zu.
2. Zeigen Sie, inwieweit die Stadtansicht und das Stadtsiegel Stadtrecht und Stadtherrschaft widerspiegeln.

MATERIAL 2 **Der Bürgereid von Köln, um 1355**

Dies sollen diejenigen schwören, die man neu zu Bürgern von Köln macht:

1. Zu dem Ersten sollen sie schwören, dem Rat und der Stadt Köln getreu und hold zu sein und ihr Bestes im Sinn zu haben und vor dem Bösen zu warnen, sofern sie davon wissen oder etwas vernehmen.
2. Item der Sturmglocke zu folgen und ganz im Harnisch gerüstet zu sein, zum Nutzen des Rats und der Stadt von Köln.
3. Item wenn sie diesen Eid geleistet haben, so soll man sie mit der Bürgerschaft belehnen mit all den Freiheiten, die die anderen Bürger haben. Hat er in Köln in einem Haus gewohnt und gesessen drei Jahre, so soll er 6 Gulden von schwerstem Gewicht geben; wäre es, dass er weniger als drei Jahre dort gesessen ist, so soll er 12 Gulden geben.
4. Auch soll man sie sodann fragen, ob sie jemandes Eigenleute seien. Und wäre es, dass sie jemandes eigen wären, der sie innerhalb eines Jahres nach dem Datum seines Bürgerbriefs als sein Eigentum forderte, so soll man ihn seinem Herrn folgen lassen und seine Bürgerschaft soll ihm hierbei keinen Beistand leisten.

(Aus: Friedrich Keutgen, Urkunden zur städtischen Verfassungsgeschichte, Scientia, Aalen 1901, Nr. 182a)

1. Zeigen Sie anhand des Kölner Bürgereides, worauf der Zusammenhalt einer mittelalterlichen Stadtbürgergemeinde beruht.
2. Das Freiburger Stadtrecht und der Kölner Bürgereid verdeutlichen beispielhaft den Rechtssatz „Stadtluft macht frei": Wovon und wodurch befreit die Stadt ihre Bürger, welche Rechte erhalten sie, welche Möglichkeiten werden ihnen eröffnet?
3. Freiheit, Eigentum, Friede, Herrschaft und Genossenschaft: Untersuchen Sie die Materialien 1 und 2 auf diese Leitbegriffe hin.

2.2 Europäische Stadtwirtschaft und Stadtgesellschaft im ausgehenden Mittelalter

Politische Emanzipation und wirtschaftlicher Aufstieg der Stadtbürger bedingen sich gegenseitig. Mit dem wirtschaftlichen Erfolg der europäischen Städte wird der Reichtum zunehmend zum sozialen Schichtungsmerkmal. Wirtschaftlicher Erfolg als Statusmerkmal ermöglicht zwar bis zu einem gewissen Grad soziale Mobilität und Dynamik, aber die Mitwirkung der Aufsteiger am Stadtregiment geht nicht ohne innere Kämpfe und Aufstände vonstatten. Grundlage für die wachsende Bedeutung der Städte an der Schwelle zur Neuzeit sind Handel, Handwerk und Gewerbe, die sich entwickelnde Geld- und Kreditwirtschaft sowie das Bankenwesen.

Messen

Die wichtigste Organisationsform für den europaweiten Fernhandel waren die Messen, die zu bestimmten Zeiten turnusmäßig in zentral gelegenen Städten abgehalten wurden. Dabei wurde die Bezahlung der Waren entweder in Geld vorgenommen (viel Geld mitzuführen war allerdings risikoreich), auf andere Messen verschoben oder durch ein schriftliches Zahlungsversprechen, den sog. „Wechsel", getätigt. Messen waren so nicht nur Orte für den Warenaustausch, sondern auch Abrechnungs- und Zahlungsplätze.

Eine andere Organisationsform mittelalterlichen Handels waren die Handelsgesellschaften, wobei die älteste Spezialisierung nicht nach dem Gegenstand des Handels, sondern nach dem Ziel erfolgte: Kaufleute mit dem gleichen Ziel schlossen sich zu „Hansen" zusammen, was ursprünglich „Schar" von Personen bedeutete und zur Bezeichnung von Fahrtgenossenschaften von Kaufleuten gebraucht wurde. „Hanse" bezeichnete aber auch die Abgabe, die man an eine solche Kaufleutegesellschaft zahlte, sowie das besondere Recht der Genossenschaft und ihrer Mitglieder. Von „Hanse" spricht man schließlich auch beim Zusammenschluss einer größeren Zahl von Handelsstädten.

Hansen

Die typische Organisationsform von Handwerk und Gewerbe waren die Zünfte, auch wenn nicht alle Berufsgruppen den Zunftrang erreichten. Der mittelalterliche Handwerker arbeitete nicht im Auftrag von Kaufleuten, die seine Produkte weiterverkauften, sondern meist mit eigenen Rohstoffen für den freien Markt. Er war sein eigener Kaufmann und Vermarkter. Zunächst war auch der Arbeitsprozess noch nicht arbeitsteilig horizontal zerlegt, wie dies heute der Fall ist; stattdessen herrschte die vertikale Arbeitsteilung nach Produkten mit einer Aufspaltung in viele Gewerbe vor. Dem Herstellungsmonopol einer Zunft stand die strikte Begrenzung auf ihre Spezialität gegenüber, was eine hohe Qualität des mittelalterlichen Handwerks zur Folge hatte. Der sog. Zunftzwang war der Kern des Zunftwesens: Nur die Zunftgenossen waren zum betreffenden Gewerbebetrieb zugelassen, ortsfremde Handwerker waren ausgeschaltet. Neben wirtschaftlichen Zielsetzungen hatten die Zünfte aber auch religiöse und gesellschaftlich-politische Funktionen: Gemeinsamer Gottesdienst, Geselligkeit, Zunfthaus, Statuten und Brauchtum, gegenseitige Hilfe und Vorsorge, Ausbildung des Nachwuchses und Standesgefühl gehörten ebenso dazu wie die Beteiligung an der städtischen Herrschaft.

Zünfte

Eine wirtschaftliche Vorreiterrolle haben die Städte Ober- und Mittelitaliens gespielt. Bereits im 11. Jahrhundert kam es zu Zusammenschlüssen venezianischer Kaufleute, regelrechte Handelsgesellschaften bildeten sich in Italien im 12. Jahrhundert. Gleichzeitig setzte sich die Schriftlichkeit der Geschäftsführung durch, das älteste erhaltene Geschäftsbuch, die Buchführung eines Florentiners in Bologna, stammt von 1211. Italien wurde zur Schule für den Kaufmann: Hier kam es zuerst zur Einführung arabischer Ziffernschreibweise, die viel praktischer war als die mit römischen Ziffern. Die „Arte della Mercandantia", d. h. die „Kunst der Kaufmannschaft", lernte ein deutscher Kaufmannssohn nirgends besser als in Italien; all die neuen kaufmännischen Techniken brachte er dann in italienischer Sprache in seine Heimat mit zurück: „Konto"-(korrent) für die laufende Rechnung, „Giro" (Kreisel) für den unbaren Kreislauf des Geldes, „Saldo" (von lat. solidus = vollständig) für den Rechnungsabschluss, „Bilanz" (Waage) für die auswägende Aufstellung von Vermögen und Schulden. Auch das Wort „Bankrott" (banca rotta) ist italienisch und bedeutet „zerbrochene Bank", weil man betrügerischen Wechslern, die auf dem Markt hinter ihrer Rechenbank saßen, die Bank zerschlug, sodass sie vom Markt flohen („foro fugere" ist der römische Ausdruck für Bankrott).

Oberitalienische Städte

Rationale Geschäftsführung

Für den geregelten Ablauf der Wirtschaft waren das Geld- und Kreditwesen sowie die Banken unentbehrlich. Das Bankwesen hatte sich zunächst vor allem am Münzwechselgeschäft entwickelt. Auf einem großen Tisch („banca")

Banken

wurden an den Handelsplätzen die verschiedenen Münzen ausgebreitet und gewechselt. Bald bildete sich ein eigener Berufsstand der Geldwechsler, der Vorläufer der Bankiers, heraus, die über viel Sachkenntnis verfügen mussten, denn die Münzprägungen waren vielfältig und von unterschiedlichem Edelmetallgehalt. Erst „Leitwährungen" wie der Florentiner Goldflorin brachten überschaubare Verhältnisse und Städten, die wie Florenz Münzen allgemein anerkannter Qualität prägten, europaweite wirtschaftliche Bedeutung.

Kreditwesen

Der Gebrauch von Geld allein bedeutete aber noch nicht das Entstehen einer wirklichen Geldwirtschaft, die ihre produktive Kraft erst durch das Gewähren von Krediten entfaltete. Dies geschah durch gegenseitige Darlehen der Kaufleute selbst, vor allem aber durch die Banken, von denen es in Florenz um 1200 bereits ca. 60 gab. Dieses Geschäft barg aber auch große Risiken: Als Eduard II. von England sich 1346 weigerte, seine immensen Schulden an die Florentiner Bankiersfamilien der Bardi und Peruzzi zurückzuzahlen, gingen beide Kriegsspekulanten bankrott. Das stärkte allerdings die Familie der Medici, die seit dem 14. Jahrhundert die politisch und wirtschaftlich führende Bank-Dynastie von Florenz waren. Ohne Kreditwürdigkeit konnte niemand erfolgreich kaufmännisch tätig sein. Gegen das kirchenrechtliche Verbot, Zins zu nehmen, wurde damit der Zins in irgendeiner Form unumgänglich. Auch die Kirche änderte ihr Verhältnis zu Geld und Zinsen, da sie ihrerseits mit der entstehenden Geldwirtschaft selbst auf Geldgeschäfte angewiesen war. Neben dem Kreditgeschäft sorgten für die Dynamik der Wirtschaft im Spätmittelalter und in der frühen Neuzeit auch zunehmende Kapitalkonzentration, die Vergrößerung des Geldvolumens, ein schnellerer Geldumlauf sowie die Verselbständigung des Geldgeschäfts der Bankhäuser gegenüber dem Warengeschäft und das Entstehen großer Betriebe.

Zinsen

Verlagswesen

Die steigende Bedeutung der Wirtschaft im ausgehenden Mittelalter hatte zur Folge, dass die städtische Gesellschaft zunehmend leistungs- und nur noch begrenzt geburtsständisch geordnet war. Die sozialen Unterschiede zwischen den Zünften und anderen gesellschaftlichen Gruppen verschärften sich, was auch mit der Entwicklung des Verlagswesens zusammenhing. Man verstand darunter die Praxis, dass Händler die Waren von Kleinhandwerkern in Kommission mitführten und zum Verkauf „verlegten"; später gingen diese Kaufleute dazu über, Handwerker bestimmte Waren produzieren zu lassen und ihnen dafür Material und Lohn zu geben, was eine abhängige Lohnarbeiterschaft entstehen ließ. So gerieten auch die Weber in Flandern und in Italien in Abhängigkeit von kaufmännischen Verlegern und Wollhändlergenossenschaften. Ihre wirtschaftliche Situation verschlechterte sich. In Florenz kam es 1378 zu Tumulten, die als Aufstand der „Ciompi" (Wollschläger) bekannt wurden. Der Revolte war aber nur ein kurzzeitiger politischer Erfolg beschieden. Die Kluft zwischen Arm und Reich vertiefte sich eher, wirtschaftliche Ungleichheit wurde als gottgegeben hingenommen.

Frauen

Die spätmittelalterliche Stadtgesellschaft kannte bereits eine erhebliche selbständige Handelstätigkeit der Frau: Kauffrauen begegnete man in vielen mittelalterlichen Großstädten wie Lübeck, Augsburg oder Regensburg. Zum Teil arbeiteten auch die Ehefrauen von Kaufleuten auf eigenverantwortlicher Gewinn-

Die neue Geschäftswelt: Links: Bürgerstube; der Vater rechnet, der Sohn buchstabiert, Mutter und Tochter spinnen. Rechts: Jakob Fugger mit seinem Buchhalter Matthäus Schwarz. Die Ablagefächer sind mit den Namen der Städte beschriftet, in denen die Fugger Handelsniederlassungen besaßen.

und Verlustbasis. Es gab sogar eigene Frauenzünfte wie diejenigen der Garnmacherinnen, Seidenmacherinnen und Goldspinnerinnen. In kleinen Handwerksbetrieben waren die Frauen häufig für den Verkauf zuständig. Besonders in den mittleren und unteren Schichten waren die Frauen aber neben der beruflichen Tätigkeit normalerweise auch für die Haushaltsführung und Kindererziehung zuständig. Allein stehende Frauen befanden sich in drückender Lage, ausgenommen waren nur die Witwen, denen die Zunft im Allgemeinen die Fortführung des handwerklichen Betriebes des Mannes gestattete. Von politischer Mitsprache waren die Frauen aber überall ausgeschlossen.

Juden

Außerhalb der mittelalterlichen Bürgergesellschaft blieben die Juden, deren Stellung ursprünglich nicht schlecht war: Als Händler waren sie zunächst unentbehrlich, standen unter Königsschutz und genossen weitgehende Freiheit von Abgaben. Eine entscheidende Verschlechterung der Stellung der Juden ergab sich im 14. Jahrhundert: Wegen der Ausbildung der Zünfte waren sie weitgehend vom Handel ausgeschlossen, da der Zunft nur Christen angehören durften. Auch im Handel weitgehend entbehrlich geworden, wurden die Juden immer mehr in das reine Geld- und vor allem in das Pfandleihgeschäft abgedrängt, was neben religiösen Motiven dazu führte, die Juden verhasst zu machen. So kam es, vor allem im Zusammenhang mit der Pest von 1348, zu einer Welle von Judenverfolgungen (vgl. S. 15ff.) und zu Judenausweisungen aus den Städten.

MATERIAL 3 Kirche und Gesellschaft: Das kanonische Zinsverbot

Der Mönch und Jurist Gratian († nach 1142) veröffentlichte um 1140 in Bologna ein Kirchenrechtsbuch, das als „Decretum Gratiani" von Gerichten und Päpsten bald verbindlich benutzt wurde und den ersten und bedeutendsten Teil des Corpus iuris Canonici, der Sammlung kirchlichen Rechts, bildet. Gratian schreibt: „Wer Zinsen nimmt, begeht einen Raub" (CIC II. 10. a. 387). Thomas von Aquin (Theologe und Philosoph, 1225–1274) begründete das kirchliche Zinsverbot:

a) Er verwies dabei auf Aristoteles: „Geld wirft keine Jungen." Das Geld war für ihn unfruchtbar, brachte nach seiner Meinung keine Güter hervor. Er verwarf deswegen den Zins. Thomas von Aquin lehrte mit der gleichen Begründung, dass das Zinsnehmen dem Wucher gleichstünde. Er hielt Geld für ein reines Tauschmittel, das beim Kauf verbraucht wird. Daher könne für den Gebrauch geliehenen Geldes nicht wieder Geld, nämlich Zins, gefordert werden. [...] Der Zins war für ihn das Entgelt für die Zeit, die zwischen der Darlehenshingabe und der Darlehensrückzahlung liegt. Zeit kann aber nicht verkauft und auch nicht gekauft werden, da sie weder dem Darlehensgeber noch dem Darlehensnehmer, sondern Gott gehört. Wer also zu einem späteren Zeitpunkt mehr Geld oder Geldeswert fordert oder erhält, als er zu einem früheren hingegeben hat, der macht sich, so folgerte Thomas von Aquin, des Wuchers schuldig, da er offensichtlich die Zeit verkaufe.
Aristoteles hatte zweifellos noch nicht erkannt, dass man für geliehenes Geld nicht nur Verbrauchsgüter, sondern auch Produktionsmittel, zum Beispiel eine Kuh, erwerben kann, die Kälber gebiert und Milch liefert, sodass auf diesem Umweg das Geld doch „Junge wirft".

b) Alle, die im frühen Mittelalter mit Geld zu tun hatten, galten pauschal als Verbrecher. [...] Solche Frevler mussten unweigerlich in den scharfen Klauen des Teufels enden. „Dies ist die höllische Logik", resümiert der französische Mediävist Jacques Le Goff, „die auf den Wucherer Anwendung findet." Doch so konnte es nicht weitergehen. Städte entstanden und mit ihnen das Bürgertum. Die neue Zeit verlangte ein neues Wirtschaftssystem. Da erfand die Kirche, den ökonomischen Zwängen folgend, das Fegefeuer. Vor dem Fegefeuer gab es nur Gut oder Böse, Himmel oder Hölle, ewiges Leben oder Verdammnis. Zu Beginn des 13. Jahrhunderts erhielten selbst Wucherer die Gewissheit, nach dem Tod begnadigt zu werden. [...] Die Reichen stifteten, aus Angst vor der Hölle, einen großen Teil ihres Vermögens an die Kirche.

(a aus: F. Wurm, Vom Hakenpflug zur Fabrik. Frankfurt 1966, S. 106f.; b aus: Spiegel Nr. 25, 1994, S. 83f.)

MATERIAL 4 Ordnung der Hamburger Wandbereiter (Tuchscherer), 1547

Eine Witwe darf nach dem Tod ihres Mannes, wenn sie keinen Sohn hat, das Amt über Jahr und Tag behalten. Sie soll jedoch innerhalb von vier Wochen vor den Morgenspracheherren (Versammlung der Meister einer Zunft) erscheinen und soll sich einen guten Gesellen durch das Amt stellen lassen, der der Werkstatt vorstehen soll, damit der Kaufmann geschützt ist. Wenn sie sich aber nicht binnen Jahr und Tag innerhalb des Amtes erneut verheiratet, so soll sie danach das Amt nicht länger gebrauchen. Hat sie aber einen Sohn, der 12 Jahre alt ist, so darf sie mit ihm das Amt so lange besitzen, bis der Sohn das Amt aufgibt oder aufnimmt, nachdem er sein Meisterstück gemacht hat. Alsdann soll die Mutter das Amt abgeben, während der Sohn verpflichtet ist, die Mutter zu unterhalten. Bis dahin soll die Mutter von den Herren mit einem guten Gesellen, der der Werkstatt vorstehen soll, versorgt werden.

(Aus: Peter Ketsch, Frauen im Mittelalter, Bd. 1: Frauenarbeit im Mittelalter, Schwann, Düsseldorf 1983, Nr. 245)

Die Kauffrau in ihrem Arbeitszimmer, Holzschnitt, 1571

MATERIAL 5 Vermögensverteilung in Augsburg im 15. Jahrhundert

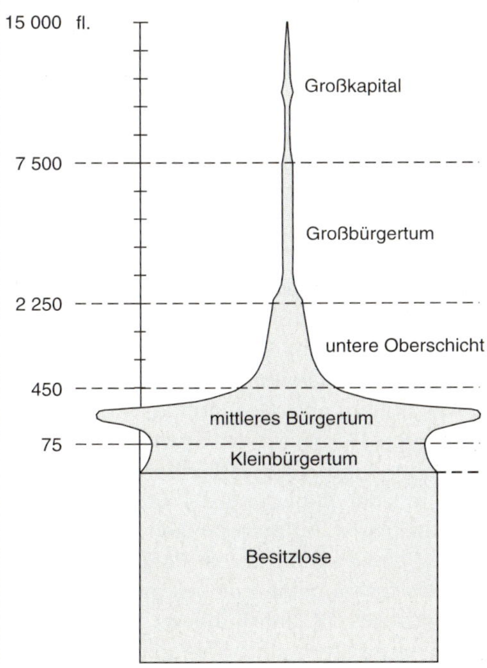

Augsburg war im 15. Jahrhundert, auch dank der Fugger, eine der wohlhabendsten deutschen Städte. Anhand von Steuerlisten für das Jahr 1475 wurde die Vermögensverteilung der städtischen Bevölkerung ermittelt (Steuerangaben in fl. = Florins, Gulden).

1. Erläutern Sie die theologische und philosophische Begründung des Zinsverbotes in Material 3.
2. Der Historiker Jacques Le Goff stellt einen Zusammenhang zwischen der „Erfindung des Fegefeuers“ und dem Aufkommen der Geldwirtschaft her. Erläutern und erörtern Sie seine These.
3. Erörtern Sie die Möglichkeiten einer Witwe, ihren Lebensunterhalt längerfristig zu sichern (Material 4).
4. Beschreiben Sie die Grafik (Material 5).

2.3 Neue Lebensformen und Mentalitäten in der Stadt

Man unterscheidet vier idealtypische Orte mittelalterlichen Lebens: Dorf, Burg, Kloster und Stadt. Die an diesen Orten lebenden Menschen haben jeweils besondere Erfahrungen der Zeit: agrarisches, ritterliches, mönchisch-liturgisches und städtisches Zeitbewusstsein. Die meisten Menschen lebten im Mittelalter in einer agrarischen Zeit und brauchten keine exakte Zeitmessung. In den Klöstern verlief das Leben nach einem festen Zeitrhythmus. Erst das Leben und Arbeiten in der Stadt, das Zählen und Messen und das Bewerten der produzierten Güter erzeugten ein Bedürfnis nach exakter Zeitmessung.

Zeit als Wirtschaftsgut

Diese neue Zeiterfahrung war wirtschaftlich bestimmt: Wo sich erstmals Lohnarbeitsverhältnisse wie in der Textilproduktion herausbildeten, musste die Arbeitszeit exakt feststellbar sein. Zins- und Wechselgeschäfte sind Termingeschäfte und sie wurden in der entstehenden Geldwirtschaft immer wichtiger. Die Knappheit an Zeit wirkte disziplinierend und dieses neue Zeitverständnis wurde ein Merkmal der europäischen Zivilisation. Zeitverschwendung wurde, wie ein Dominikaner des 14. Jahrhunderts sich ausdrückte, Sünde. Es war kein Zufall, dass sich im 14. Jahrhundert, besonders in den Jahrzehnten der Pest, die städtische Turmuhr in Europa ausbreitete. Viele Totentanzdarstellungen (z. B. der Gevatter Tod mit der Sanduhr) riefen damals den Menschen Vergänglichkeit und Zeitlichkeit des Lebens ins Bewusstsein. Die Vorstellung von der so begrenzten Lebenszeit musste das Lebensgefühl ändern. Die Schläge der Turmuhr mahnten an die verrinnende Lebenszeit. So entstand in der Stadt eine neue Zeiterfahrung, ein „Neu-Zeit"-Bewusstsein.

Stadtbild

In der Stadt lebten viele Menschen auf engem Raum zusammen. Türme, mehrstöckige Häuser und unüberschaubar schmale, verwinkelte Gassen bestimmten das Erscheinungsbild der mittelalterlichen und frühneuzeitlichen Städte Europas. Eine Ausdehnung über die Stadtgrenzen hinaus war nur um den Preis der Anlage neuer Stadtmauern möglich. Dies konnten sich nur besonders wohlhabende Städte leisten wie etwa Florenz, das im späten Mittelalter bereits den siebten Mauerring errichtete. Aber auch hier blieb die Kleinheit der Bebauungsflächen charakteristisches Kennzeichen städtischer Bautätigkeit.

Stadt als Kommune

Das Leben in der Stadt wurde dynamisch, mobil, vielfältig, war voller Chancen, aber auch Risiken. Stadtbewohner lernten zweckrational zu handeln, sie begegneten Fremden, sie bildeten sich und nahmen aus Eigeninteresse am öffentlichen Leben der Stadt Anteil, so etwa an der Lösung von Versorgungs- und Entsorgungsproblemen, an der Verteidigung und Gesundheitsvorsorge, am politischen Leben. Es entsprach der neuen Mentalität der Stadtbürger, den eigenen Lebensraum selbst zu gestalten. Im Jahre 1309 verkündete z. B. der Magistrat des reichen Siena: „Jene, die mit der Regierung der Stadt beauftragt sind, sollten ihrer Verschönerung besondere Aufmerksamkeit widmen. Ein wichtiger Bestandteil einer gesitteten Gemeinschaft ist ein Park zum Vergnügen von Bürgern und Fremden." Schon früh entstand eine regelrechte Stadtplanung. So war der Dichter Dante Ende des 13. Jahrhunderts Mitglied einer Florentiner Kommission, die Straßen verbreitern und begradigen sollte. Es sind Statuten bekannt, die das Fegen und Reinigen der Straßen regelten, Senkgruben mussten ausgehoben werden und die Abwässer durften nicht mehr auf die Straße entleert werden. Das wohlhabende Florenz leistete sich die damals unvorstellbar teuere Maßnahme einer Pflasterung mit Ziegelsteinen.

Stadt als wohl geordnete Welt

Stadtplanung, Bauaufsicht und städtische Bautätigkeit hatten die schöne Stadt zum Ziel: eine Stadt der Ordnung, Symmetrie, Geräumigkeit und Sauberkeit. Ein Prediger in Pisa rühmte die ideale Stadt im Jahre 1304 folgendermaßen: „Seht, wie schön eine Stadt ist, wenn sie wohl geordnet ist und in ihr viele Künste (d. h. Zünfte) sind. Und jede für sich und alle allen gemeinsam verbinden sie sich gleichsam zu einer Art Körper: Jede wird ein Glied sein. In dieser Verschiedenheit liegt die Schönheit mehr, als wenn sie alle gleich wären." Markthallen, Rathäuser, Brücken und Stadtmauern wurden ebenso zu städtischen Gemeinschaftsaufgaben wie Dome, Kornspeicher und Krankenhäuser. Allein Florenz besaß für 60 000 Einwohner um 1300 ca. 30 Krankenhäuser mit insgesamt rund 1 000 Betten. Zentrale Bedeutung für das städtische Leben hatten die Plätze. Ihr Ausbau wurde in den italienischen Städten schon sehr früh gefördert, um eine weitgehende Teilnahme des Volkes an der Stadtregierung zu ermöglichen. Auf dem Platz fanden der Markt und die Bürgerversammlung statt.

Stadt und Umland

In aller Regel hatte die Stadt für das umliegende Land eine Mittelpunktfunktion: politisch, sozial, wirtschaftlich und kulturell. Im Fall von Florenz gelang es der Stadt nach Auseinandersetzungen mit dem Adel des Umlandes Ende des 13./Anfang des 14. Jahrhunderts, die Herrschaft auf das Umland auszudehnen und sich mit einer ganzen Kette kleiner Festungsstädte („Terre murate" – befestigtes Land) schon früh ein eigenes Territorium zu sichern. Die Republik Florenz wurde Stadtstaat.

Stadtansicht von Florenz, um 1480

MATERIAL 6 Aus deutschen Städteordnungen

Kleiderordnung von Speyer, 1356

Wir, der Rat zu Speier, bekennen mit diesem Briefe, dass wir großes Gebrechen in den Städten und auf dem Lande bemerkt haben an Hoffart und Übermut, was auch die erste Todsünde war, die je geschah, darin alle Sünden ihre Wurzel haben. Diese Sünde ist wider Gott und schädlich für die Leute, wie das jetzt wohl allen sichtlich und offenbar ist an dem Erdbeben und den großen Plagen, die Land und Leute verderben an Leib und Gut. Nun haben wir mit heiligen Eiden unserer Städte und Bürger Ehre, Nutzen, Frommen und Seligkeit beschworen, dass wir sie vor Schaden und Ungemach behüten wollen, soweit wir können. So haben wir mit Gottes Hilfe und gutem Rat beschlossen, die unten genannten Sachen, die Hoffart und Übermut in sich tragen und stiften, Gott zu Lob und zu Ehren und den Leuten zu Nutz und Frommen zu verbieten. [...]

Die Frauen sollen keinen Kranz oder Schleier tragen, der mehr als vierfach gewunden ist, sodass alle die Windungen nicht höher als eines Fingers Breite von der Stirne aufragen. Ihre Zöpfe oder ihr Haar soll keine hinten herabhängen lassen oder vorne unanständig gebundene Locken machen oder auch hinten irgendwelche Haarschnüre herabhängen lassen, sondern ihr Haar soll schlicht hochgebunden sein. Aber eine Jungfrau, die noch keinen Mann hat, darf wohl einen Kranz tragen und ihre Zöpfe oder Haarschnüre hinten herabhängen lassen. [...]

Keine soll an den Kapuzen, Röcken oder Mänteln irgendwelche Buchstaben, Vögel oder andere unanständige Sachen tragen, die aus Seide aufgenäht werden. [...] Den Männern gebieten wir, sie sollen auf den Hüten weder Federn, Rohre oder Schmelzwerk tragen. Auch soll keiner, der nicht Ritter ist, [...] an Röcken und Mänteln, an Gürteln, Taschen, Scheiden und Spitzmessern irgendwelches Gold, Silber oder Perlen tragen.

Freiburger Ratsbeschluss von 1399:

Der Rat ist übereingekommen: Wer künftig in Freiburg länger als drei Tage Mist liegen lässt, sei es in der Altstadt, in allen Vorstädten und vor dem Mönchtor, von dem sollen die Stadtbaumeister für jeweils drei Tage, die er den Mist hat länger liegen lassen, die Strafe von drei Schillingen fordern.

Und wer den Mist in den Bach schüttet, den sollen sie in gleicher Weise mit drei Schilling Geldstrafe belegen. Und dies will der Rat künftig ewig so halten; und es ist von der Kanzel verkündet worden am Sonntag vor Maria Lichtmess (26. Januar) im Jahr 1399.

Freiburger Wachordnung von 1406:

Vom Klötzlinstor bis zum Schwabentor bewachen die Gerber die Stadtmauer; vom Schwabentor bis zum Schneckentor die Wirte und alle aus der Vorstadt außer den Schmieden; vom Schneckentor bis zum Peterstor die Schmiede und Tucher; vom Peterstor bis zum Predigertor die Schumacher und die Zimmerleute; vom Predigertor bis zum Diebstor die Krämer und die Brotbecken; vom Diebstor bis zum Mönchstor die Gerber in der Neuburg und in der Altstadt und die Metzger; vom Mönchstor bis zum Schultor die Rebleute; beim Bürgermeister die Schneider, Karrenmacher, Küfer und Kürschner und alle, die beritten sind.

(Kleiderordnung aus: Johannes Bühler, Bauern, Bürger und Hansa, Duncker & Humblot, Leipzig 1929, S. 382f.
Freiburger Ordnungen aus: Heinrich Schreiber, Urkundenbuch der Stadt Freiburg, Herder, Freiburg 1928, Bd. 1, S. 126 und Bd. 2, S. 212 f.)

1. Erläutern Sie, welche Folgen die in Material 6 genannten Regelungen für den einzelnen Bürger und für das Zusammenleben in der Stadt hatten.
2. Erörtern Sie ausgehend von der Erklärung in der Kleiderordnung die Gründe für derartige Reglementierungen.

MATERIAL 7 **Der Historiker Aaron J. Gurjewitsch über Wandel der Zeit und der Zeiterfahrung in der spätmittelalterlichen Stadt, 1980**

Die Stadt wird zum Träger eines neuen Verhältnisses zur Welt und dementsprechend auch zum Problem der Zeit. Auf den Türmen der Städte werden mechanische Uhren angebracht; sie sind Gegenstand des Stolzes der Bürger auf ihre Stadt, befriedigen zugleich aber ein vorher nie gekanntes Bedürfnis, die genaue Tageszeit zu wissen. In der Stadt bildet sich ein soziales Milieu heraus, welches ganz anders zur Zeit steht als die Feudalherren oder die Bauern. Für die Kaufleute ist die Zeit Geld; der Handwerker braucht die genaue Zeit, wann er seine Werkstatt betreibt. Die Zeit wird zum Maß der Arbeit. Nicht mehr das Geläut der Kirchenglocken, welches zum Gebet ruft, sondern der Schlag der Rathausuhr regelt das Leben der sich säkularisierenden Bürger, wenn sie auch mehrere Jahrhunderte lang die Versuche fortsetzen werden, die traditionelle „Kirchenzeit“ mit der neuen weltlichen Zeit des praktischen Lebens zu versöhnen und in Übereinstimmung zu bringen. Die Zeit erwirbt einen größeren Wert und verwandelt sich in einen wesentlichen Faktor der Produktion. [...] Die mechanischen Uhren wurden gegen Ende des 13. Jahrhunderts erfunden. Im 14. und 15. Jahrhundert sind die Rathaustürme vieler Städte Europas mit diesen neuen Uhren geschmückt. Diese ungenauen Stadtuhren ohne Minutenzeiger bedeuteten jedoch eine wahrhafte Revolution auf dem Gebiet der sozialen Zeit. Die Kontrolle über die Zeit begann den Händen des Klerus zu entgleiten. Die Stadtkommune machte sich zur Herrin über ihre Zeit mit ihrem besonderen Rhythmus.

(Aus: Aaron J. Gurjewitsch, Das Weltbild des mittelalterlichen Menschen, Beck, München 1980, S. 174–175)

1. Zeigen Sie, inwiefern sich im Wandel der Zeiterfahrung ein Wandel der Mentalität ausdrückt.
2. Vergleichen Sie die im Text beschriebene Zeiterfahrung mit unseren heutigen Zeiterfahrungen.

MATERIAL 8 **Ambrogio Lorenzetti: Die Auswirkungen der guten Regierung in der Stadt und auf dem Lande, 1338/39**

In der oberitalienischen Handelsstadt Siena regierte nach langen Bürgerkriegen 1287–1355 ein „Rat der Neun“, in den nur wohlhabende („gute“) Kaufleute der Stadt gewählt werden konnten. Der Adel war von der Regierung ausgeschlossen.

In der Zeit einer beginnenden Krise der Stadt (Kriege, Hungersnot von 1326) erhielt der Sitzungssaal im Rathaus eine neue Ausmalung: An der Stirnseite des Raumes sahen die Ratsherren eine Allegorie der guten Regierung, rechts und links davon sahen sie auf je 14 m langen Wandbildern die „Folgen des guten und des schlechten Regierens“. Die hier nicht abgebildeten (schlecht erhaltenen) „Folgen der schlechten Regierung“ sind: verkommene Häuser, Ruinen, eine gefesselte und durch den Schmutz gezogene Justitia, verödete Felder, tote Bäume, Mord, Willkür, überall Söldner, Justiz des Teufels. Die auf S. 46 dargestellten „Folgen des guten Regierens“ zeigen wirklichkeitsnah Siena und sein Umland, über dem die „Securitas“ (Sicherheit) schwebt.

Bei der Wiedergabe der Fresken (S. 46) wurde das lange Wandbild im Bereich der Stadtmauer auseinander geschnitten. Man muss es sich zusammenhängend und nach links und rechts fortgesetzt vorstellen.

1. Beschreiben Sie, inwieweit Lorenzetti auf seinen Fresken sowohl städtische Realität als auch ideale Stadtvorstellungen darstellt.
2. Überlegen Sie, wodurch sich nach Auffassung des Malers Regieren in der Stadt legitimierte und welche Intentionen mit diesem Auftragswerk verbunden waren.

3. Der Aufbruch des europäischen Geistes

3.1 Leonardo da Vinci – Bahnbrecher einer neuen Naturerfahrung und -beherrschung

Die Skizze, die moderne Restauratoren der Schriften des Leonardo da Vinci (1452–1519) bei ihrer Arbeit fanden, war zu unerwartet, als dass nicht zunächst erhebliche Zweifel an ihrer Echtheit aufkamen: Dargestellt ist ein Fahrrad, das eine verblüffende Ähnlichkeit mit modernen Zweirädern aufweist (s. Abb. S. 48). Das dabei angewandte System der Kraftübertragung war den Forschern bereits von einer anderen Skizze des Leonardo bekannt. Allerdings stammt die Skizze nicht von ihm selbst, sondern ist offensichtlich die Kopie einer Zeichnung des Meisters, angefertigt durch einen seiner Schüler namens Salaì. Die Fahrradskizze befand sich auf der Rückseite eines Blattes, das nachweislich bereits im 16. Jahrhundert zum Einbinden der Leonardo-Schriften verwandt und fest verklebt worden war. Der Überraschungsfund ist ein anschauliches Beispiel dafür, wie „prophetisch" an der Epochenschwelle zur Neuzeit vorausgedacht und erfunden wurde.

Uomo universale

Eine Symbolfigur für den neuen Geist der Moderne, der solches erdachte, ist das Universalgenie, oder wie man damals sagte, der „uomo universale" Leonardo, unehelicher Sohn eines Notars der florentinischen Stadtregierung und eines Bauernmädchens aus dem kleinen Dorf Vinci bei Florenz. Er selbst sagte von sich, er sei ein „omo sanza lettere", ein Mann ohne große kulturelle und literarische Vorbildung, der bei dem berühmten Bildhauer Verrocchio ausgebildet und 1472 in die Malerzunft von Florenz aufgenommen worden war. Aber so bekannt seine Gemälde wie etwa die berühmte „Mona Lisa" auch sein mögen, so viel bewundert das atmosphärische Halblicht („Sfumato") dieser Werke ist, Leonardo war auch Bildhauer, Architekt, Zeichner, Naturforscher und vor allem Ingenieur. Er verkörperte in seiner Person den idealen Menschen der Renaissance, der „Wiedergeburt" in Anknüpfung an die Antike. Er personifizierte gleichsam die Einheit und den Zusammenhang aller Erkenntnisbereiche. Der Philosoph Jürgen Mittelstraß hat unsere moderne Welt als „Leonardo-Welt" bezeichnet. Er versteht darunter eine Welt der Allgemeinbildung (die ständig bedroht ist, denn „Experten haben keine Bildung"), der Innovationsfähigkeit (Forschungsimperativ: „Lass dich leiten von der Lust auf das Neue!") und eine Welt des unbedingten Willens zu Rationalität, Erkenntnis und Leistung.

Leonardo-Welt

Leonardo verkörpert zwar den Anfang naturwissenschaftlicher und technischer Forschung, aber der Gedanke, seine Kenntnisse und Erfindungen in einem auf Profit ausgerichteten Unternehmen wirtschaftlich zu nutzen, lag der Zeit noch fern. Er erfüllte Aufträge fürstlicher oder städtischer Dienstherrn und ging im Übrigen den Problemen um ihrer selbst willen nach. Er war von unersättlicher Neugier getrieben, legte großen Wert auf Erfahrung und exakte Naturbeobachtungen, die eigentliche Wissenschaft aber war für ihn das Erkennen von Gründen. Was immer Leonardo erforschte und analysierte, er versuchte es mit bild-

Naturbeobachtung

Entwurf eines Fahrrads, Skizze des Leonardo-Schülers Salaì

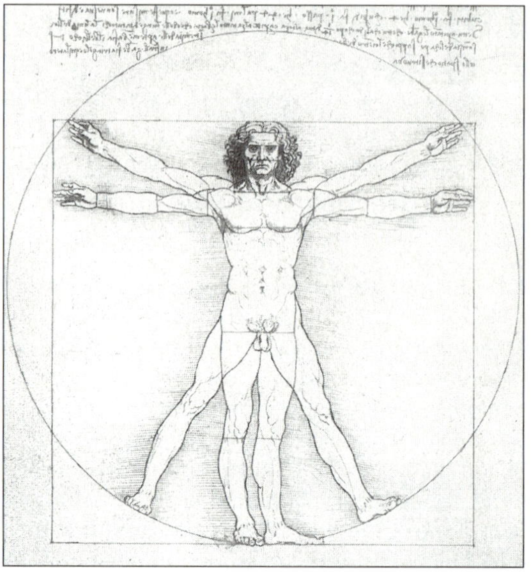

Leonardo da Vinci, Die Maße des Menschen

Wissenschaft

licher Darstellung zu verbinden, mit der „Wissenschaft des Malens", wie er selbst sagte. Für das gesamte Zeitalter war die Natürlichkeit der Darstellung bereits Maßstab künstlerischer Qualität geworden, für Leonardo war die bildliche Darstellung darüber hinaus auch ein Mittel zu wissenschaftlich-technischer Erkenntnis und schöpferischer Veränderung der Welt.

Erforschung des Menschen

Grenzen dieses enzyklopädischen Erkenntnisdrangs waren nicht mehr überkommene Tabus, sie waren allein in der Sache selbst begründet. So sezierte Leonardo z. B. heimlich Leichen zur Erforschung der menschlichen Anatomie und fertigte davon Zeichnungen an. Dieses nach mittelalterlicher Vorstellung schändliche und verwerfliche Sezieren von Leichen war nach kirchlichem Recht verboten, der Körper des Menschen sollte in Erwartung der leiblichen Auferstehung unversehrt bleiben. Erstaunlich viele dieser Beobachtungen am Körperbau des Menschen verwandte Leonardo bei den zahlreichen Konstruktionsentwürfen von Maschinen, ein weiterer Beleg für seinen ganzheitlichen Wirklichkeitsbegriff.

Rationalität

Säkularisierung

Typisch für den von Leonardo verkörperten neuen Geist der Zeitenwende war die Abwendung von bisher unangefochtenen Mustern der Welterklärung, eine neue Unabhängigkeit und Freiheit des nun selbstbewusst gewordenen Individuums, dessen Wissensdrang ausschließlich rational gesteuert war, das allein auf seine Vernunft und Erfahrung vertraute. Die vorurteilslose Kritik an den mittelalterlichen Anschauungen bahnte einem neuen vernunftgesteuerten Weltbild den Weg, in dessen Mittelpunkt das Interesse am Menschen stand. Das Ethos „wertfreier" Wissenschaftlichkeit erfasste alle Wissens- und Daseinsbereiche, nicht zuletzt auch Bildung und Politik. Kirchliche Autorität wich einer säkularisierten Auffassung der Welt, in der der Mensch selbst schöpferisch werden wollte, diese Welt umgestalten und sich in ihr vielseitig entfalten wollte.

MATERIAL 1 Leonardo da Vinci: Wie erforscht man die Natur?

Mir aber scheint, als sei alles Wissen eitel und voller Irrtümer, das nicht von der Erfahrung, der Mutter aller Gewissheit, zur Welt gebracht wird und nicht im wahrgenommenen Versuch abschließt. [...]
Dies ist die wahre Regel, nach der die Naturforscher vorzugehen haben: Während die Natur stets mit dem Gesetz beginnt und mit der Erfahrung endet, müssen wir umgekehrt verfahren. Wir gehen von der Erfahrung aus, um das allgemeine Gesetz zu ergründen. [...]
Bevor du ein allgemeines Gesetz aufstellst, musst du zwei oder drei Versuche durchführen und beobachten, ob sie jedes Mal die gleichen Wirkungen hervorbringen.
Keine Gewissheit gibt es da, wo man nicht die mathematischen Wissenschaften anwenden kann oder wo sich keine Verbindung mit ihnen herstellen lässt.
Viele werden meinen, mich zu Recht tadeln zu sollen, indem sie darauf hinweisen, dass meine Beweise dem widersprechen, was früher einmal Männer von hohem Ansehen gelehrt haben. Sie machen sich dann jedoch nicht klar, dass meine Behauptungen aus der einfachen und reinen Erfahrung entstehen, welche die wahre Lehrmeisterin aller ist.

(Aus: Leonardo, Philosophische Tagebücher, Meiner, Hamburg 1958, S. 12, 30, 32; Zusammenst./Übers. W. Günter)

MATERIAL 2 Leonardo da Vinci: Maschine zur Umwandlung einer Auf- und Ab-Bewegung in eine Kreisbewegung und umgekehrt

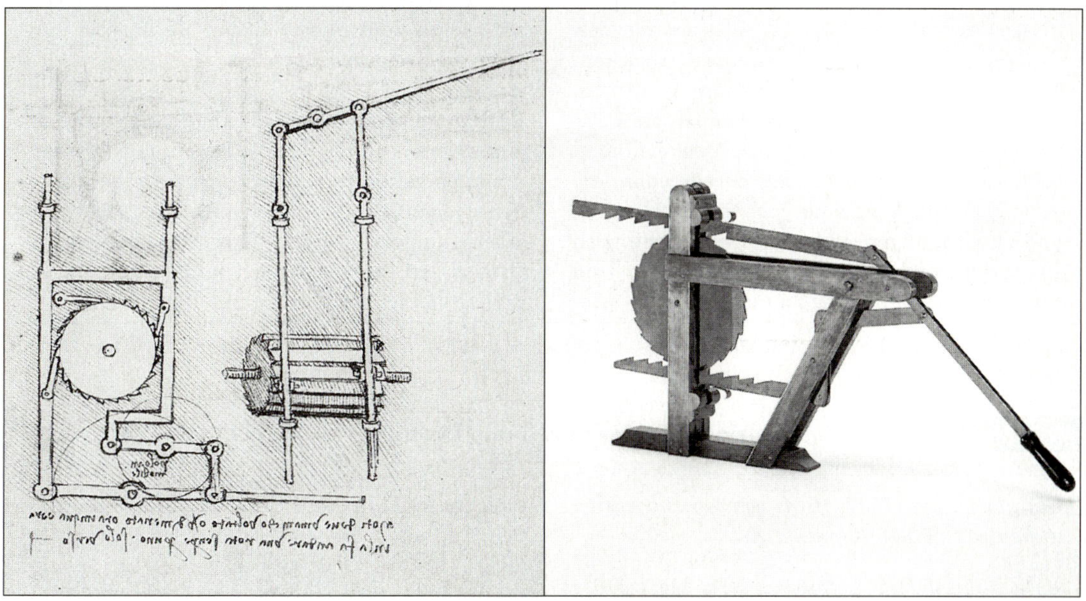

1. Zeigen Sie, inwieweit in Leonardos Skizze „Die Maße des Menschen" ein neues Menschen- und Weltbild zum Ausdruck kommt.
2. Erläutern Sie Leonardos neue Prinzipien und Methoden der Naturerkenntnis (Material 1). Nehmen Sie dabei auch Bezug auf die Abbildung S. 48 rechts.
3. Überlegen Sie sich Anwendungsmöglichkeiten für die dargestellte Antriebsmaschine.

MATERIAL 3 Leonardo da Vinci an Lodovico il Moro, den Herzog von Mailand

1482 begab sich Leonardo nach Mailand. Eine Aufzählung seiner Kenntnisse und Fähigkeiten enthält ein von ihm an Lodovico il Moro gerichteter Brief.

Nachdem ich, mein hoher Herr, nun zu Genüge die Arbeiten aller jener angesehen und erwogen habe, die sich für Meister und Verfertiger von Kriegsgeräten halten, und nachdem sich die Erfindung und Ausführung der genannten Geräte von den allgemein gebräuchlichen in nichts unterscheidet, werde ich – ohne jemand anderen herabzusetzen – bemüht sein, mir bei Euer Excellenz Gehör zu verschaffen.

1. Ich bin imstande, die leichtesten und stärksten Brücken zu bauen, die sehr leicht tragbar sind und mit deren Hilfe man den Feind verfolgen und zuweilen vor ihm fliehen kann.
2. Im Falle der Belagerung eines befestigten Platzes verstehe ich es, das Wasser aus den Gräben abzuleiten und zahllose Brücken, Mauerbrecher, Leitern und andere zu diesem Unternehmen dienliche Geräte zu bauen. [...]
5. Und wenn man sich auf dem Meer befinden sollte, weiss ich viele Geräte herzustellen, die vorzüglich geeignet sind, Schiffe anzugreifen und zu verteidigen und diese gegen jede noch so starke Bombarde sowie gegen Pulver und Rauch widerstandsfähig zu machen. [...]
7. Desgleichen werde ich gedeckte, sichere und unangreifbare Wagen herstellen, die, wenn sie mit ihren Geschützen in die feindlichen Reihen eindringen, jede noch so grosse Menge Bewaffneter zu durchbrechen vermögen. Und hinter diesen wird zahlreiches Fussvolk unversehrt und ohne jedes Hindernis nachfolgen können. [...]
10. In Friedenszeiten glaube ich, in der Architektur, im Entwerfen von öffentlichen und privaten Gebäuden und in der Anlage von Wasserleitungen von einem Ort zum anderen zur vollsten Zufriedenheit bestehen zu können. Überdies werde ich von Skulpturen aus Marmor, Bronze und Ton alles nur Mögliche ausführen und es darin mit jedem anderen, wer immer es auch sei, aufnehmen. Auch wird man an die Ausführung des bronzenen Pferdes gehen können, das dem glücklichen Andenken Eueres Herrn Vaters und des erlauchten Hauses Sforza zum unsterblichen Ruhm und zur ewigen Ehre gereichen wird.

Und wenn eines der oben angeführten Dinge jemandem unmöglich oder unausführbar scheinen sollte, erbiete ich mich bereitwilligst, den Gegenbeweis in Euerem Park oder an jedem anderen, Euer Excellenz genehmen Orte zu erbringen, der ich mich untertänigst und so viel ich nur kann empfehle.

(Aus: Leonardo da Vinci, Fretz & Wasmuth, Zürich/Leipzig 1939, S. XIII-XIV; Übers. Giorgio Nicodemi)

MATERIAL 4 Giorgio Vasari: Lebensbeschreibung Leonardo da Vincis

Giorgio Vasari (1511–1574) schrieb Biografien italienischer Künstler seiner Zeit.

Im Gespräch war er so angenehm, dass er die Gemüter der Leute anzog. Und obwohl er sozusagen nichts besaß und wenig arbeitete, hielt er beständig Diener und Pferde. [...] Die Natur hat ihn derart begünstigt, dass er, wohin immer er sein Denken, sein Hirn und seinen Geist richtete, so viel Göttliches in seinen Leistungen zeigte, dass kein anderer ihm jemals gleichkam. Man sieht deutlich, dass Leonardo vermöge seiner Beherrschung der Künste viele Dinge anfing und keines jemals zu Ende führte [...], zumal er sich im Geiste verschiedene scharfsinnige und so erstaunlich schwierige Aufgaben vorstellte, dass er sie mit den Händen, obwohl sie im höchsten Maße geschickt waren, niemals hätte ausführen können. Und so zahlreich waren seine Einfälle, dass er im Verlaufe seiner naturwissenschaftlichen Forschungen bestrebt war, die Eigentümlichkeiten der Gräser zu ergründen, dabei fortfahrend, die Bewegung des Himmels, den Gang des Mondes und der Sonne zu beobachten.

(Aus: Giorgio Vasari, Le vite, in: Leonardo da Vinci; Fretz & Wasmuth, Zürich/Leipzig 1939, S. VIII-IX; Übers. Giorgio Nicodemi)

1. Erläutern Sie das im Brief (Mat. 3) zum Ausdruck kommende Selbstverständnis Leonardo da Vincis.
2. Erörtern Sie anhand des Briefes, ob der Wissenschaftler für die Folgen seiner Erfindungen verantwortlich ist.
3. Charakterisieren Sie Vasaris Leonardo-Bild (Mat. 4) und vergleichen Sie es mit Leonardos Selbstdarstellung (Mat. 1 und 3). Was ist an diesem Menschenbild nicht mehr „mittelalterlich"?

MATERIAL 5 Der Professor für Philosophie und Wissenschaftstheorie Jürgen Mittelstraß: Die Welt des modernen Menschen als Leonardo-Welt

Die moderne Welt ist das Produkt des wissenschaftlichen und des technologischen Verstandes. Ihre artifiziellen Strukturen nehmen zu, ihre natürlichen Strukturen nehmen ab. Sie ist eine Leonardo-Welt, die auf die Leistungsfähigkeit von Wissenschaft und Forschung angewiesen bleibt. [...]

In modern entwickelten Gesellschaften hat der Mensch seine Welt und die Evolution seiner Welt in die eigene, wissenschaftliche und technische Hand genommen. Die Welt wird mehr und mehr zu einem Artefakt (= Kunsterzeugnis): Wohin wir auch gehen, wo immer wir siedeln, der erkennende, analysierende, wirtschaftende, bauende, verwaltende und zerstörende Verstand war immer schon da. Dabei berühren Entwicklungen im Wissenschafts- und Techniksystem, ebenso wie Entwicklungen im Wirtschaftssystem, die mit jenem immer stärker verbunden sind, unmittelbar die Grundlagen der Gesellschaft. Wir gewöhnen uns selbst zunehmend an den Gedanken, dass sich – Stichworte: Gentechnik und Reproduktionsmedizin – die Natur des Menschen ebenso verändern lässt wie die physische und die gesellschaftliche Welt. Was immer wir tun, die Wissenschaft lenkt unsere Hand; was immer wir wissen, die Wissenschaft weiß es besser.

Dabei hält den Motor der Forschung, der Wissenschaft und Technik unaufhaltsam nach vorne treibt, [...] das in Gang, was den Menschen zum Herren über seine Welt und über sich selbst gemacht hat, nämlich ein unbedingter *Erkenntniswille, Rationalität* ohne Wenn und Aber, *Instrumentalität des Wissens* und (technischen) *Könnens*, produktive *Selbstkritik*. In Wissenschaft und Forschung setzt der Mensch mit allem, was an ihm selbst rational ist und rational sein will, auf die Karte Zukunft; er spielt mit seinen rationalen Kräften, verändert sich und die Welt, die längst Produkt jener Rationalität ist, die in der Wissenschaft nur am reinsten zum Ausdruck kommt. Der moderne Mensch muss Wissenschaftler, Ingenieur und Künstler zugleich sein – wie Leonardo da Vinci, einer der ersten der Modernen – und seine Welt ist, so betrachtet, eine Leonardo-Welt.

(Aus: Jürgen Mittelstraß, Sind Bildung, Wissenschaft und Forschung noch konkurrenzfähig?, in: Bürger und Staat 44, 2, Kohlhammer, Stuttgart 1994, S. 163)

1. Erläutern Sie den Gedankengang von Jürgen Mittelstraß.
2. Erörtern Sie, inwieweit unsere Welt als Leonardo-Welt bezeichnet werden kann.

3.2 Die Renaissance: Rückwendung zur Antike als Schritt in die Moderne?

Florenz

Persönlichkeit und Wirken eines Mannes wie Leonardo da Vinci lassen sich nur vor dem Hintergrund eines neuen Zeitgeistes verstehen. Seit dem 14. Jahrhundert hatte in der Toscana mit dem Mittelpunkt Florenz eine kulturgeschichtliche Epoche begonnen, für die sich im 19. Jahrhundert der Begriff Renaissance durchsetzte. Sie entfaltete sich im 15. und 16. Jahrhundert von Italien ausgehend in ganz Europa. Bereits die Zeitgenossen haben sie als „rinascita dell'arte" (sprich: rinàschita, italienisch: Wiedergeburt) aufgefasst, als Wiedergeburt der Kunst der Antike; sie ist deren folgenreiche Wiederaneignung und schöpferische Weiterentwicklung, der Übergang zu einem neuen Lebensgefühl und zu neuzeitlichen Vorstellungs-, Denk- und Darstellungsformen. Die Zeit zwischen Antike und Gegenwart wurde nun als ein „Mittelalter" abgewertet.

Neues Menschenbild

Die Begegnung mit der Antike wurde zu einem Schlüsselerlebnis des frühneuzeitlichen Menschen. Nachdem im Mittelalter einseitig die sündhafte Natur des Menschen betont worden war, rief jetzt der Arzt und Platon-Kenner Marsilio Ficino (1433–1499) dem Menschen zu: „Erkenne dich selbst, o göttliches Geschlecht in menschlicher Verkleidung!" Diese Aufforderung „Erkenne dich selbst!" hatte in der Antike jeder Besucher des Apolloheiligtums in Delphi als Inschrift lesen können. Hatten sich die Menschen im Mittelalter der Betrachtung Gottes hingegeben, stellten sie jetzt sich selbst und ihre Welt in den Mittelpunkt des Interesses. Ein Schüler Ficinos, Pico della Mirandola (1463–1494), schrieb eine Lobrede „Über die Würde des Menschen" und bekräftigte damit das anthropozentrische Weltbild der Moderne (griechisch ‚anthropos': Mensch). Dieses neue Menschenbild fand auch Ausdruck im medizinischen und künstlerischen Interesse an der Anatomie des Menschen: Nach 1000 Jahren kirchlich verordneter Scham wagte man es zunehmend den Menschen nackt darzustellen, so wie es die Künstler des Altertums gemacht hatten.

Humanismus

Mit dem Renaissancebegriff ist ein anderer Epochenbegriff, der des Humanismus (lateinisch ‚humanus': menschlich, menschengemäß, gebildet) eng verknüpft und wird sogar synonym gebraucht. „Studia humanitatis" nannte man im Italien des 14. und 15. Jahrhunderts Studien, die sich mit der antiken Dichtung, Philosophie und Wissenschaft befassten, eine Tätigkeit, die der Vervollkommnung des Menschen dienen sollte. Humanist war, wer sich in diesem Sinne mit den „Studia humanitatis" befasste bzw. nach antikem Vorbild neue Werke schuf; Humanismus wurde zu einem an Menschenwürde und freier Persönlichkeitsentfaltung orientierten Bildungsideal.

Individualismus

Stärker als das antike Denken war das Denken der Renaissance vom Individualismus geprägt: Der Einzelne galt immer auch als einzigartig und autonom – und manchmal auch als Genie; er verstand sich als Mikrokosmos in einem Makrokosmos. Der Mensch der Neuzeit will Grenzen überschreiten; dem gegenüber war der antike Mensch auf Mäßigung und Selbsterkenntnis aus. Trotz solcher Unterschiede blieben aber für die Gelehrten der Renaissance die antiken Autoren Gegenstand und Ausgangspunkt ihrer Studien, das lateinische und das griechische Altertum wurden regelrecht wiederentdeckt. Dass in solchen Studien auch die Möglichkeit zur Kritik liegen konnte, zeigte der sensationelle

Antikenbegeisterung

Nachweis des Humanisten Lorenzo Valla (1405–1457): Mit Hilfe philologisch-historischer Quellenkritik konnte er nachweisen, dass die angeblich antike Schenkungsurkunde, die bis dahin den Territorialanspruch des Papstes auf den Kirchenstaat begründet hatte, eine Fälschung war. Hier wurde aus der Quellenkritik eine scharfe Waffe gegen Herrschaft und Institution.

Voraussetzungen

Die Antikenbegeisterung hatte vielfältige Ursachen. Sicher war es wichtig, dass in Italien noch zahlreiche Spuren der Antike zu sehen waren. Zudem war es der ökonomischen Blüte der Städte Oberitaliens zu danken, dass sich dort Bildung und damit auch die Kenntnis der antiken Sprachen ausbreiteten und dass Kunst und Wissenschaft dort großzügig gefördert wurden. Schließlich hatte die neue städtische Mentalität auch einen Sinn für die Tüchtigkeit des Einzelnen entstehen lassen, den man in den Schriften der Antike ebenso anzutreffen glaubte wie Unabhängigkeit, Selbstbewusstsein und republikanische Freiheit. Bürgerliches Selbstbewusstsein schien vor allem im alten Rom verwirklicht gewesen zu sein, römische Tugenden wurden zum Vorbild bei der Erziehung der Jugend; die Spitzen der Stadtverwaltung von Florenz förderten im 14. und 15. Jahrhundert dieses an der Antike ausgerichtete republikanische Denken, und es war später dem Maler, Bildhauer und Architekten Michelangelo (1475–1564) vorbehalten, mit seinem berühmten „David" ein ästhetisch vollendetes Symbol dieses Freiheitsstrebens zu schaffen.

Petrarca

Laienkultur

Academia Platonica

Die erste große Persönlichkeit des Renaissance-Humanismus war der Florentiner Francesco Petrarca (1304–1374). Er spürte verschollenen antiken Handschriften nach, besaß eine berühmte Bibliothek, schrieb selbst Texte in klassischem Latein und studierte die Inhalte der klassischen Literatur. Seine volkssprachlich-italienischen Dichtungen wurden zum Bildungsgut vieler, die gebildeten Laien regte er zu „studia humanitatis" an. Mit dieser Laienkultur war das Bildungsmonopol der Geistlichkeit endgültig gebrochen, eigene humanistische Schulen wurden gegründet; die berühmteste war wohl jene von den Medici gegründete „Academia Platonica" in Florenz, die die Tradition der Akademie von Athen fortsetzen sollte. Zur Blüte der Akademie trugen viele Gelehrte aus dem griechischen Osten bei: 1453, nach der Eroberung Konstantinopels durch die Türken, waren sie nach Italien geflohen und hatten zahlreiche antike Texte, insbesondere die Schriften des Philosophen Platon, mitgebracht. Sehr bald strahlten Renaissance und Humanismus von der Toscana nach ganz Italien und das übrige Europa aus. Bereits um die Mitte des 15. Jahrhunderts setzte sich auch im päpstlichen Rom der Humanismus durch. Die Hinwendung zum Weltlichen ließ die Päpste dieser Zeit oftmals die geistlichen Aufgaben ihres Amtes vernachlässigen; das „Renaissancepapsttum" wurde zu einer der Ursachen der Reformation.

Deutscher Humanismus

In Deutschland entstand ein Humanismus eigener Prägung: Er war weniger an der Kunst orientiert, im Vordergrund standen die humanistische Gelehrsamkeit und das pädagogische Wirken. Bedeutsam für die Ausbreitung des deutschen Humanismus wurden die Stadtschulen im deutschen Süden, wie z. B. im elsässischen Schlettstadt, wo sich noch heute eine der wichtigsten Humanistenbibliotheken befindet. Anders als die Humanisten Italiens interessierten sich die deutschen Humanisten außer für das griechisch-lateinische Bildungsgut ganz besonders für die Texte der biblisch-christlichen Tradition. Damit bereitete der Humanismus die Reformation vor.

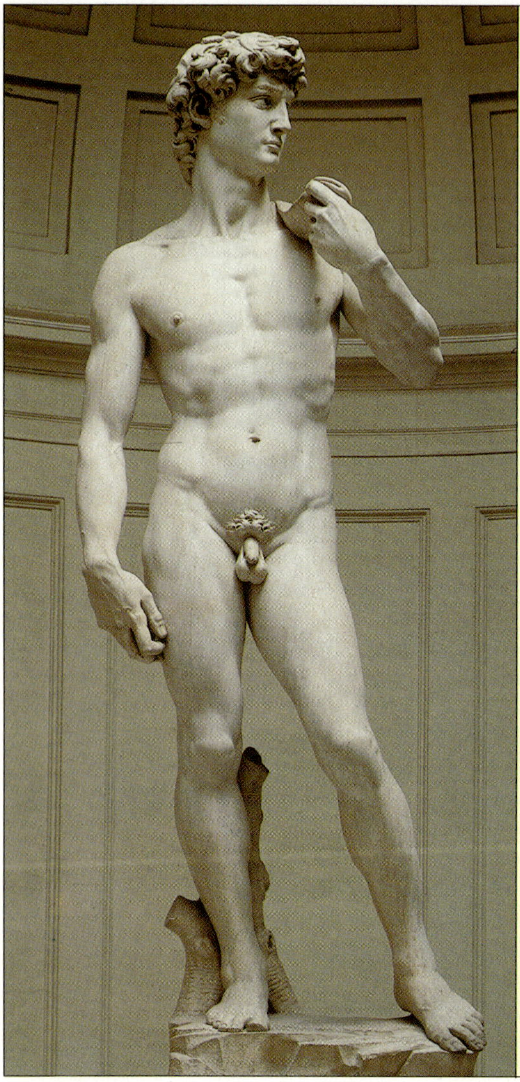

Der David des Michelangelo (geschaffen 1501–1504) in der Galleria di Accademia in Florenz ist heute ein Touristenmagnet ersten Ranges. Die aus einem einzigen Marmorblock geschlagene, 5,50 m hohe Figur stand am seinerzeit wichtigsten politischen Versammlungsort der Stadt, dem Rathausplatz (dort steht heute eine Kopie). Die Florentiner Bürger hatten den jungen Künstler beauftragt, diese Statue des David als politisches Symbol republikanischen Freiheitsstrebens zu schaffen. Es war die Zeit, als die Medici – die führende Bankiersfamilie von Florenz, die zugleich faktisch Herrin der Stadt war – für fast zwei Jahrzehnte aus der Stadt vertrieben waren.
Das religiöse Thema des biblischen David ist fast verwischt, Michelangelo verlieh der Figur einen zugleich aktuellen und überzeitlichen Sinn. Die klassisch-antike Ästhetik des Werkes steht in schroffem Kontrast zu mittelalterlichen Darstellungen des Menschen. In seiner Nacktheit ist dieser David, den die in der Stadt gebliebenen Parteigänger der Medici bei seinem Transport zum Aufstellungsort mit Steinen bewarfen, zugleich auch Protest gegen den Luxus der Medici. Er ist das Symbol für den selbstsicheren, gelassen-selbstbewussten Bürger, der zu dauernder Wachsamkeit gegen Bedrohungen von außen und gegenüber der Tyrannenherrschaft aufgefordert ist. Festgehalten ist der Moment der Konzentration und Spannung, unmittelbar vor dem dramatischen Höhepunkt der Auseinandersetzung mit der Tyrannenmacht des Medici-Goliath. Als Ausdruck frühdemokratischer Gesinnung, wie sie seit dem 13. Jahrhundert die Geschichte der toskanischen Stadtrepubliken wiederholt geprägt hat, weist der David des Michelangelo weit über das 16. Jahrhundert hinaus bis in unsere Gegenwart.

Erasmus von Rotterdam

Christlicher Humanismus

Der führende Vertreter des deutschen Humanismus war Erasmus von Rotterdam (1469–1536). Mit seinem christlich geprägten Humanismus wollte er Kirche und Gesellschaft nach den Grundsätzen der antiken Vernunft und reiner christlicher Moral erneuern, die Einheit von humanistischer Bildung und Christentum herstellen sowie die christlichen Schriften der Spätantike textkritisch herausgeben, um so das Christentum von allen mittelalterlichen Verkrustungen zu befreien.

Erasmus war ein echter Europäer, der in Paris studierte und sich im Laufe seinens Lebens u. a. in Italien, England, den Niederlanden und Deutschland aufhielt. Er stand in Kontakt mit führenden Intellektuellen Europas, z. B. Thomas Morus (s. S. 21), Albrecht Dürer (s. S.11f.), Willibald Pirckheimer (s. S. 23) und

Martin Luther (s. S. 72ff.). Seine Wirkung erzielte Erasmus nicht zuletzt durch eine Reihe zeitkritischer Schriften und unterhaltsam geschriebener Satiren. Er verfiel darin nicht dem frommen Eiferertum, das die meisten anderen deutschen Humanisten charakterisierte und oft eine schulmeisterliche, moralisierende Literatur hervorbrachte. Erasmus fand eine große Schüler- und Lesergemeinde in ganz Europa.

Buchdruck

Die neue Technik des Buchdrucks mit beweglichen Lettern, die um 1450 von dem Mainzer Goldschmied Johannes Gutenberg erstmals angewandt wurde, beschleunigte die Verbreitung der humanistischen Ideen. Bildung war nun nicht mehr einer privilegierten Minderheit vorbehalten. Das gedruckte Wort führte vor allem in den Städten zu einer über die Klöster und Kanzleien hinausgehenden Alphabetisierungswelle.

MATERIAL 6 **Erasmus von Rotterdam: Aus der Satire „Vom Abt und der gebildeten Frau“**

Der Abt Antronius besucht die gelehrte Frau Magdalia und wundert sich über die vielen Bücher in ihrer Wohnung, noch dazu keine französisch geschriebenen, sondern griechische und lateinische. „Gebildet zu sein“, meint der Abt, „ist unweiblich. Sache hoch gestellter Frauen ist es, angenehm zu leben.“ Unter angenehm versteht Antronius: „Schlafen, Gelage, Freiheit zu tun, was ich will, Geld, Ehren.“

Magdalia: Wenn aber nun Gott zu diesen Dingen noch Bildung hinzufügt, wirst du dann nicht mehr angenehm leben?
Antronius: Was verstehst du unter Bildung?
Magdalia: Ich verstehe darunter, wenn du einsehen würdest, dass der Mensch nur glücklich ist aufgrund seiner inneren Güter und dass Reichtum, angesehene Stellung und Herkunft den Menschen weder glücklicher noch besser machen.
Antronius: Auf diese Art Bildung verzichte ich. Ich möchte nicht, dass meine Mönche häufig über Bücher säßen.
Magdalia: Aber warum bist du denn bei den Mönchen dagegen?
Antronius: Weil ich merke, dass sie dann weniger unterwürfig sind: Rasch sind sie mit Antworten aus den Dekreten, aus Petrus und Paulus zur Hand.
Magdalia: Du verlangst also von ihnen Dinge, die mit Petrus und Paulus in Widerspruch stehen?
Antronius: Was bei denen steht, weiß ich nicht. Jedenfalls habe ich nicht gern einen Mönch, der freche Antworten gibt; und ich möchte auch nicht, dass einer meiner Untergebenen gebildeter ist als ich. […]
Magdalia: Hältst du den für einen Menschen, der weder Bildung besitzt noch sie haben will?
Antronius: Mir bin ich gebildet genug.
Magdalia: Auch die Schweine sind sich gebildet genug. […] Aber warum missfällt dir diese Einrichtung (d. h. die vielen Bücher)?
Antronius: Weil die Waffen der Frau Rocken und Spindel sind.
Magdalia: Ist es nicht Sache der Frau, das Hauswesen zu verwalten und die Kinder zu erziehen?
Antronius: Sicher.
Magdalia: Glaubst du aber, dass eine so große Aufgabe erfüllt werden kann ohne Bildung?
Antronius: Das glaube ich nicht.
Magdalia: Und gerade diese Bildung lehren mich die Bücher. […] Es gilt doch als völlig normal, wenn eine Deutsche Französisch lernt?
Antronius: Natürlich.
Magdalia: Und weshalb?
Antronius: Damit sie mit denen sprechen kann, die Französisch können.
Magdalia: Und für mich, glaubst du, ist es unpassend, wenn ich Latein lerne, um täglich mit so vielen Autoren, so beredten, gebildeten, vernünftigen und zuverlässigen Ratgebern Zwiesprache zu halten?

Antronius: Die Bücher rauben den Frauen viel von ihrem Verstand, und sie haben ohnehin zu wenig.
Magdalia: Wie viel ihr Männer habt, weiß ich nicht. Ich möchte jedenfalls das wenige, das ich habe, lieber für ordentliche Studien verwenden als für das sinnlose Hersagen von Gebeten, für nächtelange Trinkgelage und das Leeren riesiger Humpen.
Antronius: Der Umgang mit Büchern bringt die Leute um ihren Verstand. [...] Irgendwie ist es doch so: Wie ein Sattel nicht zum Ochsen, so passt die Bildung nicht zur Frau.
Magdalia: Aber du kannst nicht leugnen, dass ein Sattel noch eher zum Ochsen passt, als die Mitra zum Esel oder Schwein. [...] Es gibt in Spanien und in Italien nicht wenige sehr vornehme Frauen, die es mit jedem Mann aufnehmen können. [...]
Wenn ihr euch nicht in Acht nehmt, wird es noch so weit kommen, dass wir in den theologischen Schulen den Vorsitz führen und in den Kirchen predigen. Wir werden eure Mitren in Besitz nehmen.
Antronius: Das möge Gott verhüten.
Magdalia: Wenn ihr euch weiterhin so verhaltet wie bisher, werden eher die Gänse auf die Kanzel steigen, als dass sie noch länger euch stumme Hirten ertragen. Ihr seht, dass die Weltszene sich von Grund auf wandelt.

(Aus: Erasmus von Rotterdam: Vertraute Gespräche, 1526, Reclam, Stuttgart 1976, Übers. Herbert Rädle, S. 7–17)

MATERIAL 7 **Seneca: Über die Kürze des Lebens, 1. Jahrhundert n. Chr.**

Ein großer Teil der Menschen beklagt sich über die Niedertracht der Natur: dass wir für eine kurze Zeitspanne geboren werden, dass uns so schnell, so rasch die gegebene Frist enteilt, dass – mit Ausnahme nur weniger – die Übrigen das Leben mitten in den Vorbereitungen für das Leben verlässt. [...] Allein diejenigen, die für die Wissenschaft Zeit haben, leben. Denn sie achten nicht nur gut auf ihr eigenes Leben: Sie fügen alle Zeit der eigenen Lebenszeit hinzu; alles was vor ihnen geschehen ist, gehört ihnen. Seien wir nicht undankbar: Die hochberühmten Schöpfer ehrwürdiger Gedanken sind für uns geboren, haben für uns das Leben gestaltet. Zu den herrlichsten Dingen, durch fremde Mühe aus dem Dunkel an das Licht hervorgeholt, werden wir geleitet. Kein Zeitalter ist uns versagt, zu allen haben wir Zutritt. Wenn wir durch die Kraft unseres Geistes die Enge unserer menschlichen Schwäche verlassen wollen, ist die Zeitspanne groß, die wir durchschreiten können. Mit Sokrates* können wir diskutieren, mit Karneades* zweifeln, mit Epikur* zurückgezogen leben, mit den Stoikern* die natürlichen menschlichen Regungen überwinden, mit den Kynikern* sie aufgeben. Da die Natur es uns erlaubt, Kontakt mit jedem Zeitalter aufzunehmen: Warum sollten wir – angesichts dieser knappen und gefährdeten Lebenszeit – unsere ganze Kraft nicht dem widmen, was unermesslich, ewig und mit dem Besseren verbunden ist? [...]

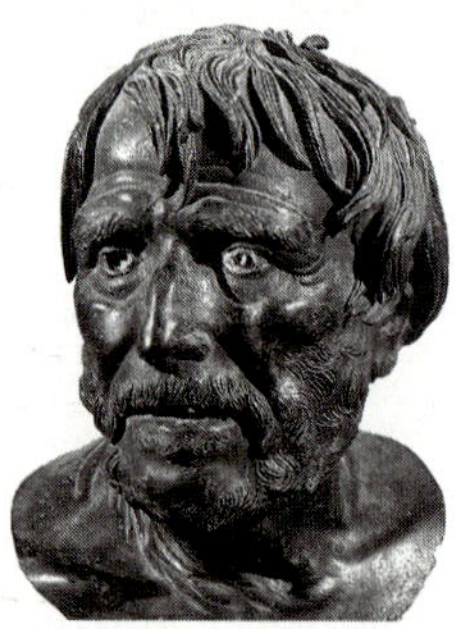

Die griechischen Philosophen werden dir diesen Weg zur Ewigkeit weisen. Das ist die einzige Möglichkeit, die Grenzen der Sterblichkeit zu erweitern, ja sie sogar in die Unsterblichkeit zu verwandeln. [...]
Das Leben des Philosophen ist weit ausgedehnt, ihn schließt nicht dieselbe Grenze ein wie die Übrigen. Er allein löst sich von den Gesetzen, die für das Menschengeschlecht gelten: Alle Jahrhunderte dienen ihm wie einem Gott. Ist eine Zeit, eine Epoche vergangen? Er hat sie mit seiner Erinnerung erfasst! Ist sie da? Er nutzt sie! Wird eine neue Epoche kommen? Er nimmt sie vorweg!

*Griechische Philosophen des 5.–2. Jahrhunderts vor Christus.
(Aus: L. Annaeus Seneca, De brevitate vitae, I 1, XIV 1–2, XV 4,5; Übers. N. Schäfer)

1. Erläutern Sie die Themen, Argumente und Positionen der beiden Gesprächskontrahenten (Mat. 6).
2. Zeigen Sie, worin und wie in Material 6 das freie humanistische Denken des Erasmus zum Ausdruck kommt.
3. Erläutern Sie den Gedankengang Senecas in Material 7.
4. Zeigen Sie die Gemeinsamkeiten zwischen Seneca und Erasmus in ihrer Einstellung zur literarischen Bildung.
5. Versetzen Sie sich in die Rolle eines christlich geprägten mittelalterlichen Lesers.
   Wie konnten die Texte auf ihn wirken?

Erasmus von Rotterdam, ca. 1469 –1536

MATERIAL 8 Giovanni Pico della Mirandola: Die Würde des Menschen, 1486

Giovanni Pico della Mirandola war Mitglied der Platonischen Akademie in Florenz. In seinem Werk „Über die Würde des Menschen“ legt er Gott folgende Worte an Adam in den Mund:

Gott stellte ihn in die Mitte der Welt und sprach zu ihm: „Wir haben dir keinen bestimmten Wohnsitz, noch ein eigenes Gesicht, noch irgendeine besondere Gabe verliehen, o Adam, damit du jeden beliebigen Wohnsitz, jedes beliebige Gesicht und alle Gaben, die du dir sicher wünschst, auch nach deinem Willen und nach deiner eigenen Meinung haben und besitzen mögst. Den übrigen Wesen ist ihre Natur durch die von uns vorgeschriebenen Gesetze bestimmt und wird dadurch in Schranken gehalten. Du bist durch keinerlei unüberwindliche Schranken gehemmt, du sollst nach deinem eigenen freien Willen, in dessen Hand ich dein Geschick gelegt habe, sogar deine Natur selbst vorbestimmen. Ich habe dich in die Mitte der Welt gesetzt, damit du von dort bequem um dich schaust, was es alles in dieser Welt gibt.
Wir haben dich weder als einen Himmlischen noch als einen Irdischen, weder als einen Sterblichen noch einen Unsterblichen geschaffen, damit du als dein eigener, vollkommen frei und ehrenhalber schaltender Bildhauer und Dichter dir selbst die Form bestimmst, in der du zu leben wünschst. Es steht dir frei, in die Unterwelt des Viehes zu entarten. Es steht dir ebenso frei, in die höhere Welt des Göttlichen dich durch den Entschluss deines eigenen Geistes zu erheben.“

(Aus: Pico della Mirandola, Über die Würde des Menschen, Hekkert, Amsterdam 1940, S. 48 f., Übers. H.W. Rüssel)

1. Giovanni Pico della Mirandola versucht als Humanist auszudrücken, was er unter der Würde des Menschen versteht. Erläutern Sie Material 8 daraufhin.
2. Unser Grundgesetz beginnt mit Artikel 1: „Die Würde des Menschen ist unantastbar“. Erörtern Sie, inwieweit Pico della Mirandolas Vorstellungen von der Würde des Menschen fortwirken.

3.3 Auf der Suche nach Gesetzmäßigkeiten in Natur und Politik

Galilei

Der geistige Aufbruch in Europa führte zu einer neuen Naturauffassung und zur Entstehung des modernen naturwissenschaftlichen Denkens. Das neue Denken verband Naturbeobachtungen, experimentelle und mathematische Methoden. Für Galileo Galilei (1564–1642; s. S. 7f.) war das Buch der Natur in der Sprache der Mathematik geschrieben: Man solle messen, was sich messen lässt, und das, was sich nicht messen lässt, messbar machen.

Vermessung der Welt

Voraussetzung für die Mathematisierung der Natur waren die Fortschritte, die seit dem späten Mittelalter in der Mathematik und Physik erreicht worden waren. Mathematik und ihre Methoden wurden im Finanzwesen und ganz besonders in der Geografie und Astronomie angewandt. Die Reise des Christoph Kolumbus in die Neue Welt wäre ohne geografische Forschungen und Berechnungen über den Umfang der Erde nicht denkbar gewesen; sie sollte, neben anderen Beweggründen, eine kühne Hypothese in der „Er-fahrung" bestätigen. Revolutionäre Folgen hatte die heliozentrische Theorie (griech. ‚helios' = die Sonne) des Nikolaus Kopernikus (1473–1543), der in seinem Buch „De revolutionibus orbium coelestium" (Über die Umdrehungen der Himmelskörper) das geozentrische Weltbild (griech. ‚ge' = Erde) des Mittelalters zum Einsturz brachte. Nachdem Johannes Kepler (1571–1630) aus Weil der Stadt die Planetenbahnen genau berechnen konnte, gelang Galilei mit Hilfe eines verbesserten Teleskops die endgültige Bestätigung der kopernikanischen Hypothese.

Inquisition

Seine Forschungen brachten Galilei in Konflikt mit der Kirche: 1633 wurde er von der römischen Inquisition (kirchliches Gericht zur Verfolgung von Ketzern) zum Widerruf seiner Erkenntnisse gezwungen und zu lebenslangem Hausarrest verurteilt. Erst am 11. November 1992 widerrief der Papst formell das Urteil und sprach Galilei posthum frei. Noch schlimmer war es zuvor dem Philosophen Giordano Bruno ergangen: Er wurde im Jahre 1600 52-jährig wegen seiner Lehren, Gott sei in der Natur anwesend und der Weltraum sei unendlich, auf dem Blumenmarkt in Rom verbrannt.

Niccolò Machiavelli, 1469–1527

Politik als Wissenschaft

Das Denken in naturgesetzlichen und technischen Zusammenhängen wurde auch auf den Menschen als Gesellschaftswesen, insbesondere auf die Politik, angewandt: Menschliches Handeln wurde als berechenbares und damit technisch lenkbares Verhalten verstanden. Zwischen dem 13. und dem 16. Jahrhundert zerfiel die Einheit des Abendlandes (s. S. 25–31), es bildeten sich miteinander konkurrierende Machtzentren, Territorial- und frühmoderne Nationalstaaten, man gewann die für uns selbstverständliche Erkenntnis, dass die Ausübung von Macht und Herrschaft eine rein innerweltliche Sache sei und sich damit nicht mehr aus einer gottgewollten Ordnung legitimiere.

Machiavelli

Begründer dieser „wissenschaftlichen Politik" war der Florentiner Humanist Niccolò Machiavelli (1469–1527). Sein bekanntestes und folgenreichstes Werk ist „Il Principe" (Der Fürst). In dieser Schrift verarbeitete er die Erfahrung mit der Machtpolitik der italienischen Stadtstaaten seiner Zeit, aber auch die Kenntnis antiker Literatur. Obwohl Machiavelli selbst eher ein Anhänger der Republik war, widmete er die Schrift Lorenzo de Medici, dem damaligen Alleinherrscher von Florenz. Am Schluss seines Werks forderte er Lorenzo auf, das zerrissene Italien zu einen und sich – allen moralischen Bedenken zum Trotz – allein von politischen Nützlichkeitserwägungen leiten zu lassen: Mit „virtù" und „fortuna" (Tüchtigkeit und Glück) sollte der Mediceer das von Barbaren unterdrückte und geplünderte Italien befreien und ihm zu neuem Glanz verhelfen; der Erfolg werde die Mittel schon rechtfertigen.

Rationalität in der Politik

Machiavellis Kernfrage lautete sinngemäß: „Was sind die Bedingungen rationaler Politik?" Aus seiner Sicht waren die Menschen undankbar, unbeständig, Simulanten und Heuchler, gefahrenscheu und geldgierig. Davon hatte ein kluger Fürst auszugehen. Religion und moralische Prinzipien maß Machiavelli allein an ihrem Nutzen für die Erhaltung und Mehrung der Macht. Dem Erfolg suchenden Fürsten konnte er auf diese Weise präzise, in Verhaltensregeln gefasste Ratschläge geben.

Trennung von Politik und Ethik

Auch wenn ihm seine Gegner dies später vorwarfen: Machiavelli wollte nicht für eine skrupellose, amoralische Machtpolitik plädieren, die sich über alle sittlichen Normen hinwegsetzt, oder gar ein „Handbuch für den Tyrannen" schreiben (sog. „Machiavellismus"). Er löste Politik aus der Ethik und verwandelte sie in eine Herrschaftstechnik. Er wollte Machtpolitik und ihre Praktiken, wie sie im Italien der Renaissance üblich waren, möglichst wertfrei beschreiben und analysieren. Im äußersten Fall musste der Fürst bereit sein, für den Erhalt der Macht auch moralisch schlecht zu handeln und zu sündigen. Machiavelli entfernte sich von der christlichen Herrschaftsauffassung als „cura animarum" (Sorge um die Seelen). Ziel der Politik war nicht mehr der Gedanke, den Menschen zu einem sittlich handelnden Wesen zu formen. Politik wurde auch nicht mehr als die erfüllte Lebenspraxis aufgefasst, wie sie nach Aristoteles (griech. Philosoph von 384–322 v. Chr.) einem freien Menschen angemessen war. Sie wurde berechnende Technik, eine spezielle Kunstfertigkeit, die auf einem illusionslosen Menschenbild beruhte. Machiavellis Ideen stießen auf Widerspruch. Man wollte den Entlarver widerlegen, da er nicht in herkömmlicher Weise die Frage nach einer guten und gerechten Herrschaftsordnung stellte: Es entstand eine regelrechte Anti-Machiavelli-Literatur.

Irrationale Strömungen

Die frühneuzeitliche Emanzipation des Menschen aus überlieferten Bindungen, die Verweltlichung der Gesellschaft und die Rationalität wissenschaftlichen Denkens verunsicherten viele Zeitgenossen und machten sie intolerant. Ein irrationaler Antihumanismus entstand auffälligerweise gerade in der Epoche des Humanismus. Er äußerte sich in Magie und Aberglauben, in Pogromen, Hexenprozessen und Inquisition. So wurden zwischen 1300 und 1800 in Europa im Jahresdurchschnitt ca. 1 500 Menschen wegen angeblicher Hexerei hingerichtet. Ihren Höhepunkt hatten die Hexenverfolgungen im 16. und 17. Jahrhundert, danach nahm die Zahl der Hingerichteten deutlich ab.

MATERIAL 9 Niccolò Machiavelli, „Il Principe“: Ein Fürstenspiegel der Renaissance, 1513

a) Erfahrung als Grundlage der Politikbetrachtung:

Es bleibt nun noch zu prüfen, von welcher Art das Verhalten eines Fürsten gegenüber seinen Untertanen und Freunden sein muss. Da ich weiß, dass schon viele hierüber geschrieben haben, fürchte ich, für anmaßend gehalten zu werden, wenn auch ich darüber schreibe, insbesondere da ich bei der Erörterung dieses Themas von den Argumenten der anderen abweiche. Da es aber meine Absicht ist, etwas Nützliches zu schreiben für den, der es versteht, schien es mir angemessener, der Wirklichkeit der Dinge nachzugehen als den bloßen Vorstellungen über sie. Viele haben sich Republiken und Fürstentümer vorgestellt, die nie jemand gesehen oder tatsächlich gekannt hat. Aber es liegt eine so große Entfernung zwischen dem Leben, wie es ist, und dem Leben, wie es sein sollte, dass derjenige, welcher das, was geschieht, unbeachtet lässt zugunsten dessen, was geschehen sollte, dadurch eher seinen Untergang als seine Erhaltung betreibt. Denn ein Mensch, der sich in jeder Hinsicht zum Guten bekennen will, geht zugrunde inmitten von so viel anderen, die nicht gut sind.

b) Ist es besser für den Fürsten, geliebt oder gefürchtet zu werden?

Daraus ergibt sich die Streitfrage, ob es besser ist, geliebt als gefürchtet zu werden oder umgekehrt. Die Antwort ist, dass man das eine wie das andere sein sollte. Da es aber schwer fällt, beides zu vereinigen, ist es viel sicherer, gefürchtet als geliebt zu werden, wenn man schon den Mangel an einem von beiden in Kauf nehmen muss. Denn man kann von den Menschen im Allgemeinen sagen, dass sie undankbar, wankelmütig, unaufrichtig, heuchlerisch, furchtsam und habgierig sind; und solange du ihnen Gutes erweist, sind sie dir völlig ergeben:

Sie bieten dir ihr Blut, ihre Habe, ihr Leben und ihre Kinder, wenn die Not fern ist; kommt diese aber näher, so begehren sie auf. Ein Fürst, der sich völlig auf ihre Versprechungen verlassen hat, ohne andere Vorbereitungen zu treffen, ist dann verloren. Auch scheuen die Menschen weniger, einen zu verletzen, der sich beliebt macht, als einen, den sie fürchten. [...] Gleichwohl darf ein Fürst nur so viel Furcht verbreiten, dass er, wenn er dadurch schon keine Liebe gewinnt, doch keinen Hass auf sich zieht; denn er kann sehr wohl gefürchtet werden, ohne verhasst zu sein; dies wird ihm stets gelingen, wenn er das Eigentum seiner Bürger und Untertanen sowie ihre Frauen respektiert. Und wäre er auch gezwungen, einen hinrichten zu lassen, so tue er dies, wenn dafür eine entsprechende Rechtfertigung und ein offensichtlicher Grund bestehen; vor allem aber muss er das Eigentum anderer achten; denn die Menschen vergessen schneller den Tod ihres Vaters als den Verlust ihres Erbes.

c) Der Herrscher als Fuchs und Löwe – die Trennung von Moral und Politik

Ihr müsst wissen, dass es zweierlei Kampfweisen gibt: die eine mit der Waffe der Gesetze, die andere mit bloßer Gewalt; die erste ist dem Menschen eigen, die zweite den Tieren; da aber die erste oftmals nicht ausreicht, ist es nötig, auf die zweite zurückzugreifen. Da also ein Fürst gezwungen ist, von der Natur der Tiere den rechten Gebrauch machen zu können, muss er sich unter ihnen den Fuchs und den Löwen auswählen; denn der Löwe ist wehrlos gegen Schlingen und der Fuchs gegen Wölfe. Man muss also ein Fuchs sein, um die Schlingen zu erkennen, und ein Löwe, um die Wölfe zu schrecken. Diejenigen, welche sich einfach auf die Natur des Löwen festlegen wollen, verstehen hiervon nichts. Ein kluger Herrscher kann und darf daher sein Wort nicht halten, wenn ihm dies zum Nachteil gereicht und wenn die Gründe fortgefallen sind, die ihn veranlasst hatten, sein Versprechen zu geben. Wären alle Menschen gut, dann wäre diese Regel schlecht; da sie aber schlecht sind und ihr Wort dir gegenüber nicht halten würden, brauchst auch du dein Wort ihnen gegenüber nicht zu halten.

[…] Und wer es am besten verstanden hat, von der Fuchsnatur Gebrauch zu machen, hat es am besten getroffen. Aber man muss eine solche Fuchsnatur zu verschleiern wissen und ein großer Lügner und Heuchler sein. Derjenige aber, der betrügt, wird stets jemanden finden, der sich betrügen lässt.

d) Glück, Notwendigkeit und politisches Durchsetzungsvermögen (fortuna, necessità, virtù) als Grundkategorien des Politischen

Es ist mir wohl bekannt, dass viele die Meinung vertraten und vertreten, die Dinge dieser Welt würden auf solche Weise von Fortuna und Gott geleitet, dass die Menschen mit ihrer Klugheit sie nicht ändern könnten, ja überhaupt kein Mittel dagegen hätten. Daher könnten sie zu dem Urteil kommen, man solle sich nicht viel mit den Dingen abplagen, sondern sich der Leitung des Schicksals überlassen. […] In Gedanken neige ich bisweilen in mancher Hinsicht dieser Meinung zu.

Dennoch halte ich es, um unseren freien Willen nicht auszuschließen, für wahrscheinlich, dass Fortuna zwar zur Hälfte Herrin über unsere Taten ist, dass sie aber die andere Hälfte oder beinahe so viel unserer Entscheidung überlässt. Ich vergleiche sie mit einem jener reißenden Ströme, die, wenn sie im Zorn anschwellen, die Ebenen überfluten, Bäume und Häuser niederreißen, hier Erde wegspülen und dort anschwemmen: Jeder flieht vor ihnen, alles weicht vor ihrer Gewalt zurück, ohne auf irgendeine Art Widerstand leisten zu können. Obwohl die Ströme eine so wilde Natur haben, bleibt doch den Menschen in ruhigen Zeiten die Möglichkeit, mit Deichen und Dämmen Vorkehrungen zu treffen, sodass die Ströme, wenn sie wieder anschwellen, entweder in ihrem Flussbett bleiben oder ihre Gewalt nicht so unbändig und verheerend ist. Ähnlich verhält es sich mit Fortuna: Sie zeigt ihre Macht dort, wo man nicht die Kraft aufbringt ihr zu widerstehen und sie lenkt ihre Gewalt dorthin, wo sie weiß, dass sie nicht durch Dämme und Deiche zurückgehalten wird. Wenn ihr Italien betrachtet, das der Schauplatz dieses wechselvollen Geschehens ist und das dazu Anlass gegeben hat, so seht ihr ein Land, dass ohne alle Deiche und Dämme ist: Hätte es den Schutz ausreichender Tüchtigkeit (virtù) gehabt wie Deutschland, Spanien und Frankreich, so hätte entweder diese Überschwemmung nicht so große Veränderungen mit sich gebracht oder sie wäre gar nicht eingetreten. […] Um mehr auf Einzelheiten einzugehen, so stelle ich fest, dass man einen Fürsten heute Erfolg haben und morgen untergehen sieht. Dies beruht zunächst darauf, dass ein Fürst, der sich ganz auf das Glück verlässt, untergeht, sobald dieses wechselt. Ferner glaube ich, dass der Glück hat, der seine Handlungsweise den Zeitumständen anpasst, und ebenso jener ins Unglück gerät, dessen Handlungsweise nicht den Zeitumständen entspricht.

(Aus: Niccolò Machiavelli, Der Fürst, Reclam, Stuttgart 1986, S. 119ff.; Übers. Philipp von Rippel)

1. Erarbeiten Sie die Kernaussagen der Texte Material 9a-d unter folgenden Gesichtspunkten: Herrscherbild, Menschenbild, Staats- und Weltbild.
2. Machiavelli gilt als ein Bahnbrecher der Moderne. Zeigen Sie und benennen Sie Merkmale modernen Denkens in seinen Texten.
3. Was könnte der Humanist Pico della Mirandola (S. 57, M 8) seinem Zeitgenossen Machiavelli entgegenhalten?
4. Der große Kirchenlehrer Augustinus (354–430) fragte an der Wende von der Antike zum christlichen Mittelalter in seinem für die mittelalterliche Herrschaftsordnung grundlegenden Buch „Der Gottesstaat": „Wenn man die Gerechtigkeit beiseite lässt, was sind dann Herrschaften anders als Räuberbanden?" Was könnte am Ende des Mittelalters und am Beginn der Neuzeit der politische Schriftsteller Machiavelli dem Kirchenlehrer geantwortet haben?

MATERIAL 10 **Kernsätze aus dem Fürstenspiegel des Erasmus von Rotterdam: Die Erziehung des christlichen Fürsten, 1515**

So ist die Herrschaft vor allem dem zu übergeben, der die Übrigen an königlichen Eigenschaften, nämlich an Klugheit, Gerechtigkeit, Mäßigkeit, Vorsorge und Eifer für das Allgemeinwohl übertrifft.

Eines nur muss der Fürst beim Regieren bedenken, eines das Volk bei der Wahl des Herrschers, nämlich das Wohl der Allgemeinheit, nachdem alle persönlichen Gründe ausgeschaltet wurden.

Wo das Fürstentum erblich ist, muss also sogleich von der Wiege an das noch leere und ungeformte Gemüt des künftigen Herrschers mit heilsamen Grundsätzen erfüllt werden.

Keine Seuche ist ansteckender, rafft schneller dahin und schleicht sich in weitere Gebiete ein als die Schlechtigkeit eines Herrschers. Andererseits gibt es keinen kürzeren und wirksameren Weg, um das sittliche Verhalten des Volkes zu korrigieren, als die untadelige Lebensführung des Fürsten.

Ein Herrscher, der eine Wohltat für alle ist, ist sozusagen ein lebendes Abbild Gottes, der gleichzeitig der Beste und Mächtigste ist, dessen Güte sich darin zeigt, dass er allen nützen will, dessen Macht darin besteht, dass er auch imstande ist zu nützen, wem er will.

Wer den künftigen Herrscher erzieht, zeichne ein himmlisches Wesen, das der Gottheit ähnlicher ist als dem Menschen, vollendet durch die Vollzahl der Tugenden, geboren zum Nutzen aller, dem das Leben der Einzelnen kostbarer ist als das eigene, das Tag und Nacht nichts anderes tut und nach nichts anderem trachtet, als dass es allen möglichst gut gehe. [...] Als Gegenstück führe er ein schreckliches Untier vor Augen, zusammengesetzt aus einem Drachen, einem Wolf, einem Löwen, einer Schlange, einem Bären und ähnlichen Ungeheuern. Es ist übersät mit Tausenden von Augen, mit Zähnen bewehrt, von allen Seiten Furcht erregend, mit gebogenen Krallen, einem unersättlichen Bauch, gemästet mit menschlichen Eingeweiden, trunken von Menschenblut. Das ist das Bild des Tyrannen.

Der Herrscher also und ebenso das Gesetz müssen mehr auf Verzeihen als auf Strafen bedacht sein.

Es genügt nicht, dass der Herrscher selbst von jedem Verbrechen rein ist, wenn er nicht auch frei ist von jedem Verdacht und jedem Schein eines Verbrechens.

Ein guter Herrscher wird niemals einen Krieg beginnen, außer er kann ihn auf keine Weise meiden, obwohl er alles versucht hat.

Der wahrhaft christliche Herrscher soll zuerst bedenken, welch großer Unterschied zwischen dem Menschen, einem Wesen, das für Frieden und Güte geboren ist, und den wilden Tieren besteht, die für Beutemachen und Kampf geboren sind, ferner, welch ein Unterschied zwischen einem Menschen, der nur Mensch, und einem, der auch Christ ist, besteht.

(Aus: Erasmus von Rotterdam, Die Erziehung des christlichen Fürsten, Schöningh, Paderborn 1968, Übers. Anton Gail)

1. Erläutern Sie das christlich-humanistische Politikverständnis des Erasmus von Rotterdam (Material 10).
2. Überlegen Sie, ob der Fürstenspiegel des Erasmus eher eine pädagogische, moraltheologische oder politische Schrift ist.
3. Führen Sie ein Streitgespräch zwischen den Zeitgenossen Machiavelli und Erasmus über Zweck und Mittel der Politik.
4. Beschreiben Sie, wie der Maler des Reiterdenkmals (S. 63) den Söldnerführer John Hawkwood als idealen Herrscher darstellte.
5. Erörtern Sie, was es bedeutet, dass die Stadt Florenz den Söldnerführer im Dom auf diese Weise darstellen ließ.

Paolo Uccello: Reiterdenkmal des John Hawkwood, Condottiere (Söldnerführer), von 1377 bis 1394 in den Diensten von Florenz. Die Stadt hatte ihn, der im Namen des Papstes eigentlich die Toscana hatte erobern sollen, mit 130 000 Gulden bestochen und ihn mitsamt seiner englischen Söldnerkompanie in ihren Dienst gestellt. Vorbild für das 10 m hohe Fresko im Dom von Florenz (1436) waren die Reiterstandbilder römischer Kaiser. Der perspektivisch dargestellte Sockel ist antik gestaltet und trägt die Inschrift: „Johannes Acutus (=latinisierter Name Hawkwoods), britannischer Ritter und Heerführer, der zeit seines Lebens sehr umsichtig und mit sehr großer militärischer Erfahrung zu Werke ging". Darunter der lateinische Name des Malers und zweimal das Wappen Hawkwoods.

3.4 Europäer in der Neuen Welt – Expansion, Eroberung, Kulturbegegnung?

Die Erinnerung an den 12. Oktober 1492, den Tag, an dem Christoph Kolumbus vermeintlich „Westindien" erreichte, in Wahrheit aber die „Neue Welt" des bis dahin unbekannten Amerika betrat, ist 500 Jahre später zum Gegenstand leidenschaftlicher Auseinandersetzungen geworden. Institutionen wie die UNESCO und die Regierungen der meisten lateinamerikanischen Staaten, feierten 1992 diesen Tag als „Begegnung der Kulturen", die römisch-katholische Kirche pries die „Taufe Amerikas". Es gab aber auch viele politische und kirchliche Gruppierungen, die forderten, den 12. Oktober als Tag der Nachdenklichkeit und Trauer, der Umkehr und des Aufbruchs zu begehen; für sie war die Ankunft des Kolumbus ein Unglücksdatum, an dem es an Völkermord und die Zerstörung blühender Hochkulturen zu erinnern gelte.

Christoph Kolumbus

Es waren vor allem wirtschaftliche Motive, die im ausgehenden 15. Jahrhundert das Unternehmen des Kolumbus förderten. Nach dem Vordringen der Osmanen und dem Fall Konstantinopels im Jahre 1453 schienen die alten Routen des Handels in den fernen Orient langfristig nicht mehr sicher genug zu sein. Auch war es erstrebenswert, orientalische Waren, z. B. so begehrte Gewürze wie Pfeffer, Ingwer, Muskat und Zimt, ohne Zwischenhandel nach Europa zu importieren.

Den revolutionären Vorschlag, Indien auf dem Weg nach Westen anzusteuern, machte unter Berufung auf den toskanischen Kartografen Toscanelli der genuesische Kaufmann Christoph Kolumbus (1451–1506). Kolumbus bat das portugiesische Königshaus, das seit Prinz Heinrich dem Seefahrer (1394–1460) wichtige Entdeckungsreisen entlang der Küste Afrikas betrieben hatte und betrieb, um Unterstützung. Er fand in Lissabon für seine Pläne jedoch kein Gehör, denn die Vorstellung von der Kugelgestalt der Erde war noch kaum verbreitet. Das spanische Königspaar Ferdinand von Aragon und Isabella von Kastilien hatte weniger Bedenken. Es unterzeichnete am 17. April 1492 die Capitulaciones von Santa Fe. Darin wurde Kolumbus beauftragt, auf dem westlichen Seeweg Ostasien zu suchen, alle zu entdeckenden Inseln und Festländer des Ozeanischen Meeres für beide Herrscher in Besitz zu nehmen und Handelsbeziehungen anzuknüpfen. Dafür erhielt er unter anderem die Finanzierung der Expedition, Zusagen über Gewinnanteile aus dem überseeischen Handel und die Ernennung zum Admiral.

Reconquista – Conquista

Vertrag von Tordesillas

So sollte für die „Katholischen Könige", die mit der Einnahme von Granada soeben (1492) die Rückeroberung Spaniens von den Mauren, die Reconquista, abgeschlossen hatten, die „Neue Welt" zu einem neuen Objekt der Eroberung, der Conquista, werden. Zur Absicherung ihrer ozeanischen Ansprüche schlossen sie 1494 unter Mitwirkung des Papstes mit Portugal den Vertrag von Tordesillas, nach dem Kastilien alle zu entdeckenden Gebiete jenseits einer Linie, die 370 Seemeilen westlich der Kapverdischen Inseln von Pol zu Pol verlief, zuerkannt wurden. Allerdings akzeptierten die übrigen europäischen Mächte diesen Vertrag nicht; so beauftragte England 1496 den Venezianer Caboto, im Nordwestatlantik eine Seeroute nach Indien zu erkunden.

Spanische Eroberungen

Nachdem Kolumbus am 12. Oktober 1492 im Glauben, den Seeweg nach Indien entdeckt zu haben, die Karibikinsel Guanahani (San Salvador) betreten und auf dieser Reise auch Kuba und Haiti (Española) entdeckt hatte, eroberten die Spanier nach und nach Mittelamerika und Teile Südamerikas. 1519 drang Hernán Cortés (1485–1547) nach Mexiko vor; Tenochtitlán, die Hauptstadt des Aztekenreiches, fiel 1521 und mit ihr das gesamte Reich des Aztekenkönigs Moctezuma. Francisco Pizarro (1476–1541) nahm 1532 den Inka Atahualpa gefangen und zog nach dessen Ermordung 1533 in der Hauptstadt des Inkareiches, in Cuzco, ein.

Aztekenreich Inkareich

Conquista und Missionierung

Wie die Reconquista auf der Iberischen Halbinsel ging auch die Conquista in Lateinamerika mit einem totalen religiösen Unterwerfungsanspruch einher. Seit 1513 war es üblich, den Indios vor der Eröffnung von Feindseligkeiten das Requerimiento zu verlesen, ein Text, der die Prinzipien des christlichen Glaubens erklärte, den päpstlichen Missionsauftrag an die Krone von Spanien erwähnte und die Indios zur Bekehrung und Unterwerfung aufforderte. Die Weigerung der Indios, die Oberherrschaft der Könige von Spanien anzuerkennen und sich zur „wahren christlichen Religion" zu bekennen, rechtfertigte nach Auffassung der Spanier ihre gewaltsame Unterwerfung; sie galt als Strafe für den Götzendienst. So wurde die Christianisierung zur Legitimationsquelle für die Hispanisierung, gingen weltliche Eroberung und christliche Missionierung Hand in Hand.

Kolonialisierung

Die Portugiesen versuchten, ihre Handelsinteressen über ein System von Stützpunkten entlang der Küsten Afrikas und Indiens gegen arabische Kaufleute zu sichern. Anders als sie begannen die Spanier sofort mit der kolonialen Durchdringung der eroberten Gebiete in Lateinamerika. Als Teilreiche der spanischen Monarchie wurden sie in zwei Vizekönigreiche (Neu-Spanien und Peru) aufgeteilt und dem 1524 gegründeten Indienrat in Sevilla als oberster, direkt der Krone zugeordneter Verwaltungs- und Rechtsprechungsinstanz unterstellt. Ein ebenfalls in Sevilla errichtetes zentrales Handelsamt, die Casa de la Contratación, überwachte den gesamten Handels- und Personenverkehr mit den überseeischen Gebieten.

Wirtschaftliche Bedeutung der spanischen Kolonien für Europa

Die wirtschaftliche Erschließung der indianischen Gebiete wurde vollkommen vom spanischen Staat kontrolliert, dessen Hauptziel es war, möglichst hohe Einnahmen für die Krone zur Finanzierung ihrer europäischen Politik zu erzielen. Eine enorme Rolle spielte Mitte des 16. Jahrhunderts die Silbergewinnung. In den ersten 150 Jahren seit Beginn der spanischen Eroberungen sollen nahezu 17 000 Tonnen Silber von Amerika nach Spanien verbracht worden sein. Der Zustrom an Edelmetallen blähte in Europa die Geldmenge auf und gilt als eine Ursache für die damals gewaltig ansteigenden Preise. Neben Edelmetallen lieferten die überseeischen Gebiete Spaniens auch tropische Produkte wie Zucker, Kakao und Tabak; der Mais und die Kartoffel wurden aus Amerika nach Europa gebracht und hier heimisch. Durch die Aktivitäten spanischer und portugiesischer Fernhandelskaufleute – Letztere importierten Gewürze, Drogen und Seide – erwuchs italienischen Handelsmetropolen wie Venedig und Genua eine erhebliche Konkurrenz; mit der Verlagerung der Zentren des Handels vom Mittelmeer an den Atlantik verloren die oberitalienischen Städte nach und nach an Bedeutung.

Die Arbeit in den Goldwäschereien und Silberminen Lateinamerikas sowie auf den Plantagen oblag zunächst versklavten kriegsgefangenen Indios und seit 1518 zunehmend auch aus Afrika herbeigeschafften Sklaven. Durch das bald eingeführte System des Repartimiento wurden aber auch nicht versklavte Indios zur Zwangsarbeit herangezogen: Es teilte den Kolonisten jeweils ein bestimmtes Kontingent tributpflichtiger Indios als Arbeitskräfte zu; die gesetzlich auferlegte Arbeitspflicht begünstigte geradezu deren Ausbeutung durch Zwangsarbeit.

Zeitgenössische Kritik: Antonio de Montesinos, Bartolomé de Las Casas, Francisco de Vitoria

Schon die Zeitgenossen kritisierten die Praxis der Conquista und das auf Sklaverei und Zwangsarbeit basierende spanische Kolonialsystem. Erstmals klagte der Dominikanermönch Antonio de Montesinos in seiner Adventspredigt von 1511 vor dem spanischen Hof den gewaltsamen Tod zahlreicher Indios durch Misshandlung und Ausbeutung in Bergwerken und in der Landwirtschaft an. In der Folgezeit kämpfte u.a. sein Ordensbruder Bartolomé de Las Casas (1474–1566) für den Indianerschutzgedanken. Vorlesungen von Francisco de Vitoria lösten 1539 Diskussionen über die Menschenwürde aus. Die Krone reagierte mit verschiedenen Erlassen und Gesetzen. So entfiel die Arbeitspflicht, die tributpflichtigen Indios mussten stattdessen Geld oder Naturalien erbringen (Encomienda-System). In den „Neuen Indianergesetzen" Kaiser Karls V. von 1542 wurden die Indios als grundsätzlich gleiche und freie Untertanen der Krone anerkannt, aber infolge ihrer mangelnden Anpassung an die europäische Lebensweise als nur beschränkt geschäftsfähig eingestuft. Eine wirksame Indianerschutzgesetzgebung scheiterte an der kolonialen Wirklichkeit; eine menschenwürdige Behandlung der afrikanischen Sklaven stand ohnehin nicht zur Debatte.

Historische Beurteilungen der Conquista

Die Kritik von Las Casas bestärkte insbesondere die Gegner Spaniens, England und Frankreich, in ihren negativen historischen Beurteilungen der Conquista. Mit der Kritik an Spanien sollte allerdings in erster Linie der eigene nationale Expansionsdrang gerechtfertigt und beschönigt werden. Demgegenüber versucht die „hispanistische" Interpretation der Conquista die Bedeutung der kolonisatorischen Leistung der Spanier herauszustellen. Doch das Gefühl einer Überlegenheit der europäischen Zivilisation verengt den Blick und lässt oft nur wenig Raum für Selbstkritik. Erst in jüngster Zeit, nicht zuletzt angeregt durch die Vorbereitung der offiziellen 500-Jahr-Feiern, hat sich mit der indigenistischen (von indigeno = Eingeborener) Interpretation die Betrachtung aus der Perspektive der Opfer der Conquista verstärkt und als Widerstand der Indios gegen „500 Jahre Unterdrückung" formiert.

Der „Indiowiderstand" will vor allem auf die Gegenwart der Conquista aufmerksam machen, etwa auf die Zerstörung des Lebensraums durch Waldabholzung, Erzausbeutung und Landraub. Daraus werden konkrete Forderungen von der Landreform bis hin zur verfassungsrechtlichen Garantie von Sprache und Traditionen der Indios abgeleitet, die heute mit 45 Millionen Menschen nur noch sieben Prozent der Gesamtbevölkerung Lateinamerikas ausmachen. Der Indigenismus, seine Erinnerung an die Opfer der Conquista und an die Vielfalt der kulturellen Lebensformen in vorspanischer Zeit, ist ein wichtiger Beitrag für eine neue Aufarbeitung der Geschichte sowie als Identitätsfindung die Voraussetzung für eine fruchtbarere „Begegnung der Kulturen".

MATERIAL 11 Francisco de Vitoria: Spaniens Rechte gegenüber den Eingeborenen (1538)

Francisco de Vitoria (1480–1546) war Dominikaner und Professor der Theologie in Salamanca.

Wenn die Eingeborenen also Sklaven waren, durften die Spanier auch die Herrschaft über sie beanspruchen. – Dagegen wird nun aber geltend gemacht, dass sie früher im ungestörten Besitz ihrer Güter waren. Also muss man sie auch bis zum Beweis des Gegenteils als Eigentümer betrachten und darf sie nicht aus ihrem Besitz vertreiben.

Die Behauptung, dass den Eingeborenen keine Herrschaft zukomme, lässt sich überhaupt nur damit begründen, dass man sagt, sie seien im Stand der Sünde oder sie seien Ungläubige oder keine vernunftbegabten Wesen. […]

Herrschaft beruht darauf, dass der Mensch Ebenbild Gottes ist, aber das ist er auf Grund seiner Natur und seiner Vernunftanlagen, also geht sie ihm nicht durch Todsünde verloren.

Auch Unglauben ist kein Hindernis, dass jemand ein rechtmäßiger Herr sei. […] Nun aber zu der Frage, ob sie wegen mangelnder geistiger Fähigkeiten zur Herrschaft unfähig seien? […] Ich behaupte, dass auch von daher nichts die Eingeborenen hindert, rechtmäßige Herren zu sein. Es steht nämlich fest, dass sie tatsächlich nicht der geistigen Fähigkeiten ermangeln, sondern in ihrer Weise vernünftig handeln. Das ergibt sich daraus, dass sie in ihren Angelegenheiten durchaus einer gewissen Regel folgen, denn sie haben Stämme, die ihre feste Ordnung haben, kennen Ehe, Ämter, Herren, Gesetze, Handwerkskunst, Verkehr, was alles Vernunftgebrauch voraussetzt, auch eine Art Religion. […]

Auch hat der Papst keine zeitliche Gewalt über diese Eingeborenen, so wenig wie über andere Ungläubige. Denn er hat weltliche Gewalt nur zugunsten der geistlichen Dinge. Über die Ungläubigen aber hat er keine geistliche Gewalt, demnach auch keine weltliche.

Aus dem Gesagten wird klar, dass die Spanier bei ihrer ersten Fahrt in die Länder der Eingeborenen keinerlei Rechte besaßen, deren Gebiete in Besitz zu nehmen.

(Aus: Franciscus de Victoria, De Indis et de iure belli relectiones, S. 217–268, Übers. Fritz Dickmann, in: W. Lautemann [Hrsg.], Geschichte in Quellen, Renaissance, Glaubenskämpfe, Absolutismus, bsv, München 1982, 3. Aufl., S. 81f.)

Diego Rivera, Die Eroberung Mexikos durch Hernán Cortés 1519–1521. Das Wandgemälde entstand als Teil des Bildzyklus „Koloniale Unterdrückung“ 1929–1935 und ist am Nationalpalast von Mexico City angebracht.

1. Rekonstruieren Sie die zeitgenössische Diskussion über die Indianerfrage.
2. Welche Position nimmt Francisco de Vitoria ein?

MATERIAL 12 Lateinamerikanische Stimmen zur Conquista

Eduardo Galeano (geb. 1940 in Uruguay) ist Journalist, Publizist und Schriftsteller. Er lebte zeitweise im Exil in Europa.

Die Eroberer trugen Ritterrüstungen, Panzerhemden und glänzende Schilde, an denen die Pfeilschüsse und Steinwürfe abprallten; aus ihren Waffen brachen todbringende Strahlen und sie verdunkelten die Luft mit stickigen Dämpfen. Die Eroberer verstanden es auch, sich mit den Tlaxalteken gegen Moctezuma zu verbünden und die Teilung des Inkareiches zwischen den verfeindeten Brüdern Huáscar und Atahualpa zu ihrem Vorteil auszunützen. [...] Aber sie griffen auch zu anderen Waffen, oder, wenn wir es so wollen, andere, objektive Faktoren wirkten zugunsten eines Sieges der Eindringlinge. Die Pferde und die Bakterien zum Beispiel. [...] Die Pferde trugen dazu bei, den Eindringlingen magische Kräfte in den Augen der Eingeborenen zuzuschreiben. [...] Der Häuptling Tecum köpfte mit seiner Lanze das Pferd von Pedro de Alvarado und war fest davon überzeugt, dass dieses zum Körper des Konquistadors gehörte. Alvarado erhob sich und tötete ihn. [...] Die Bakterien und Viren waren die wirksamsten Verbündeten. [...] Die Indianer starben wie die Fliegen; ihre Organismen waren den neuen Krankheiten gegenüber wehrlos. Und die, die überlebten, blieben für den Rest ihres Lebens geschwächt und untauglich.

Octavio Paz (geb. 1914 in Mexiko) ist Diplomat und Schriftsteller. 1990 wurde er mit dem Nobelpreis ausgezeichnet.

Die Ankunft der Spanier kam den von den Azteken unterworfenen Völkern wie eine Befreiung vor. Daher verbanden sich die verschiedenen Stadtstaaten mit den Eroberern oder betrachteten mit Gleichgültigkeit, wenn nicht sogar mit Schadenfreude den Fall jedes Rivalen, besonders des mächtigsten: Tenochtitlán. Doch weder das politische Genie Cortés' noch seine technische Überlegenheit [...], noch der Abfall von Vasallen und Verbündeten hätten den Sturz des Aztekenreiches herbeiführen können, wenn dieses nicht plötzlich von Zweifel und Ohnmacht befallen worden wäre, die es ins Schwanken brachten und zum Nachgeben zwangen. Als Moctezuma den Spaniern die Tore Tenochtitláns öffnete und Cortés mit Geschenken empfing, hatten die Azteken die Partie schon verloren. [...] Warum gab Moctezuma auf? [...] Die Götter hatten ihn verlassen! Der Hochverrat, mit dem die neuere Geschichte Mexikos beginnt, ist nicht der der Tlaxcaltecas noch der Moctezumas und seiner Anhänger, sondern der der Götter. Kein anderes Volk wohl hat vor der Nachricht, vor den Prophezeiungen und Zeichen, die seinen Sturz ankündigten, sich je so verlassen gefühlt wie das aztekische. Man läuft Gefahr, den Sinn nicht zu begreifen, den diese Zeichen und Prophezeiungen für die Indios hatten, wenn man ihre zyklische Auffassung der Zeit außer Acht lässt. [...] So betrachtete Moctezuma die Ankunft der Spanier – mindestens anfangs – nicht als eine äußere Gefahr, sondern als eine innere Vollendung einer kosmischen Ära und den Beginn einer neuen. Die Götter gingen, weil ihre Zeit vollendet war, und eine andere Zeit, eine andere Ära und mit ihr auch andere Götter wiederkehrten. [...] Der Sturz des Aztekenvolkes beschleunigte auch den der übrigen indianischen Welt. Denn alle wurden von demselben Schauder ergriffen, der fast überall als eine faszinierende Ergebung in den Tod sich auswirkte.

(Aus: Eduardo Galeano, Die offenen Adern Lateinamerikas, Hammer, Wuppertal 1980, S. 27f., Übers. L. Halpern, A. Schwarzer de Ruiz; Octavio Paz, Das Labyrinth der Einsamkeit, Suhrkamp, Frankfurt 1984, S. 95–98, Übers. C. Henpel)

MATERIAL 13 Lateinamerikanische Stimmen zu den langfristigen Folgen der Conquista

Eduardo Galeano:

Bestand unsere Geschichte nicht immer in einer als ‚Entwicklung' verkleideten Verstümmelung und Zerstörung?

Jahrhunderte zuvor verheerten die Eroberer unsere Felder, um ihre Kulturen für die Ausfuhr anzulegen. Sie rotteten die Eingeborenenbevölkerung in den Silberminen und Goldwäschereien aus, um die Nachfrage in Übersee zu befriedigen. Die Ernährung der präkolumbianischen Bevölkerung, soweit sie die Ausrottung überlebte, verschlechterte sich mit dem zunehmenden Wohlstand der anderen.

Heute produziert Peru eiweißreiches Fischmehl für die Kühe Europas und der Vereinigten Staaten, aber der größte Teil der peruanischen Bevölkerung leidet an Eiweißmangel. [...] Brasilien exportiert immer größere Mengen Fleisch – während die brasilianische Bevölkerung kaum noch weiß, wie Fleisch aussieht. [...]

Heute überqueren keine Sklavenschiffe mehr den Atlantischen Ozean, heute sitzen die Sklavenhändler in den Arbeitsministerien. [...] Unsere Niederlage war seit jeher ein untrennbarer Bestandteil des fremden Sieges; unser Reichtum hat immer unsere Armut hervorgebracht und dazu gedient, den Wohlstand anderer zu nähren: den der Imperien und ihrer einheimischen Aufseher.

Durch die koloniale und neokoloniale Alchimie verwandelt sich das Gold in Alteisen und die Nahrungsmittel in Gift. [...] Die Indianer unterlagen und unterliegen dem Fluch ihres eigenen Reichtums – und hierin liegt eine Zusammenfassung des Dramas von ganz Lateinamerika.

Octavio Paz:

Ob man nun die *Conquista* aus der Perspektive der Eingeborenen oder aus der der Spanier betrachtet, in jedem Fall ist sie der Ausdruck eines nach Einheit strebenden Willens. Trotz ihrer inneren Widersprüche ist die *Conquista* eine geschichtliche Tatsache, deren Ziel es war, aus der kulturellen und politischen Vielheit der präkortesianischen Welt eine Einheit zu schaffen. Angesichts der verschiedenartigen Rassen, Staatsformen und Tendenzen der vorspanischen Welt forderte Spanien eine einzige Sprache, einen einzigen Glauben, einen einzigen Gott. [...] Die koloniale Gesellschaftsform beruhte auf einer für die Dauer bestimmten Ordnung, die nach rechtlichen, wirtschaftlichen und religiösen Grundsätzen funktionierte. Diese gingen nahtlos ineinander über und stellten eine lebendige und harmonische Beziehung des Ganzen mit den Teilen her. [...] Nachdem die Bande zu ihrer eigentlichen Kultur abgerissen, ihre Götter tot und ihre Städte zerstört waren, fanden die verwaisten Indios durch den katholischen Glauben einen neuen Platz in der Welt. (Diese Möglichkeit, einer lebendigen Ordnung anzugehören, und sei es auch nur als unterste Schicht einer Gesellschaftspyramide, wurde den Eingeborenen der Neu-England-Staaten von den Protestanten mitleidlos versagt!) Man sollte nicht vergessen, dass die Zugehörigkeit zum katholischen Glauben einen Platz im Kosmos bedeutete. [...] In dieser Lage ermöglichte allein der Katholizismus den Eingeborenen, Bindungen mit Welt und Jenseits wieder anzuknüpfen, gab somit ihrem Dasein auf dieser Erde wieder einen Sinn, nährte ihre Hoffnung und rechtfertigte ihr Leben und ihren Tod.

(Aus: Eduardo Gabano, s. Mat. 14, S. XVII, S. 11; Octavio Paz, s. Mat. 14, S. 102–104)

1. Womit erklärt Galeano und womit Paz die Niederlage der Indios (Mat. 14)?
2. Vergleichen Sie die beiden Interpretationen der Folgen der Conquista (Mat. 14 und 15).
3. Erörtern Sie die unterschiedlichen Konsequenzen der jeweiligen Darstellung für die Beurteilung der geschichtlichen Ereignisse und für das Selbstverständnis der heutigen Bevölkerung Lateinamerikas.

MATERIAL 14 Überlegungen eines lateinamerikanischen Bischofs zum Kolumbusjahr 1992

Christoph Kolumbus öffnet für Europa das Tor zur Neuzeit. Für die Ureinwohner (Lateinamerikas) ist die so genannte „Entdeckung" jedoch der Anfang vom Ende, der Beginn des Unterganges.

[...] Es gab in Wirklichkeit nie das, was man beschönigend „Begegnung verschiedener Kulturen" nennt. Was tatsächlich geschah, war brutale Invasion und Eroberung. [...] Von allem Anfang ging es darum, die Völker zu unterjochen und ihr kulturelles Anderssein zu zermalmen. Und die Kirche nahm ... an diesem tragischen, ungleichen Kampf teil und rechtfertigte ihn aus religiösen Gründen. [...] Ein Blick in die ersten Katechismen des 16. Jahrhunderts zeigt sofort eine Konstante, die sich wie ein roter Faden durchzieht: die Satanisierung, die Verteufelung der Indianerreligionen. [...] Ja, (die Missionare) gehen noch weiter und bezeichnen die ganze Barbarei der europäischen Invasion als Strafe für den Götzendienst der Indianer ...: „Wenn ihr die göttlichen Worte nicht anzuhören gewillt seid ... der Gott, der bereits begonnen hat, euch wegen eurer Sünden zu strafen, wird euch alle völlig ausrotten!" [...]
Die alten Kolonialmächte nehmen das Jahr 1992 zum Anlass, die 500. Wiederkehr des 12. Oktober 1492 mit groß angelegten Feiern zu begehen. Aber die Toten erheben sich aus ihren namenlosen Gräbern und die Überlebenden aus dem Dreck ihrer Favelas[1] und dem Abgrund ihrer Not und chronischen Misere. Die toten und lebenden Opfer schreien heute auf, während die damaligen und heutigen Invasoren sich anschicken „ein Fest der Begegnung von zwei Welten" zu feiern.

Die Unterdrückten haben nie geschwiegen und immer die Ungerechtigkeit des Kolonialismus angeprangert. Auch gegen die ihnen aufgezwungene Christianisierung haben sie aufbegehrt, die mit der „Frohen Botschaft" unseres Herrn absolut nichts zu tun hatte, sondern die Interessen und die Machtgier der Kolonialmächte durch die Religion rechtfertigte. „Ach, sie sind gekommen und haben unsere Blumen welken lassen, damit nur ihre Blume blühe ...", schreibt poetisch ein Maya aus der Zeit der Conquista. [...] Nichts ist schrecklicher, als die Identität zu verlieren. Das ist Armut in ihrer extremsten Form: Armut als nicht sein dürfen. [...]

Unzählige kleine kirchliche Basisgemeinden entstehen überall in Lateinamerika. Die Kirche der Armen oder die Kirche an der Basis, wie sie auch genannt wird, ist eine Realität. [...] Sie hat die historische Aufgabe, die katholische Kirche zu ihren Ursprüngen zurückzuführen. Sie war am Anfang eine Kirche der Armen und Marginalisierten (= diejenigen, die an den Rand gedrängt sind), dann die Kirche der Verfolgten. Sie muss endlich zurückfinden zu dem, was sie war, und statt einer autoritären, unterwerfenden Kirche eine dienende Kirche werden. Sie soll eine samaritanische Kirche sein, in der die Menschen und Völker sich gegenseitig helfen, aufeinander Rücksicht nehmen. [...] Mutig soll sie ungerechte und todbringende Strukturen anprangern und auch den Mut haben, die Verantwortlichen für Tod und Not beim Namen zu nennen. [...] Für die Kirche ist der Weg zur „Neuen Welt" ein Schritt zurück, zurück zum Evangelium.

(Aus: Bischof Erwin Kräutler, Die Nacht ist noch nicht vorüber, Manuskript eines Vortrags zum Kolumbusjahr, gehalten am 7. 2. 1992 im Rathaus von Wien, [1]Favelas = Elendsviertel)

1. Das Kolumbusjahr „soll nicht ein Jubeljahr, sondern ein Bedenkjahr sein". Erläutern Sie, was der Bischof aus Lateinamerika seinen Zuhörern in Wien zu bedenken geben wollte.
2. Der letzte Abschnitt nennt Aufgaben der Kirche in Lateinamerika. Erörtern Sie außerkirchliche Wege in eine „Neue Welt", die der historischen Verantwortung der Europäer gegenüber den Kolonisierten gerecht wird.

4. Reformatorischer Aufbruch – mehr als ein Wandel in der Kirche?

4.1 Luthers Glaubenslehre und Kirchenkritik – Anstoß zu einer neuen Theologie?

MATERIAL 1 **Dieter Forte: Ein Geschäftsgespräch im Hause Fugger, Theaterstück 1971**

Personen:
Fugger (58), Kaufmann in Augsburg
Schwarz (20), sein Buchhalter
Albrecht von Brandenburg (27), Erzbischof von Magdeburg
Jahr der Handlung: 1514
Ort: Die Buchhaltung der Fugger

Fugger kniet in einem Betstuhl, einen Rosenkranz in den gefalteten Händen. Schwarz an einem Stehpult, darauf ein umfangreiches Buch.

Fugger: Der Anfang!
Schwarz: Gesamtkapital der Firma Jakob Fugger 19 679 100.
Fugger (bekreuzigt sich): Gelobt sei Jesus Christus.
Schwarz: In Ewigkeit, Amen. – Wenn ich mir als Ihr Buchhalter die Bemerkung erlauben darf, Sie sind der reichste Mann Europas.
Fugger: Die Geschäfte.
Schwarz: Albrecht von Brandenburg.
(Albrecht tritt ein und wartet)
Fugger (im Gebet versunken): Warum Mainz?
Albrecht: Ich möcht's halt haben und es ist grad frei.
Fugger: Das größte und reichste Bistum Deutschlands.
Albrecht: Das würd ich in Kauf nehmen.
Fugger: Sie sind zu jung für das Amt eines Bischofs.
Albrecht: Ich bin Erzbischof von Magdeburg.
Fugger: Und dazu noch Erzbischof von Mainz?
Albrecht: Ich denke, es ist eine Geldfrage.
Fugger: Haben Sie Geld?
Albrecht: Wenn ich hätte, wär ich sonst hier?
Fugger: Schwarz!
Schwarz: Das Erzbistum Mainz kostet an regulären Gebühren 1 400 000. Hinzu kommt ein Bestechungsgeld für den Heiligen Vater.
Albrecht: Bestechungsgeld? Ich bitte Sie.
Fugger (zu Schwarz): Eine Handsalbe!
Schwarz: Der Heilige Vater denkt an eine Handsalbe von 1 200 000.
Albrecht: Das ist keine Nächstenliebe.
Schwarz: Der Heilige Vater dachte dabei an die zwölf Apostel. Pro Kopf 100 000.
Albrecht: Waren das wirklich zwölf? Irrt sich der Papst da nicht?
Fugger: In Geldangelegenheiten ist der Papst unfehlbar.
Albrecht: Sagen wir 700 000 nach den sieben Todsünden.
Fugger: Sagen wir eine Million, nach den zehn Geboten, und Sie sind gut bedient.
Albrecht: Das wären 2 400 000.
Fugger: 3 Millionen.
Albrecht: Zehn und vierzehn sind vierundzwanzig.
Fugger: Kaiser Maximilian will auch etwas haben. Das ist so üblich. Und das Haus Fugger kann leider nicht umsonst arbeiten.
Albrecht: 3 Millionen?
Fugger: Wie wollen Sie zurückzahlen?
(Albrecht zuckt die Schultern)
Schwarz: Mainz ist eine reiche Stadt.
Albrecht: Der nacheinander drei Erzbischöfe verstorben sind.
Fugger: Also verarmt. –
Da der Heilige Vater in seiner Weis-

heit das vorausgesehen hat, erlaubt er in seiner übergroßen Güte, dass wir eine neue Anleihe auflegen, den Petersdomablass, und Sie als Ablasskommissar einsetzen.

Albrecht: Sag ich doch, eine Geldfrage.

Fugger: Schwarz!

Schwarz: Laufzeit acht Jahre. 50 % der Einnahmen an den Heiligen Vater, 50 % für den Ablasskommissar.

Albrecht: Das lässt sich hören.

Fugger: Allerdings werden die 50 % für den Heiligen Vater nicht mit den Mainzer Gebühren verrechnet.

Albrecht: Nicht?

Fugger: (Er erhebt sich aus dem Betstuhl): Wenn ich Ihnen raten darf, nehmen Sie den Tetzel. Ein erstklassiger Mann. Sehr viel Erfahrung. Und noch etwas. Die Marktlage ist momentan schlecht. Preisverfall. Machen Sie die Sache also attraktiv. Sie müssen dynamisch anbieten. Mit dem üblichen Seelenheil ist nichts mehr zu verdienen. Verkaufen Sie den Ablass auch für Tote.

Albrecht: Geht das?

Fugger: Das geht nicht, aber man kann's machen. Und verkaufen Sie auch an die, die nicht bereuen.

Albrecht: Kann man das?

Fugger: Man kann's nicht, aber es geht. Vor allem bringt es Umsatz.

Albrecht: Ich verstehe von theologischen Dingen nichts.

Fugger: Eine gute Bankverbindung genügt.

(Anmerkung des Verfassers: Der Text ist nicht dokumentarisch, folgt aber zum größten Teil Originaltexten. Zahlen und Fakten stimmen. Alle Währungen sind in DM umgerechnet, Stand 1970.)

(Aus: Dieter Forte, Martin Luther & Thomas Müntzer oder Die Einführung der Buchhaltung, Fischer, Frankfurt 1981, S. 8–10)

1. In seinem Theaterstück stellt Dieter Forte ein Geschäftsgespräch im Haus Fugger dar. Erläutern Sie die Situation, die Rollen, die Absichten und die Vorschläge der Sprecher. Vergleichen Sie die Darstellung Fortes mit der theologischen Kritik Luthers (Material 3 und 4).

Ablasshandel

Als im Jahre 1514 dieses Gespräch stattfand, bemühte sich Albrecht von Brandenburg (1490–1545), Erzbischof von Magdeburg darum, zusätzlich auf den erzbischöflichen Stuhl von Mainz berufen zu werden. Der Erzbischof von Mainz war der ranghöchste unter den deutschen Bischöfen. Um die päpstliche Bestätigung für die Übernahme des Erzbistums Mainz zu erlangen, musste Albrecht 30 000 Gulden Gebühren an den Papst bezahlen. Der Papst verlangte diese Summe für seine Befreiung vom Kirchenverbot der Ämterhäufung; er versprach Albrecht, ihm bei der Aufbringung dieses Geldbetrages behilflich zu sein. Gelegenheit dazu bot sich, als der Papst einen Ablass zum Weiterbau des Petersdoms zu Rom verkündete.

Das Ablasswesen beruhte auf der kirchlichen Unterscheidung von Sündenschuld und Sündenstrafe. Die Sündenschuld wurde im Sakrament der Buße vergeben, die Sündenstrafen aber mussten nach dem Tod im Fegefeuer abgebüßt werden. Gegen bestimmte Leistungen, z. B. gute Werke der Nächstenliebe, konnte die Kirche jedoch einen Ablass der Sündenstrafen gewähren. Um ihren Geldbedarf zu decken, gingen die Päpste im 15. Jh. dazu über, den Gläubigen Ablassbriefe zum Kauf anzubieten. Durch deren Erwerb sollten sich die Gläubigen von ihren Sündenstrafen loskaufen können. Die Kosten eines Brie-

1483	Martin Luther als Sohn eines kleinen Bergwerkunternehmers in Eisleben geboren
1501	Aufnahme eines Jurastudiums in Erfurt
1505	Eintritt in das Augustinerkloster in Erfurt
1512	Doktor und Professor der Theologie in Wittenberg
1517	Ablassstreit (95 Thesen Luthers)
1518	Rom eröffnet Ketzerprozess gegen Luther
1520	Die reformatorischen Hauptschriften – Bannandrohungsbulle
1521	Wormser Edikt gegen Luther und die reformatorische Bewegung – Luther auf der Wartburg – Übersetzung des Neuen Testaments
1524	Beginn der Auseinandersetzung mit den „Schwärmern" (Thomas Müntzer)
1525	Schriften zum Bauernkrieg – Luther heiratet Katharina von Bora
1546	Luther stirbt in Eisleben

fes richteten sich nach der Schwere der Sünden; so kostete der Straferlass bei Kirchenraub neun, bei Eltern- und Geschwistermord vier Dukaten. Albrecht organisierte den Verkauf der Ablassbriefe; der Papst hatte ihm dafür die Beteiligung an den Einnahmeerlösen zugesagt. Er beauftragte den Dominikanermönch Johann Tetzel, die Ablassbriefe unter die Gläubigen zu bringen; ein Vertreter der Firma Fugger begleitete diesen.

Kritik Luthers am Ablasswesen

Gegen den Ablasshandel wandte sich der Augustinermönch und Wittenberger Theologieprofessor Dr. Martin Luther (1483–1546) in 95 lateinisch verfassten Thesen, die er am 31. 10. 1517 dem Erzbischof Albrecht übermittelte. Die Thesen sollten eine theologische Disputation über das Ablasswesen eröffnen. Nicht von ungefähr wurde die Praxis des Ablasshandels für Martin Luther zur theologischen Herausforderung: Seine religiöse Erziehung hatte ihn angehalten, Gott als einen strengen und zornigen Richter aufzufassen: „Ich wurde von Kindheit auf so gewöhnt, dass ich erblassen und erschrecken musste, wenn ich den Namen Christus auch nur nennen hörte." Für Luther war daher die Frage, wodurch er als unvollkommener und sündiger Mensch vor Gott gerechtfertigt werde, zur Grundfrage seiner religiösen Existenz geworden.

Luthers Rechtfertigungslehre

Die Heilslehre der Kirche, nach der die Sakramente der Kirche, die guten Werke der Gläubigen und die Fürbitten der Heiligen als Heilsmittel galten, genügte Luther schon lange nicht mehr: „Denn wir waren schlechterdings in dem Wahn, wir könnten nicht beten und würden nicht erhört, wenn wir nicht ganz rein und ohne Sünden wie die Heiligen im Himmel wären." Befreiung aus dieser quälenden religiösen Krise brachten ihm schließlich die Worte des Apostels Paulus in seinem Brief an die Römer: Der Gerechte lebt aus seinem Glauben (Röm. 1, Vers 17). Für Luther wurde der Glaube entscheidend: „Wenn wir als Gerechte aus dem Glauben leben sollen und wenn die Gerechtigkeit Gottes jedem, der glaubt, zum Heil gereichen soll, so wird sie nicht unser Verdienst, sondern die Barmherzigkeit Gottes sein." In der Gewissheit „sola fide" und „sola gratia", allein durch den Glauben und die Gnade Gottes, erlöst zu sein, war für ihn die überkommene katholische Heilslehre mit ihrer Bedeutung der guten Werke hinfällig geworden.

Reformatorische Schriften

In drei großen Schriften des Jahres 1520 entwickelte Luther, herausgefordert durch die katholische Kritik, seine reformatorische Theologie weiter. In der Schrift „An den christlichen Adel deutscher Nation" wandte er sich gegen die Auffassung der Kirche, dass die geistliche über der weltlichen Macht stehe. Er bestritt die Lehrautorität des Papstes, verwarf die Vorstellung einer Mittlerrolle der Geistlichen zwischen Gott und den Menschen und vertrat die Lehre vom Priestertum aller Gläubigen. Als praktische Konsequenz forderte er die Säkularisation des Kirchenbesitzes, die Auflösung der religiösen Orden und die Wählbarkeit der Pfarrer durch die Gläubigen. An den „christlichen Adel deutscher Nation" richtete er die Aufforderung, auf einem Nationalkonzil die deutsche Kirche zu reformieren und sie von der römischen Papstkirche zu lösen. In seiner Schrift „Von der babylonischen Gefangenschaft der Kirche" verwarf Luther die kirchliche Sakramentenlehre und in der Abhandlung „Von der Freiheit eines Christenmenschen" lehnte er die kirchliche Tradition und Überlieferung als Glaubensquelle ab; für ihn hatte nur das in den Schriften der Evangelisten niedergelegte Wort Gottes Gültigkeit („sola scriptura").
In Glaubensfragen hat Luther somit die Menschen aus traditionalen Bindungen befreit – nicht jedoch im weltlichen Bereich. In seiner Schrift „Von weltlicher Obrigkeit" (1523) begriff er diese als von Gott eingesetzt, um den Bösen zu wehren, damit „äußerlich" Frieden herrsche und sich unter diesem Schutz das Evangelium, das göttliche Regiment, entfalten könne. Luther machte so die weltliche Gewalt unangreifbar. Dennoch hat er, der sich selbst stets nur als Erneuerer der Theologie und der Kirche verstand, nicht verhindern können, dass die Zeitgenossen seine religiös gemeinte Losung von der „Freiheit eines Christenmenschen" auch auf ihre soziale und politische Existenz bezogen.

MATERIAL 2 **Protestantisches Flugblatt zum Ablasshandel, 16. Jh.**

Flugblatt zum Ablasshandel des Dominikanermönches Tetzel (1517):

„Oh, ihr Deutschen, achtet gut auf mich, ich bin der Gesandte (Knecht) des Heiligen Vaters, des Papstes, ich vermittle (bringe) euch jetzt (allein) 10 900 Jahre Gnade und Ablass von einer Sünde (den Sünden); Für euch, eure Eltern, Frauen und Kinder, Jedem soll so viel (an Ablass) gewährt werden, So viel er ins Kästlein legt. Sobald der Gulden im Becken (der Schale) klingt, Sofort die Seele in den Himmel springt."

MATERIAL 3 Aus einem Brief Luthers an Erzbischof Albrecht, 31. 10. 1517

Es wird rings im Lande der päpstliche Ablass unter deinem hoch erhabenen Namen zum Bau von St. Peter verbreitet. Dabei klage ich nicht so sehr das Geschrei der Ablassprediger an, das ich nicht gehört habe, sondern beklage vielmehr das grundfalsche Verständnis, das das Volk daraus gewinnt und das sie dem einfachen Volk überall hoch anpreisen: dass die unglücklichen Seelen glauben, wenn sie Ablassbriefe lösen, seien sie ihres Heils sicher, ebenso, dass die Seelen sogleich aus dem Fegefeuer fahren, sobald sie ihre Zahlung in den Kasten gelegt hätten; weiter, die Gnadenwirkungen dieses Ablasses seien so kräftig, dass keine Sünde zu groß sein kann – selbst (wie sie sagen) wenn einer (gesetzt die Möglichkeit) die Mutter Gottes geschändet hätte –, dass sie nicht vergeben werden könne; schließlich, dass der Mensch durch diesen Ablass frei sei von aller Strafe und Schuld.

Ach, lieber Gott, so werden die Seelen, die deiner Obhut anvertraut sind, teuerster Vater, zum Tode unterwiesen, und die strenge Rechenschaft, die du für sie alle wirst ablegen müssen, wächst immer mehr an. Darum habe ich hierzu nicht länger schweigen können.

Euer unwürdiger Sohn
Martinus Luther Augustiner, berufener Doktor der heiligen Theologie.

(Aus: Martin Luther, Ausgewählte Schriften, Bd. 6, hrsg. v. Karin Bornekamm u. Gerhard Ebeling, Insel, Frankfurt 1983, S. 16f., Übers. J. Schilling)

MATERIAL 4 Luther in der Heidelberger Disputation über seine Thesen, 1518

Nicht der ist gerecht, der viele Werke tut, sondern wer ohne Werk viel an Christus glaubt. Denn die Gerechtigkeit Gottes wird nicht auf Grund von aneinander gereihten Werken erworben, wie Aristoteles lehrt, sondern durch den Glauben eingegossen. ‚Der Gerechte lebt seines Glaubens', Römer 1, 17 und Römer 10, 10: ‚So man von Herzen glaubt, so wird man gerecht.' Darum will ich das ‚ohne Werk' so verstanden wissen: Nicht dass der Gerechte nichts wirke, sondern dass seine Werke ihm keine Gerechtigkeit verschaffen, vielmehr seine Gerechtigkeit Werke schafft. Ohne unser Zutun wird Gnade und Glaube eingegossen und dann folgen sogleich die Werke. So heißt es Römer 3, 20: ‚Kein Fleisch mag durch des Gesetzes Werke vor ihm gerecht sein' und Römer 3, 28: ‚So halten wir nun dafür, dass der Mensch gerecht werde ohne des Gesetzes Werke allein durch den Glauben', d. h., zur Gerechtigkeit tragen Werke nichts bei.

Wer aus solchem Glauben handelt, weiß, dass solche Werke nicht sein sind, sondern Gottes. Darum sucht er nicht durch sie gerechtfertigt oder verherrlicht zu werden, sondern sucht Gott. Seine Gerechtigkeit im Glauben an Christus genügt ihm, d. h., Christus ist seine Weisheit, Gerechtigkeit usf., wie es 1. Kor. 1, 30 heißt. Er selbst aber ist Christi Organ oder Werkzeug.

(Aus: Martin Luther – Studienausgabe, hrsg. von K. G. Steck, Fischer, Frankfurt 1970, S. 48)

1. Erläutern Sie die Darstellungsabsicht des Flugblatts (Material 2) und versuchen Sie, seine Wirkung für die Verbreitung der Reformation einzuschätzen.
2. Welche theologischen und seelsorgerlichen Einwände erhebt Luther in Material 3 gegen die Praxis des Ablasses?
3. Zeigen Sie die Bedeutung, die der Glaube für Luthers Theologie hat, und erläutern Sie seine Auffassung von der Werkgerechtigkeit (Material 4).

4.2 Ablassstreit – Ketzerprozess – reformatorische Bewegung

Erzbischof Albrecht von Brandenburg ließ den Vorstoß Luthers in der Ablassfrage unbeantwortet. Freunde des Reformators übersetzten daraufhin die ursprünglich lateinischen Thesen ins Deutsche; sie wurden schnell gedruckt und mit großer Resonanz im Reich verbreitet. Jetzt eröffnete die Kurie gegen Luther einen Ketzerprozess. 1521 endete der Prozess: Luther wurde mit dem Kirchenbann belegt. Auf diesen Ausschluss aus der kirchlichen Gemeinschaft folgte in der Regel automatisch die Reichsacht, die den Ausstoß aus der Rechtsgemeinschaft bedeutete; der Geächtete war vogelfrei. Der eben gewählte Kaiser Karl V. (1519–1556) räumte – nicht zuletzt mit Rücksicht auf Luthers Landesherrn, Kurfürst Friedrich von Sachsen – Luther jedoch die Möglichkeit ein, sich auf dem 1521 zu Worms stattfindenden Reichstag von seiner Lehre loszusagen. Nach der Weigerung Luthers wurde im Wormser Edikt über ihn und seine Anhänger die Reichsacht verhängt; Vertrieb und Lektüre der Schriften Luthers wurden bei Strafe verboten. Um die Vollstreckung der Reichsacht zu verhindern, ließ Friedrich von Sachsen Luther unerkannt auf die Wartburg nach Eisenach bringen, wo er als Junker Jörg das Neue Testament nach dem griechischen Text des Erasmus von Rotterdam ins Deutsche übersetzte.

W. rmser Edikt

Reformatorische Bewegung

Ungeachtet des Wormser Edikts und der darin ausgesprochenen Strafandrohungen verbreitete sich die Lehre Luthers wie ein Lauffeuer. Oft wurden einzelne Elemente seiner Theologie aufgegriffen, um politische und soziale Ziele zu stützen. Auf adliger Seite fand Luther besonders bei der sozial bedrohten Ritterschaft zahlreiche Anhänger. 1522/23 erklärte der Reichsritter Franz von Sickingen dem Erzbischof von Trier die Fehde und versuchte, dessen geistliches Fürstentum zu säkularisieren und die Reformation gewaltsam durchzusetzen. Mit dem Scheitern Sickingens verlor auch die Reichsritterschaft ihre eigenständige Bedeutung in der reformatorischen Bewegung.

Gemeindereformation, Ratsreformation, Volksreformation

Große Erfolge hatte die Reformation in den Städten; drei Viertel aller deutschen Städte öffneten sich ihr, Bremen, Magdeburg, Breslau, Nürnberg und Konstanz gehörten zu den ersten. Überwiegend war in den Städten die Reformation eine „Bewegung des gemeinen Mannes", also eine Bewegung von unten (Gemeindereformation), teils wurde sie durch den Rat der Stadt eingeführt (Ratsreformation). Die Abgrenzung ist oft nicht eindeutig vorzunehmen, manche Historiker sprechen daher auch, beide zusammenfassend, von der „Volksreformation".

Das Bürgertum war aus unterschiedlichen Motiven für die Reformation aufgeschlossen: Insbesondere entsprach die lutherische Vorstellung einer autonomen Kirchengemeinde mit dem Recht der Pfarrerwahl und der Bibelauslegung dem damals in den Städten weit verbreiteten Wunsch nach einer politischen Autonomie der Bürgergemeinde. Der Kampf gegen den privilegierten Klerus, gegen geistliche Gerichte und das Regiment geistlicher Stadtherren förderte die Bereitschaft, sich der Reformation anzuschließen. Gottesdienstformen, in denen die Verkündigung im Mittelpunkt stand, kamen dem religiösen Bedürfnis vieler Bürger entgegen.

Begünstigt wurde die Ausbreitung reformatorischen Gedankenguts durch den relativ hohen Alphabetisierungsgrad. Innerhalb weniger Jahre vervielfachten sich die Publikationen in deutscher Sprache; sie waren ganz überwiegend Problemen der Reformation gewidmet. Ohne die Technik des Buchdrucks wäre die Reformation als Massenbewegung kaum denkbar gewesen. Eine besondere Rolle spielten aber auch die in allen Städten tätigen, von reformerischen Humanisten beeinflussten und geprägten Laienprediger, die Prädikanten. Die Auseinandersetzung mit den Ideen der Reformation führte in den Städten oft zu jahrelangen Kämpfen, in deren Verlauf es nicht selten zu Gewaltaktionen gekommen ist. Der Humanist Erasmus von Rotterdam verurteilte daher die reformatorische Bewegung als Aufruhr und Revolution.

Ulrich Zwingli

Durch das Wirken des Züricher Reformators Ulrich Zwingli (1484–1531) entstand in der deutschsprachigen Schweiz eine eigenständige Reformationsströmung; sie beeinflusste auch süddeutsche Städte wie Straßburg oder Konstanz. Zwischen Luther und Zwingli gab es theologische Differenzen insbesondere in der Abendmahlsfrage; für Zwingli war das Abendmahl nur eine symbolische Erinnerungsfeier, für Luther waren die Worte Christi beim letzten Abendmahl „Das ist mein Leib" wörtlich zu nehmen. Über diese Frage spalteten sich die süddeutschen Reichsstädte in „lutherische" und in „reformierte". Im Übrigen war die Theologie Zwinglis stärker politisch ausgerichtet. In seiner Zürcher Kirchenreform von 1523 strebte er eine Gleichsetzung von Kirchen- und Bürgergemeinde an. Sein Ziel einer vollständigen Verchristlichung des Gemeinwesens führte in Zürich zeitweise zu einem theokratisch, d. h. nach göttlichem Recht ausgerichteten Stadtregiment.

Johann Calvin

In dieser theokratischen Zielsetzung gab es enge Berührungspunkte der Reformierten zu Johann Calvin (1509–1564), dem in Genf wirkenden Reformator. Beide Strömungen vereinigten sich 1549. Folgenreich wurde die Theologie Calvins wegen ihrer Prädestinationslehre, nach der das jenseitige Schicksal des Menschen – seine Bestimmung zum ewigen Heil oder zur ewigen Verdammnis – nach dem Willen Gottes schon von Geburt des Menschen an feststehe. Bereits zu Lebzeiten könne der Einzelne aber erkennen, ob er zu den von Gott Auserwählten gehöre. Dieser Glaube an die Vorbestimmung führte später zu dem Missverständnis, dass der äußere Lebenserfolg, etwa in materieller Hinsicht, die Auserwähltheit anzeige. Dem Anspruch, ein gottgefälliges Leben zu führen, hätte es aber widersprochen, den erworbenen Reichtum in demonstrativem Genuss und in äußerer Pracht sichtbar werden zu lassen: Der Gewinn wurde vielmehr reinvestiert. Der Soziologe Max Weber (1864–1920) hat später – ausgehend von der Beobachtung, dass der Kapitalismus sich zunächst in calvinistisch beeinflussten Ländern wie England und Schottland, den Niederlanden und den USA entwickelt hat – auf Zusammenhänge zwischen protestantischer Ethik und kapitalistischem Geist hingewiesen.

FALLSTUDIE Die Reformation in Konstanz

Das Bistum Konstanz war seiner Fläche wie seiner Seelenzahl nach das größte in Deutschland. Es erstreckte sich vom St. Gotthard bis in den Stuttgarter Raum und wurde im Osten durch die Iller, im Westen durch Rhein und Aare begrenzt. Es war in die Bezirke Schwarzwald, Oberschwaben, Allgäu

Blick auf Konstanz, Kolorierter Holzschnitt aus der Schweizerchronik des Johannes Stump 1547

und Eidgenossenschaft eingeteilt. In der Vorreformationszeit zählte es 1835 Pfarreien mit 15000 Priestern, davon mehr als 200 in der Stadt Konstanz. Der Bischof von Konstanz war als Reichsfürst zugleich weltlicher Herrscher eines Territoriums. Konstanz selbst war eine freie Reichsstadt. Das Verhältnis zwischen dem Rat der Stadt und dem Bischof Hugo von Hohenlandenberg war gespannt; der Konflikt speiste sich vornehmlich aus Rivalitäten um Herrschaftsansprüche von Rat und Bischof in Konstanz selbst.

MATERIAL 5 **Der Verlauf der Reformation in Konstanz**

1519: Als ein großes Peststerben zu Konstanz war, kam ein allgemeines Geschrei und Red gen Konstanz, dass Martin Luther, ein Augustinermönch und Prädikant zu Wittenberg in Sachsen, etliche Zeit gegen die päpstliche Gewalt, auch gegen seinen Ablass und andere seiner Missbräuche gepredigt habe. [...] Es wurden auch mit diesem Gerede etliche von Luthers Thesen, Büchern und Schriften umgetragen. Die brachten anfangs den Lesern Verwunderung, gaben dazu Ursach, diesen Dingen weiter nachzufragen und die biblischen Schriften gründlicher als vorher zu lesen.
Besonders war da ein Helfer an der Stefanskirche, der auch das Predigtamt versah [...] Der nahm solche Lehren auf und fing an, auf Geheiß Gottes seine Lehre und Predigten denselbigen (Luthers Traktaten) ziemlich gleich vor das Volk zu führen. [...] Viele Bürger, dazu auch viele Pfaffen und der Bischof Hugo von Landenberg selbst hatten zuerst ein Wohlgefallen an solcher Lehre. [...]

1523: Es fingen aber nach und nach die Worte und Lehren an, in den Christen Frucht zu tragen, und der gemeine Mann wurde des Betrugs päpstlicher Lehre und Verführung gewahr und gewitzt, derselbigen sich zu enthalten und also nicht mehr wie zuvor das Seine der Geistlichkeit zuzutragen, weshalb der Bischof und sein Kapitel samt ihren anderen Anhängern allen Fleiß und Ernst anwandten, wie sie diese Lehre und das Evangelium Gottes aus Konstanz vertreiben könnten. Dazu gab ihnen nicht wenig Ursache, dass andere Städte sich an Konstanz ein Beispiel nahmen. [...] Insbesondere fingen die von Zürich an, denen ihr Pfarrer Huldrich Zwingli das Wort und Evangelium Gottes klar und lauter predigte, manches Pfaffenwerk und päpstliche Bräuche abzustellen und des Bischofs von Konstanz geistliche Jurisdiktion und Gerichtszwang aus ihrem Gebiet zu vertreiben. Deshalb hatte der Bischof nicht wenig Sorge, dies möchte aus Zürich in die ganze Eidgenossenschaft getragen werden. [...] Da er gleichwohl anfangs etwas Gefallen an der evangelischen Lehre hatte und gegen die Verkünder derselben, obwohl ihm Ursache gegeben war, möglichst wenig tyrannisch handelte, so hat doch sein Vikar in geistlichen Dingen [...], der von Rom zu dieser Zeit wieder heimkam, ihn gar übel abgerichtet und dem Evangelium ganz abhold gemacht.

(Aus: Jörg Vögeli, Schriften zur Reformation in Konstanz 1519–1532, 1. Gesamtausgabe, bearb. von Alfred Vögeli, I, Osiander'sche Buchhandlung Tübingen 1972, S. 58, S. 79ff., Übers. Herbert Frank)

MATERIAL 6 Bischof und Rat der Stadt Konstanz über die Aufgaben der Prediger

Der Bischof vor dem Rat der Stadt (1523)

Ihr wisst, wie vor etlichen Jahren Martin Luther in die Einträchtigkeit des christlichen Volkes viel Irrtum, Aufruhr und Unruhe mit seinen falschen Lehren gesät und aufgebracht hat, dessen Lehre von der päpstlichen Heiligkeit [...] verdammt ist, desgleichen von der römisch-kaiserlichen Majestät, unserem allergnädigsten Herrn, verboten. Nichtsdestominder unterwinden sich etliche der Prädikanten allhier derselbigen, woraus beim gemeinen Mann viel Übel gefördert, Zwietracht gepflanzt und Ungehorsam gegen die Obrigkeit erzeugt wird. [...] Da es nun uns, als einem Pastor und gütigen Vater, zuallererst gebührt, die uns anvertrauten Schäflein, vorab an dem Ort, wo unsere Residenz ist, vor einbrechenden Wölfen zu erretten, ...begehren wir, ihr mögt bei den Prädikanten allenthalben darauf achten, dass sie auf den Kanzeln nichts Neues vorbringen, besonders einmütig lehren und das Volk von der lutherischen Lehre zum alten Glauben abziehen zu dem, der ersprießlich ist und sein wird, wenn ihr bei der Gemeinde dafür sorgt, dass sie (die Bürger) von diesen Dingen, von denen sie nichts verstehen, nicht sprechen. [...]

Ratsinstruktion an die Prediger (1524)

Es wird in unseren Zeiten dem Christenvolk viel Zwiespältigkeit verkündet, doch alles unter dem Namen des Gotteswortes. Aus dem entsteht ein großes Ärgernis und viel Verwirrung, merkliche Zerrüttung der brüderlichen Liebe und danach allerlei Zank und Unwillen bei den Einfältigen. Um das abzustellen [...] ergeht eine ernstliche Bitte und Ermahnung des ehrsamen Rates der Stadt Konstanz, dass die Prädikanten allhier fortan nur das heilige Evangelium hell und klar und nach rechtem Christenglauben von der Kanzel predigen und verkünden, ohne Einmischung menschlichen Zusatzes, der nicht auf die heilige biblische Schrift gegründet ist, [...] sondern nur nach Auslegung des Evangeliums selbst und der heiligen biblischen Schriften. Doch dabei sollten sie alle Fabeln, unnützen Tand und desputierliche Sachen, woran den Christgläubigen viel nicht gelegen oder zu wissen nicht nötig ist, auch, was sie in Irrtum führen möchte oder gegen die Obrigkeit bewegen, unterlassen und allein sagen, was zur wahren Ehre Gottes und zur Beruhigung der Gewissen dient, dazu, was zur Gottesliebe und zur Liebe der Nächsten anleitet.

(Aus: Jörg Vögeli, s. Mat. 5, S. 81f. und Konrad Gröber, Die Reformation in Konstanz von ihren Anfängen bis zum Tode Hugos von Hohenlandenberg (1517–1532), Freiburg 1918, S. 72, Übers. Herbert Frank)

MATERIAL 7 Der Rat der Stadt Konstanz über Beziehungen zu Bischof und Geistlichkeit (1530)

Bürgermeister und Räte sind der Meinung, dass euch allen noch unvergessen ist, wie der Bischof und seine Domherren [...] versuchten, die Stadt Konstanz sich ganz zu unterwerfen, [...] mit welchem Frevel sie aus der Stadt gezogen sind und sich unterstanden haben, vielfältige Praktiken anzuwenden, durch welche der gemeine Mann untereinander uneins werde, desgleichen die Gemeinde mit dem Rat in Streit geriete. Da ihnen aber dieses misslang, haben sie sich unterstanden, König und Kaiser, den Adel und die Eidgenossen gegen die Stadt aufzubringen [...] Dazu haben sie den Rat und die Gemeinde durch heimliche und öffentliche Schriften, auch in einem Druck, desgleichen vor etlichen kaiserlichen Kommissarien und später zu Speyer auf einem Reichstag (1529) unsere Ehre vielfältig geschmäht. [...]

Wegen dieser unbilligen und beschwerlichen Dinge hat ein ehrsamer Rat mit Zürich und Bern Schirm- und Burgrecht angenommen, dazu von Zunft zu Zunft die Gemeinde erinnert und gebeten, dass die Bürger sich der Gesellschaft [...] der Pfaffen enthalten sollen. Trotzdem kommt vor den Rat, dass etliche Bürger und Einwohner dieser Stadt viel Gemeinsamkeit mit den Pfaffen und ihren Anhängern suchen, auch ihre Sache unter den Leuten verteidigen, dazu sich anmerken lassen, dass sie [...] gern sehen würden, wenn die Pfaffen wiederum in die Stadt kämen. Diese Bürger ziehen nicht in Erwägung, dass wir alle zusammen beschwören, was der kleine und große Rat verordnen und setzen, und dass ein jeder das gut sein lassen, festhalten und dagegen nicht handeln soll. So hat aber der kleine und große Rat, dazu die ganze Gemeinde schier einhellig beschlossen, dass man die Pfaffen in diese Stadt nimmermehr kommen lassen wolle. [...] Besonders sollte ein jeglicher sich von den Leuten fernhalten und ihnen Argwohn entgegenbringen, die in Umlauf setzen, dass die Bürger jetzt deswegen arm seien, weil die Pfaffen nicht mehr hier sind. Es ist bekannt, dass die jetzige Armut nicht nur hier, sondern allenthalben im deutschen Land ist und an den Orten viel mehr, wo am allermeisten Pfaffen sitzen. [...] Es ist kein Zweifel, dass diese Stadt, wenn nicht eine so allgemeine Armut in allen Landen wäre, dieweil sie der schweren Last der Pfaffen sich entledigte, wiederum so schnell an Ehre, Leuten und Gut zunehmen würde, wie schnell sie von wegen der Pfaffen zu Armut und Abgang nach und nach gekommen ist.

(Aus: Jörg Vögeli, s. Mat. 5, II. 1, Tübingen 1973, S. 810–813, Übers. Herbert Frank)

MATERIAL 8 Zuchtordnung der Stadt Konstanz, April 1531

Der Sohn Gottes, Jesus Christus, sagt denjenigen Weh und Ungnade Gottes an, durch welche Weh und Ärgernis geschehen. [...]
Darum haben wir jetzt [...] Zuchtherren (verordnet), welche allen Ärgernissen, Lastern und Handlungen, die gegen Gott, das Gemeinwohl oder den Nächsten geschehen, streng und getreulich nach ihrem besten Vermögen wehren und dieselben mit allem Fleiß erkunden und erfahren. Und wenn sie von jemand erfahren, der sich eines Lasters und böser Handlung wegen verdächtig verhält oder sich so benimmt, dass zu besorgen ist, er werde Schmach oder Schaden der Seelen, des Leibes oder des Gutes sich selbst oder anderen verursachen, gegen den sollen sie selbst oder durch Mittelspersonen im Stillen und Geheimen mit ernster und väterlicher Mahnung [...] handeln. [...]
Und wenn dann solche heimliche Zucht und Mahnung nicht verfängt, so soll jegliches Laster gestraft werden. [...]

Vom Fluchen.
Wer unverhohlen schwört oder flucht, der soll bei jedem Mal zwei Schilling als Strafe zahlen. [...] Und wenn er diese Strafe nicht bar bezahlen kann, können die Zuchtherren warten, bis er wiederum des Schwörens wegen vor sie kommt. Dann soll er die vorige und die dann nochmals verfallene Buße zusammen bezahlen oder aus der Stadt und Obrigkeit gehen und nicht mehr zurückkommen, bis er beide Bußen bezahlt hat. [...]
Vom Zutrinken und Einschenken.
Wer einen anderen dazu anreizt, ganze oder halbe, wenige oder viele Gefäße [...] auszutrinken, der soll zwei Gulden und das nächste Mal vier Gulden Strafe zahlen. Wenn er aber ein drittes Mal strafbar wird, soll er wieder vier Gulden Strafe zahlen und dazu einen Tag und eine Nacht im Turm liegen und nichts als Wasser trinken und Brot und Hafermus essen.
(Bei Strafe verboten waren auch das Zechen in Zunft- und Wirtshäusern nach 10 Uhr abends, das Spielen um Geld, das Tragen bestimmter Kleider, Unzucht und Ehebruch.)

Es wurde auch den Kirchenpflegern Konrad Zwick und Thomas Hüetlin befohlen, dass sie alle Ehrbilder oder Götzen, die zur Verehrung in den Kirchen und sonst allenthalben aufgestellt oder gemalt waren, mitsamt den Altären überall, doch ohne Aufsehen und lautes Geschrei, sondern nach und nach, abbrechen, zerschlagen und vernichten sollten. Das ist geschehen, doch manchem, der eigene Götzen hatte [...], wurde gestattet, dieselbigen zu sich zu nehmen und wohin er wollte zu bringen.

(Aus: Jörg Vögeli, s. Mat. 5, S. 142, 165, 440, Übers. Herbert Frank)

Die Materialien 5–8 dokumentieren die Einführung der Reformation in Konstanz. Es empfiehlt sich, die Materialien im arbeitsteiligen Verfahren auszuwerten.

1. Untersuchen Sie den Ablauf, Ursachen und Auswirkungen sowie Formen des Widerstands und der Verweigerung.
2. Beschreiben Sie das Verhalten des Bischofs, der Geistlichen, des Rats, der Bürger und Zünfte. Erklären Sie die Motive und Interessen der verschiedenen Gruppen.
3. Erörtern Sie, warum die Reformation gerade in den Städten so großen Anklang fand.

4.3 Die Freiheit eines Christenmenschen – auch politisch und sozial?

Soziale Unruhen in Europa

Von der Mitte des 14. bis in das 16. Jahrhundert hinein kam es in weiten Teilen Europas – in den Städten und auf dem Land – immer wieder zu Unruhen und Aufständen. Bei den vorwiegend im 14. Jahrhundert in den Städten ausgetragenen Bürgerkämpfen ging es oft um die Teilhabe der selbstbewusst gewordenen Zünfte am Stadtregiment. Im ländlichen Bereich klagten die Bauern über die Erhöhung von Abgaben und die Vermehrung der Frondienste, über die Einschränkung alter Rechte und Freiheiten sowie über herrschaftliche Eingriffe in dörfliche Angelegenheiten. Die wachsende Not der Bauern vertiefte die schon bestehende Kluft zwischen ihnen und den wohlhabenden Städtern. Eine andere Ursache bäuerlicher Unzufriedenheit lag in dem Bemühen der Grundherren, ihr Gebiet zu arrondieren und die dort lebenden Bauern einem einheitlichen Recht zu unterwerfen mit dem Ziel, ihre Herrschaft zu verdichten.

Frankreich

Bereits 1357 erhoben sich französische Bauern in den „Jacquerien" (nach ihrem Spottnamen „Jacques") gegen den Adel, weil sie unter den hohen Steuern litten; ihr Aufstand wurde blutig niedergeschlagen und hat etwa 20 000 Bauern das Leben gekostet. Zu Aufständen kam es auch in Katalonien und in England.

England

Hier spitzte 1381 der Prediger John Ball die Unzufriedenheit der Bauern, die vorübergehend sogar London in ihre Gewalt gebracht hatten, zu; er stellte die sozialrevolutionär wirkende Frage: „Als Adam grub und Eva spann, wer war denn da der Edelmann?" und erzeugte damit Zweifel an der bestehenden „gottgewollten" ständischen Ordnung mit ihren Vorrechten für Adel und Geistlichkeit.

Deutschland

Hans Böheim

In Deutschland wurden im ländlichen Bereich solche sozialrevolutionären Gedanken erst im ausgehenden 15. Jahrhundert und vor allem im Bauernkrieg von 1524/25 laut. So propagierte im Jahre 1476 der Dorfmusikant Hans Böheim im Frankenland die Gleichheit aller Stände und ermutigte damit die Bauern, von ihren Grundherren Steuer- und Abgabenfreiheit zu verlangen. Zwischen 1493 und 1517 kämpfte am Oberrhein die Bundschuh-Bewegung unter Berufung auf göttliches Recht aktiv gegen den in ihren Augen parasitären Adel. Jos Fritz, einer der Bundschuh-Führer, strebte ein Bündnis von Bauern und städtischen Unterschichten an, um den Adel im Reich zu entmachten; an der Spitze seines „Reiches der Gerechtigkeit" sollte ein „Volkskaiser" stehen.

Bundschuh

Jos Fritz

Bauernkrieg

Die Unruhe auf dem Land eskalierte, als es im Sommer 1524 einigen Dorfgemeinschaften in der Landschaft Stühlingen am Hochrhein gelang, ihre durch die bäuerlichen Demonstrationen überraschten Grundherren zu Konzessionen zu zwingen. Rasch formierten sich auch in anderen Gegenden Süddeutschlands viele Bauernhaufen; ihrer Bewegung schlossen sich Ritter, aber auch Bürger aus Städten an, die sich der Reformation geöffnet hatten. Im Frühjahr 1525 waren etwa 40 000 bewaffnete Aufständische zum Kampf entschlossen. Ihre Forderungen fasste der Memminger Kürschner Sebastian Lotzer mit Unterstützung eines sich zur Reformation bekennenden Stadtpredigers in zwölf Artikeln zusammen. In diesem Manifest deuteten die Bauern die Lehre Luthers sozial und politisch und wendeten sie auf ihre gesellschaftliche Situation an. Sie forderten, die politische und soziale Ordnung solle sich aus dem Evangelium heraus begründen und bekämpften deshalb vor allem die Leibeigenschaft.

Die Zwölf Artikel

Die verschiedenen Bauernhaufen gingen bald dazu über, ihre Ziele – darunter stets die Forderung nach Autonomie der Gemeinde – gewaltsam durchzusetzen: Klöster wurden gestürmt, Mönche vertrieben, Burgen angezündet. Von Oberschwaben aus griff der Aufstand auf das Elsass und das Frankenland, auf Tirol und Thüringen über. Die Gegenseite, lutherische wie katholische Adlige, die sich im „Schwäbischen Bund" zusammengeschlossen hatte, leitete im April 1525 die Gegenoffensive ein. Innerhalb von drei Monaten gelang es ihr den Bauernaufstand niederzuschlagen. Mindestens 70 000, anderen Quellen zufolge mehr als 100 000 Bauern sollen in diesen Kämpfen umgekommen oder anschließend durch die siegreiche Obrigkeit hingerichtet worden sein.

Schwäbischer Bund

Luther und die Erhebung der Bauern

Martin Luther, der in diesem Kampf von den Bauern als Schiedsrichter angerufen worden war, bemühte sich zunächst um einen Ausgleich. Als es jedoch zur Gewaltanwendung seitens der Bauern kam, distanzierte er sich auf das Schärfs-

Aufständische Bauern mit Bundschuhfahne umringen einen Ritter.

te von diesen. In seiner Schrift „Wider die räuberischen und mörderischen Rotten der Bauern“ forderte er im Mai 1525 die Fürsten auf, den Aufstand schonungslos niederzuschlagen. Diese Haltung entsprach seinem Freiheits- und Gleichheitsverständnis, das sich streng auf den religiösen Bereich beschränkte und eine Verbindung von sozialen Forderungen mit seinen reformatorischen Zielen ausschloss. Er hatte diese Einstellung in seiner Schrift „Von weltlicher Obrigkeit“ begründet.

Thomas Müntzer

Luthers Haltung zu den Bauernaufständen wurde von dem Theologen Thomas Müntzer (1489–1525) scharf kritisiert. Dieser warf Luther vor, ihm gehe es nur um die Seligkeit der Menschen im Jenseits. Müntzer hingegen wollte die Reformation auch auf irdische Belange beziehen; dem Einzelnen sei es aufgetragen, die Welt aktiv im christlichen Sinne zu verändern. Müntzer baute zunehmend auf die unteren sozialen Schichten, bei denen er wegen seiner radikalen Kritik an den bestehenden Verhältnissen erheblichen Zulauf fand. Im Frühjahr 1525 stürzte Müntzer den Rat der Freien Reichsstadt Mühlhausen in Thüringen; wenige Wochen später wurde sein 8000-Mann-Heer bei Frankenhausen fast völlig vernichtet, er selbst hingerichtet.

Folgen des Bauernkrieges

Nach dem Sieg über die Bauern versuchten Teile des Adels, sich diese durch Repressionen gefügig zu halten. Als Strafmaßnahmen wurden Kontributionen auferlegt, die Rechte, um deren Erhaltung die Bauern gekämpft hatten, wurden weiter eingeschränkt, und auch dort, wo zuvor auf friedlichem Wege Einigungen erzielt worden waren, wie z. B. im Rheingau, wurden alle Verträge zugunsten der Bauern für null und nichtig erklärt. Andere Herren gingen, den Empfehlungen des Speyerer Reichstages von 1526 folgend, andere Wege. Um weitere Bauernaufstände zu vermeiden und ihre Herrschaft dauerhaft zu stabilisieren, bemühten sie sich offensichtliche Missstände abzuschaffen.

MATERIAL 9 Aus den Zwölf Artikeln der Bauernschaft in Schwaben von 1525

Der erste Artikel. Zum Ersten ist unser demütig Bitt und Begehr, auch unser aller Wille und Meinung, dass wir nun fürderhin Gewalt und Macht haben wollen, dass die ganze Gemeinde ihren Pfarrer selbst erwählen und kiesen soll; auch Gewalt, denselbigen wieder abzusetzen, wenn er sich ungebührlich verhalten sollte. Der selbige erwählte Pfarrer soll uns das heilige Evangelium lauter und klar predigen, ohne allen menschlichen Zusatz, Lehre und Gebot, nichts als den wahren Glauben uns stets verkündigen. […]

Der andere Artikel. Zum andern, nachdem der rechte Zehnt auferlegt ist im Alten Testament wollen wir den rechten Korn-Zehnt gern geben, doch wie sich's gebührt. […] Wir sind willens, dass künftig diesen Zehnt unsere Kirchen-Pröpste[1] einsammeln sollen, dass sie davon dem Pfarrer seinen gebührenden Unterhalt geben – ihm und den Seinen, nach Erkenntnis der ganzen Gemeinde –, und was übrig bleibt, soll man als Almosen verteilen; was aber weiterhin übrig bleibt, soll man behalten für den Fall, dass man von Landes Not wegen zu Felde ziehen müsste. […]

Der dritte Artikel. Zum Dritten ist der Brauch gewesen, dass man bisher behauptet hat, wir seien Eigenleute, was zum Erbarmen ist, in Anbetracht dessen, dass uns Christus alle mit seinem kostbaren Blutvergießen erlöst und losgekauft hat – den Hirten ebenso wie den Höchsten, keinen ausgenommen. Darum ergibt sich aus der Schrift, dass wir frei sind, und deshalb wollen wir's sein. […]

(In den Artikeln 4–11 werden folgende Forderungen aufgestellt:
4. Fischfang und Jagd sollen auch für die Bauern frei sein. 5. Die Bauern sollen Brenn- und Bauholz kostenfrei schlagen dürfen. 6. Die Dienste sollen nicht gemehrt werden; es soll berücksichtigt werden, „wie unsere Eltern gedient haben". 7. Weitere Dienste sollen nur gegen Bezahlung und nicht zu ungünstiger Zeit geleistet werden. 8. Die Pachtzinsen sollen nach Billigkeit neu festgesetzt werden. 9. Strafen sollen nur auf Grund alter geschriebener Strafsatzung verhängt werden können. 10. Widerrechtlich zugeeignete Wiesen und Äcker sollen wieder zu Allmende gemacht werden. 11. Die Todfall-Abgabe an den Grundherrn soll abgeschafft werden.)

Beschluss. Zum Zwölften ist unser Beschluss und unsere endgültige Meinung: Wenn einer oder mehr Artikel allhier aufgestellt sein sollten, die dem Worte Gottes nicht gemäß: Dieselbigen Artikel wolle man uns auf Grund des Wortes Gottes als ungebührlich erweisen, so wollten wir davon abstehen, wenn man uns den Nachweis mit Begründung aus der Schrift führt. […]

[1] Laien, die mit der Verwaltung des Kirchenvermögens betraut waren.

(Aus: Wolfgang Lautemann [Manfred Schlenke, Hrsg.], Geschichte in Quellen, Renaissance, bsv, München 1966, S. 144–148)

1. Womit begründen die Bauern ihre Forderungen? Können Sie als revolutionär gelten?
2. Die historische Forschung hat zahlreiche Ursachen für die „Erhebung des gemeinen Mannes" benannt. Je nach ihrer Gewichtung unterscheidet sich die Erklärung für den Bauernkrieg:
   - Der Bauernkrieg ist eine politische Revolution, in der sich die bäuerlichen Genossenschaften mit ihren alten Rechten und Freiheiten gegen die frühmoderne Staatlichkeit wehren. Der Kampf um das „alte Recht" legitimiert ihren Aufstand.
   - Der Bauernkrieg ist ein Ergebnis der Reformation. Die Bauern haben Luthers Lehre von der Freiheit eines Christenmenschen politisch ausgelegt.
   - Der Bauernkrieg ist eine unmittelbare Folge der bedrückenden wirtschaftlichen und sozialen Lage auf dem Land.

   Erörtern Sie aufgrund der Zwölf Artikel die Stichhaltigkeit dieser Thesen.

MATERIAL 10 Luther mahnt zum Frieden, 9. 5. 1525

Mit seiner „Vermahnung zum Frieden" antwortet Martin Luther auf die Zwölf Artikel in der Hoffnung, den Ausbruch von Kämpfen verhindern zu können.

An die Fürsten und Herren
Ihr tut in der weltlichen Regierung nicht mehr, als dass ihr schindet und aussaugt, um euern prächtigen und hochmütigen Lebenswandel zu führen, bis es der arme gemeine Mann weder kann noch mag länger ertragen. Das Schwert ist euch auf dem Halse. Dennoch meint ihr, ihr sitzt so fest im Sattel, man werde euch nicht können ausheben. Diese Sicherheit und Verstocktheit wird euch den Hals brechen.

(Die Bauern) haben zwölf Artikel aufgestellt, unter welchen einige so billig und recht sind, dass sie euch vor Gott und der Welt den guten Namen nehmen. […]
Den ersten Artikel könnt ihr mit Wahrung des Anscheins nicht abschlagen. […] Die Obrigkeit soll nicht wehren, was jedermann lehren und glauben will, es sei Evangelium oder Lügen. Es ist genug, dass sie Aufruhr und Unfrieden zu lehren abwehrt.
Die andern Artikel, die leibliche Beschwerung anzeigen wie Leibfall, Auflagen und dergleichen sind auch billig und recht. Denn die Obrigkeit ist nicht dazu eingesetzt, dass sie ihren Nutzen und Mutwillen an den Untertanen suche, sondern Nutzen und das Beste schaffe bei den Untertanen.

An die Bauernschaft
Dass die Obrigkeit böse und ungerecht ist, entschuldigt weder Zusammenrotten noch Aufruhr. Denn die Bosheit zu strafen, das gebührt nicht einem jeglichen, sondern der weltlichen Obrigkeit, die das Schwert führt. […] Könnt ihr nicht bedenken oder ermessen, liebe Freunde, dass, wenn euer Vorhaben recht wäre, dann ein jeglicher gegen den anderen Richter werden und keine Gewalt oder Obrigkeit, Ordnung und Recht bleiben würden in der Welt, sondern lediglich Mord und Blutvergießen? […]
Von hier aus ist nun leicht auf alle eure Artikel zu antworten. Denn wenn sie auch nach natürlichem Recht alle recht und billig wären, so habt ihr doch das christliche Recht vergessen, dass ihr sie nicht mit Geduld und Gebet gegen Gott, wie es christlichen Leuten gebührt, habt erkämpft und durchgedrückt, sondern habt mit eigener Ungeduld und Frechheit euch vorgenommen, sie der Obrigkeit abzudringen und mit Gewalt zu erzwingen, was auch gegen das Landrecht und die natürliche Billigkeit ist.

Auf den andern Artikel
Die Zehnten sollen dem Pfarrer und armen Leuten ausgeteilt werden, das Übrige behalten werden zur Hilfe, wenn das Land in Not ist usw. – Dieser Artikel ist nichts als Raub und öffentliche Strauchdieberei. Denn da wollen sie den Zehnten, der nicht ihnen, sondern der Obrigkeit gehört, an sich reißen und damit machen, was sie wollen. Nicht so, liebe Freunde! Das heißt die Obrigkeit ganz und gar abgesetzt. […] Redet ihr doch in diesem Artikel, als wäret ihr schon Herren im Lande und hättet alle Güter der Obrigkeit an euch genommen und wolltet niemandem untertan sein. […]

Auf den dritten Artikel
Es soll kein Leibeigener sein, weil uns Christus hat alle befreit. – Was ist das? Das heißt christliche Freiheit ganz fleischlich machen. […] Darum ist dieser Artikel gerade gegen das Evangelium und räuberisch, weil damit jeder seinen Leib, der unfrei geworden ist, seinem Herrn wegnimmt. Denn ein Leibeigener kann gut Christ sein und christliche Freiheit haben, wie ein Gefangener oder Kranker Christ ist und dennoch nicht frei ist. Es will dieser Artikel alle Menschen gleichmachen und aus dem geistlichen Reich Christi ein weltliches, äußerliches Reich machen, was unmöglich ist.

(Aus: Martin Luther, Vermahnung zum Frieden auf die Zwölf Artikel der Bauernschaft in Schwaben, 1525, in: Karin Bornkamm, Gerhard Ebeling (Hrsg.), Martin Luther, Ausgewählte Schriften, Bd. 4, Insel, Frankfurt 1983, S. 102–126; Übers. R. Schäfer)

MATERIAL 11 **Thomas Müntzer: Antwort an Luther**

Gleichwohl kommt Vater Leisetritt [= Luther], ach der zahme Geselle, und sagt, ich wolle Aufruhr machen, wie er denn aus meinem Sendbrief an die Berggesellen erlesen [hat]. Eines sagt er und das Allernächstliegende verschweigt er, wie ich klar vor den Fürsten ausbreitete, dass eine ganze Gemeinde Gewalt des Schwerts habe [...] dass die Fürsten keine Herren, sondern Diener des Schwerts seien; sie sollen's nicht machen, sie sollen recht tun. Darum muss auch aus altem gutem Brauch das Volk daneben sein, wenn über jemand Recht gesprochen wird nach dem Gesetz Gottes [...] [Luther] verschweigt [...] den Ursprung aller Dieberei [...] Sieh zu, die Grundsuppe des Wuchers, der Dieberei und Räuberei sind unsere Herrn und Fürsten, nehmen alle Kreaturen zum Eigentum. Die Fische im Wasser, die Vögel in der Luft, das Gewächs auf der Erde muss alles ihres sein [Jes. 5, 8]. Darüber lassen sie dann Gottes Gebot ausgehen unter die Armen und sprechen: Gott hat geboten, du sollst nicht stehlen; es gilt aber nicht für sie.
Die Herren machen das selber, dass ihnen der arme Mann Feind wird. Die Ursache des Aufruhrs wollen sie nicht wegtun, wie kann es [auf] die Länge gut werden? Wenn ich das sage, muss ich aufrührerisch sein, wohlhin! [...] Das Volk wird frei werden, und Gott will allein Herr darüber sein [...]

(Aus: Thomas Müntzer, in: Kritische Gesamtausgabe, Gütersloher Verlagshaus, Gütersloh 1968, S. 328ff.)

MATERIAL 12 **Der Historiker Peter Blickle zur mentalitätsprägenden Wirkung Luthers**

Im Zentrum der Diskussion über die Wirkungen des Luthertums steht meist die so genannte ‚Zwei-Reiche-Lehre'. Kritische Theologen des 20. Jahrhunderts haben vor dem Hintergrund der Erfahrungen des Nationalsozialismus behauptet, die Deutschen litten „an der Erbschaft des größten christlichen Deutschen: an dem Irrtum M. Luthers hinsichtlich des Verhältnisses von Gesetz und Evangelium, von weltlicher und geistlicher Macht" (K. Barth). Weitgehenden Konsens wird man darüber erzielen können, dass Luthers Obrigkeitslehre mentalitätsprägend geworden ist und damit für die Formen der politischen Kultur in Deutschland mitverantwortlich: Seit der Reformation und durch Luther gewinnt der Territorialstaat mit dem Gemeinnutz (Gemeinwohl) eine neue Legitimität, die über die bisherigen Staatszwecke Friedewahrung und Rechtssicherung hinausweist. Insofern Martin Luther die Untertanen den Kindern parallelisiert hatte, wurden sie als Bürger aus dem politischen Leben ausgeschlossen, wohingegen Obrigkeit sich der politischen Kontrolle durch verfassungsmäßige Organe mehr und mehr entziehen konnte; damit definierte der Fürst (und seine Beamten) das Gemeinwohl seiner Untertanen. Die durch das Gemeinwohl legitimierte Verwaltung zielt letztlich auf den modernen Sozialstaat. „Hier liegt der eigentümliche Beitrag Deutschlands zum modernen Staatsgedanken" (H. Maier).

(Aus: Peter Blickle, Reformation, in: Richard van Dülmen, Fischer Lexikon Geschichte, Fischer, Frankfurt 1990, S. 229)

1. Was sagt Luther in Material 10 den Fürsten und Herren, was den Bauern?
2. Erörtern Sie Luthers Verständnis von Freiheit, Frieden, Recht und Obrigkeit.
3. Vergleichen Sie das Schreiben Müntzers (Material 11) mit den Zwölf Artikeln und suchen Sie nach Gemeinsamkeiten und Unterschieden.
4. Entwerfen Sie eine mögliche Antwort Luthers an Müntzer.
5. Worin sieht Peter Blickle die mentalitätsprägende Wirkung Luthers?

4.4 Die Konfessionalisierung: Wahrer Glaube – eine Frage der Macht?

Fürsten-reformation

Nach dem Bauernkrieg ging die „Volksreformation" in die „Fürstenreformation" über. Die Fürsten hatten großes Interesse daran, auf die Religion ihrer Untertanen Einfluss zu nehmen, und auch Luther gelangte jetzt, entgegen seiner ursprünglichen Auffassung, die weltliche Obrigkeit habe sich nicht in Glaubensfragen einzumischen, zur Überzeugung, ein religiös gespaltenes Land sei auf Dauer unregierbar. Luther war bereit, beim Aufbau einer evangelischen Kirche die Hilfe der Landesherren in Anspruch zu nehmen. Bereits zwischen 1526 und 1528 wurde in Kursachsen eine Kirchenreform ausgearbeitet, die Vorbildcharakter erlangen sollte. Es entwickelten sich obrigkeitliche Landeskirchen, an deren Spitze sich die Landesfürsten als „Notbischöfe" stellten. Sie säkularisierten das Kirchengut, sorgten für die Besoldung der Pfarrer und erließen Instruktionen für das Schulwesen. Unter dem landesherrlichen Kirchenregiment lebte auch die mittelalterliche Praxis der Ketzerverfolgung wieder auf. Schon ab 1530 kam es zu Hinrichtungen. Verfolgt wurden insbesondere die Anhänger der Täuferbewegung, nach Luthers Urteil „Schwarmgeister", die die Taufe unmündiger Kinder ablehnten, die Erwachsenentaufe propagierten und die baldige Wiederkehr Christi erwarteten. Sie wurden verfolgt, gleich, ob sie einer friedlichen, Kriegsdienst und öffentliche Ämter ablehnenden Richtung oder der fanatisch-militanten Strömung der Münsteraner Wiedertäufer angehörten, die die Gottlosen ausrotten, das Privateigentum aufheben und die Monogamie abschaffen wollten.

Landesherr-liches Kirchen-regiment

Täufer-bewegung

Für Kaiser Karl V. war die Vorstellung einer Parallelexistenz zweier oder gar mehrerer christlicher Konfessionen in einem Staat undenkbar. Von der im Wormser Edikt ausgesprochenen Verurteilung der lutherischen Lehre und dem Verbot ihrer Verbreitung ist er daher auch nie abgegangen. Allerdings haben ihn außenpolitische Vorgänge (Türkengefahr, Machtkampf mit dem französischen König) zeitweise gezwungen, auf die Reichsstände Rücksicht zu nehmen und die Durchsetzung des Wormser Edikts hinauszuschieben. Auf dem Reichstag zu Speyer 1529 ließ er jedoch die Rücksichtnahme fallen und versuchte, mit Hilfe der katholischen Majorität seine konfessionspolitische Linie durchzusetzen. Gegen den Versuch einer Majorisierung in Glaubensfragen protestierten jedoch die reformatorischen Fürsten und Reichsstädte („Protestanten"). Der Versuch des Kaisers, auf dem Reichstag zu Augsburg zu einer Verständigung zu kommen, scheiterte jedoch. Zwar legte der Theologe Philipp Melanchthon gegen Luthers Bedenken ein ausgleichendes Positionspapier, die Confessio Augustana, vor, doch blieb die katholische Haltung unversöhnlich. Karl V. erklärte daraufhin die Confessio Augustana für widerlegt, erneuerte das Wormser Edikt und befahl die Rückgabe des säkularisierten Kirchengutes. Doch auch dieser Versuch des Kaisers, auf Reichsebene die Glaubensspaltung zu überwinden, scheiterte; selbst sein militärischer Sieg gegen die im „Schmalkaldischen Bund" zusammengeschlossenen Fürsten (1547/48) brachte ihn seinem Ziel nicht näher. Als er sich unvorbereitet einer „Fürstenrebellion" im Bund mit dem französischen König gegenübersah, war das Scheitern seiner Konfessionspolitik offenkundig. 1555 wurde daraufhin der „Augsburger Religionsfriede" geschlossen; er stellte die Lutheraner, nicht aber die Reformierten, den

Protestanten

Confessio Augustana

Schmalkal-dische Bund

Augsburger Religionsfriede

Katholiken gleich; die Religionshoheit ging vom Reich auf die Landesherren über; sie bestimmten die Religion ihrer Untertanen („cuius regio, eius religio"); wer die Konfession seines Landesherren nicht annehmen wollte, konnte auswandern. In den Reichsstädten galten beide Konfessionen als gleichberechtigt.

Landesherren als Reformationsgewinner

Machtpolitisch waren die protestantischen Landesherren die eigentlichen Gewinner der Reformation. Das säkularisierte Kirchengut konnte bis zu einem Drittel des gesamten Grund und Bodens in einem Territorium ausmachen, sie entledigten sich in ihrem Gebiet der kirchlichen Jurisdiktion und nutzten die Reformation als Hebel zur Schwächung der kaiserlichen Macht. Resigniert legte Kaiser Karl V. ein Jahr nach dem Augsburger Religionsfrieden die Krone nieder und zog sich in ein spanisches Kloster zurück.

MATERIAL 13 Der Historiker Thomas Nipperdey über Luther und die moderne Welt

Welche Stellung hat Luther im Gang der Weltgeschichte, in der Entstehung unserer modernen Welt? [...]
In den ersten zweieinhalb Jahrhunderten nach Luther wäre kein Mensch auf die Idee gekommen, die Frage nach Luther und der modernen Welt zu stellen. Luther hatte ja die Wahrheit wieder ans Licht gebracht, oder er war der Verderber der Kirche; man stand zu ihm nicht in einem historischen, sondern in einem dogmatischen Verhältnis. [...] Das änderte sich im 18. Jahrhundert. Die Reformation ist etwas Unvollendetes, so sagen zuerst die Pietisten, sie ist fortzuführen. Aufklärung, idealistische Philosophie und Liberalismus nehmen diese These auf und säkularisieren sie. Luther wird aufgefasst als Kämpfer gegen Tradition, Autorität und Hierarchie, gegen Mönchtum und Priesterherrschaft, als Apostel der intellektuellen Wahrhaftigkeit gegen alles Dogma, als Anwalt der Selbstbestimmung, der Autonomie des Einzelnen, seiner Emanzipation und Mündigkeit. Und Luther hat die Welt, Arbeit, Familie, Staat, Kultur und Gesellschaft von klerikalen Bindungen befreit, auf sich selbst gestellt. Er ist ein Held in der Geschichte der Freiheit. So denken die Liberalen, die Kulturprotestanten, die Modernisten. [...] Und so denken, nun ganz negativ gewendet, die Katholiken. Luther ist im Guten und Bösen der Vater der modernen Welt.

Diese Auffassung ist Ideologie. [...] Luther gehört zum Mittelalter; die moderne Welt der Rationalität, des Individuums, der Demokratie, sie ist im 18. Jahrhundert entstanden, da liegt die große Epochenscheide der Weltgeschichte; und die Sozialgeschichte zeigt, dass sich erst damals (um 1800) das Leben und Denken der Menschen fundamental verändert hat, da fängt die Modernität an. [...]

Luther ist ein Sohn des Mittelalters und manchmal auch sein Repräsentant. Er antwortet auf eine Krise des Spätmittelalters, und seine Antworten sind neu, aber seine Fragen und Kategorien und sein Weltbild wurzeln im Mittelalter. Das sieht man am besten, wenn man ihn mit seinen Zeitgenossen vergleicht. Luther war mittelalterlicher, weniger modern als andere, die auf die Krise der Zeit eine Antwort wussten: Humanisten mit ihrem Programm einer undogmatischen Frömmigkeit und einer vernünftig-humanen Ethik, Mystiker und Spiritualisten mit ihren Ansätzen zu Individualismus und Subjektivismus, bürgerliche Skeptiker, die Anwälte einer autonomen Renaissancekultur oder der Profanität[1] von Staat und Gesellschaft. [...] Diese Modernitätskerne des späten Mittelalters sind Luther fremd. [...] Ja man kann sagen, dass Luther eine um 1500 vorhandene Tendenz zur Modernität geradezu abgeblockt hat. Er hat die religiöse Frage nach Gnade und Heil, die Frage eines mittelalterlichen Mönches eigentlich, in ihrer Urgewalt noch einmal ins Zentrum des Lebens gestellt, gegen alle rationale, humanistische und säkulare Tendenzen; deren Durchbruch hat er für zweieinhalb Jahrhunderte verzögert. [...]

Gewiss, es beginnt ein neues Zeitalter, aber es ist das der Konfessionen, dann des Absolutismus, Dogma und Kirche behalten ihren zentralen Platz, es bleibt die kirchliche Zwangskultur, die das Leben umfängt, das Individuum in neue Traditionen und Autoritäten bindet. Die Menschen leben in der statischen und geschlossenen vormodernen Lebenswelt der Stände, es gibt keine Emanzipation. Und politisch hat die Zerstörung der Glaubenseinheit den Staat, weil er jetzt für die Religion und den Frieden zuständiger wird, souveräner gemacht, die Konfessionen werden neutralisiert, das ist die Basis des Absolutismus.
Gewiss, die Reformation hat die Pluralität und die Gegensätzlichkeit Europas wesentlich verschärft, denn es gibt jetzt konkurrierende Kirchen. Das war die Basis weitertreibender Dynamik, die Basis der Emanzipation der Staaten, der Wissenschaft, der Kultur, der Individuen, die Basis von Freiheiten und Freiheit. Wenn Europa eine Einheitswelt gewesen wäre, wie die orientalischen Kulturen, wäre die moderne Welt nicht in Europa entstanden. Indem die Reformation die Pluralität Europas vermehrt, hat sie die Entstehung der modernen Welt begünstigt.

Aber das ist keine Vaterschaft mehr, das ist sinnvollerweise nicht zuzurechnen, das ist die allgemeine Weltkausalität: dass eine Epoche die folgende mitbedingt.

(Aus: Th. Nipperdey, Nachdenken über die deutsche Geschichte, Beck, München 1986, S. 31–34, [1]Profanität = Weltlichkeit)

1. Charakterisieren Sie den Wandel des Lutherbildes seit dem 16. Jahrhundert.
2. Luther und die Reformation als Wegbereiter der modernen Welt? Erläutern Sie die Antwort des Historikers Thomas Nipperdey auf diese Frage.
3. Aufbruch oder Umbruch Europas um 1500? Setzen Sie sich mit der Antwort Nipperdeys auseinander.

4.5 Die Antwort der römischen Kirche: Gegenreformation oder katholische Erneuerung?

Verlierer in den Auseinandersetzungen um den Glauben war nicht nur Kaiser Karl V. Mit der Spaltung der Christenheit war auch die Idee einer universalen Kirche und eines universalen christlichen Kaisertums, schon vor Luther in Frage gestellt, ohne Zukunft. Zwar erneuerte sich die katholische Kirche unter dem Schock der Erfolge der Reformation auf dem Konzil von Trient (1545–1563), doch führte das so genannte „Tridentinum" entgegen der Hoffnung vieler nicht zur Überwindung der Kirchenspaltung, sondern vertiefte diese noch durch eine klare Abgrenzung der katholischen Lehre von der protestantischen Theologie. Mit ihren Konzilsbeschlüssen bekräftigte die katholische Kirche ihre Glaubenslehre in allen entscheidenden Punkten (Überlieferung und Bibel als gleichberechtigte Glaubensquellen, Heilsbedeutung der guten Werke, Ablass, Priesteramt, Primat des Papstes, Lehre von den Sakramenten, Heiligenverehrung). Einschneidende Reformbeschlüsse sollten die Qualität der theologischen Ausbildung der Priester sichern und der Verweltlichung der Geistlichen entgegenwirken. Latein wurde zur einheitlichen Gottesdienstsprache.

Konzil von Trient

Rekatholisierung und Gegenreformation

Kapuziner, Jesuiten

Ignatius von Loyola

In vielen Ländern Europas wurden päpstliche Nuntiaturen eingerichtet, um die Durchführung der tridentischen Reformen zu überwachen. Gleichzeitig leiteten die Päpste die Rekatholisierung ein; wichtigste Helfer bei dieser Gegenreformation wurden der Kapuziner- und der Jesuitenorden. Die Kapuziner, die aus dem Orden der Franziskaner hervorgegangen sind, versuchten, durch volkstümliche Predigten und durch die Belebung überkommener und beliebter religiöser Bräuche, z.B. durch die Durchführung von Wallfahrten, breite Bevölkerungsgruppen anzusprechen. Die „Societas Jesu" (Gesellschaft Jesu), der in absoluter Treue zum Papst stehende neue Orden des Ignatius von Loyola (1491–1556), gründete Gymnasien und Universitäten, die zu Erziehungsstätten einer katholischen Elite Europas wurden. In ihrer Rolle als Beichtväter und Ratgeber gewannen die Jesuiten einen großen Einfluss auf die katholischen Fürsten. Sie unterstützten diese bei der Rekatholisierung ihrer oft konfessionell gemischten Gebiete, wozu der Augsburger Religionsfriede ihnen die Rechtsgrundlage bot.

Die Rekatholisierung wurde oft gegen den Widerstand einer protestantisch-ständischen Opposition durchgeführt; sie ging mit dem Abbau ständischer Rechte und der machtpolitischen Stärkung der Landesherren einher. So führte die Rekatholisierung zu ähnlichen Ergebnissen wie die Ausbildung des landherrlichen Kirchenregiments bei den Lutheranern. Die Konfessionalisierungspolitik hat den Absolutismus der Landesherren vorbereitet und den Prozess der

Barockes Altargemälde „Das letzte Abendmahl" von Juan de Juanes, 1554. Im Zentrum steht die Verehrung der Hostie (Madrid, Prado).

Territorialisierung im Reich entschieden vorangetrieben. Zwar ermöglichte der Augsburger Religionsfriede eine katholische Kaiserdynastie an der Spitze des Reiches, aber nur um den Preis einer weiteren Schwächung der kaiserlichen Macht und einer Stärkung der landesherrlichen Souveränitätsansprüche. Im jetzt anhebenden Zeitalter der Konfessionen, im 16. und 17. Jahrhundert, wurde das Verhältnis der deutschen Territorialherren untereinander und zum Kaiser nicht nur von politischen Interessen, sondern auch von religiösen Gegensätzen bestimmt. So ist der Dreißigjährige Krieg von 1618–1648 auch Folge konfessioneller Gegensätze im Reich, die freilich bald von machtpolitischen Zielsetzungen überlagert und verdrängt wurden. Auch andere Auseinandersetzungen in Europa wurden damals von konfessionellen Anliegen mitbestimmt, insbesondere die Kriege Philipps II. von Spanien (1556–1598), sein Vorgehen gegen die Erhebung der spanischen Niederlande, sein Krieg gegen England und sein Eingreifen in den französischen Erbfolgekrieg von 1589 (s. S. 97).

Konfessionelles Zeitalter

Die mittelalterliche Universalordnung mit Papst und Kaiser als Ordnungsmächten war von einem vielfältigen Europa der Konfessionen und der frühmodernen Flächenstaaten mit opponierenden Ständen abgelöst worden.

MATERIAL 14 Ignatius von Loyola: Aus den „Geistlichen Übungen"

Der spanische Offizier Ignatius von Loyola studierte nach einer Verwundung Theologie und gründete 1534 den Jesuitenorden (Societas Jesu), dessen Ziel die Ausbreitung und Festigung des katholischen Glaubens ist. Erfolgreich war dieser Orden an der Rekatholisierung reformierter Gebiete beteiligt. 1548 verfasste Ignatius „Geistliche Übungen", die die spirituelle Grundlage des Ordens bilden:

1. Indem wir jedes eigene Urteil beiseite setzen, müssen wir unseren Geist bereit und willig halten, in allem der wahren Braut Christi unseres Herrn zu gehorchen, die da ist unsere heilige Mutter, die hierarchische Kirche.

2. Man empfehle die vor dem Priester abgelegte Beichte und den Empfang des allerheiligsten Sakramentes einmal im Jahre und noch viel mehr empfehle man, dies alle Monate zu tun.

3. Man empfehle die häufige Anhörung der heiligen Messe sowie die Gesänge, die Psalmen und langen Gebete in und außerhalb der Kirche. […]

6. Man schätze wert die Reliquien der Heiligen, indem man ihnen Verehrung erzeigt und an die Heiligen Gebete richtet. Man lobe den Besuch der Stationskirchen, die Wallfahrten, die Ablässe, die Jubiläen, die Kreuzzugsbullen und das Anzünden von Kerzen in den Kirchen.

7. Man lobe die Verordnungen der Kirche in Bezug auf die Fast- und Abstinenztage, […] ebenso die Bußwerke, und zwar nicht nur die inneren, sondern auch die äußeren.

8. Man lobe Kirchenschmuck mit Kirchenbauten; desgleichen die Bilder und die Verehrung derselben mit Rücksicht auf das, was sie darstellen.

9. Man lobe endlich alle Gebote der Kirche und sei stets bereit, Gründe zu deren Verteidigung aufzusuchen, keineswegs aber zu ihrer Bekämpfung.

(Aus: Richard van Dülmen, Kultur und Alltag in der frühen Neuzeit, Bd. 3, Religion, Magie, Aufklärung, 16.–18. Jahrhundert, Beck, München 1994, S. 122–123)

MATERIAL 15 Bericht über die Rekatholisierung eines Tales in Innerösterreich, 1599

Berichte hiermit, dass wir mit den elfhundert Soldaten, die wir bei uns bei hatten, nicht nur die treulosen und meineidigen Eisenerzer (welche sich anfangs zwar nur durch ihr Gesinde zur Wehr gesetzt, als hätten sie keine Schuld daran), sondern auch die rebellischen Ausseer, dann die Gröbninger, Schladminger, [...] ja das ganze Ennstal auf einmal reformiert, alle Prädikanten verjagt, katholische Priester eingesetzt, an allen Orten Bürger wie Bauern auf Ihre Durchlaucht [...] verpflichtet, alle Bücher der Sektierer von Haus zu Haus gesucht und überall unter dem Hochgericht (= Galgen), von denen wir 14 neu haben aufstellen lassen, öffentlich verbrannt haben. Allein zu Schladming wurden sektiererische Bücher für über 3000 Taler gefunden und in den Rauch geschickt. Die Eisenerzer und Ausseer wurden verurteilt, Ihrer Durchlaucht mit Leib, Leben, Habe, Gut und Blut verfallen zu sein; sie [wurden] auch aller ihrer Freiheiten, Wehren und Waffen entledigt und zu Bauern gemacht.

Von allen reformierten Orten sind die vornehmsten Rädelsführer in Ketten nach Graz gebracht worden. In Eisenerz wie auch zu Aussee haben wir zwei gemeine Täter [...] auf ewig des Landes verwiesen. Schließlich haben wir den Eisenerzern 150, den Ausseern 50 Soldaten auf ihre Unkosten als Stadtwache einquartiert [...].

Zur Sicherung dieser Reformation haben wir drei Kirchen der Sektierer [...] nach Wegnahme des Inventars bis auf den Grund verbrannt, niedergerissen und gesprengt: welches alles nun eine heilsame und der katholischen Kirche nützliche Verrichtung und eines ewigen lobwürdigen Gedächtnisses wohl wert ist.

(Aus: J. Loserth [Hrsg.], Akten und Korrespondenzen zur Geschichte der Gegenreformation in Innerösterreich unter Ferdinand II., Bd. 1, Wien 1906, S. 600f.)

1. Seelsorge, Anpassung, Dressur oder Erziehung? Erörtern Sie den Charakter der von Ignatius von Loyola empfohlenen Maßnahmen (Material 14).
2. Beschreiben Sie die in Material 15 dargestellten Maßnahmen.
3. Beschreiben Sie die Konfessionalisierung in Südwestdeutschland anhand der Karte S. 93.
4. Gegenreformation oder katholische Erneuerung? Erörtern Sie die Berechtigung der beiden Begriffe anhand der Materialien 14 und 15.

Jesuitenkolleg Konstanz, Abbildung aus dem 17. Jh. In Konstanz entstand 1604 das erste Kolleg der Jesuiten im Südwesten Deutschlands. Die folgenden Gründungen waren Freiburg (1620) und Heidelberg (1622).

MATERIAL 16 **Reformation und Gegenreformation im Gebiet des heutigen Baden-Württemberg**

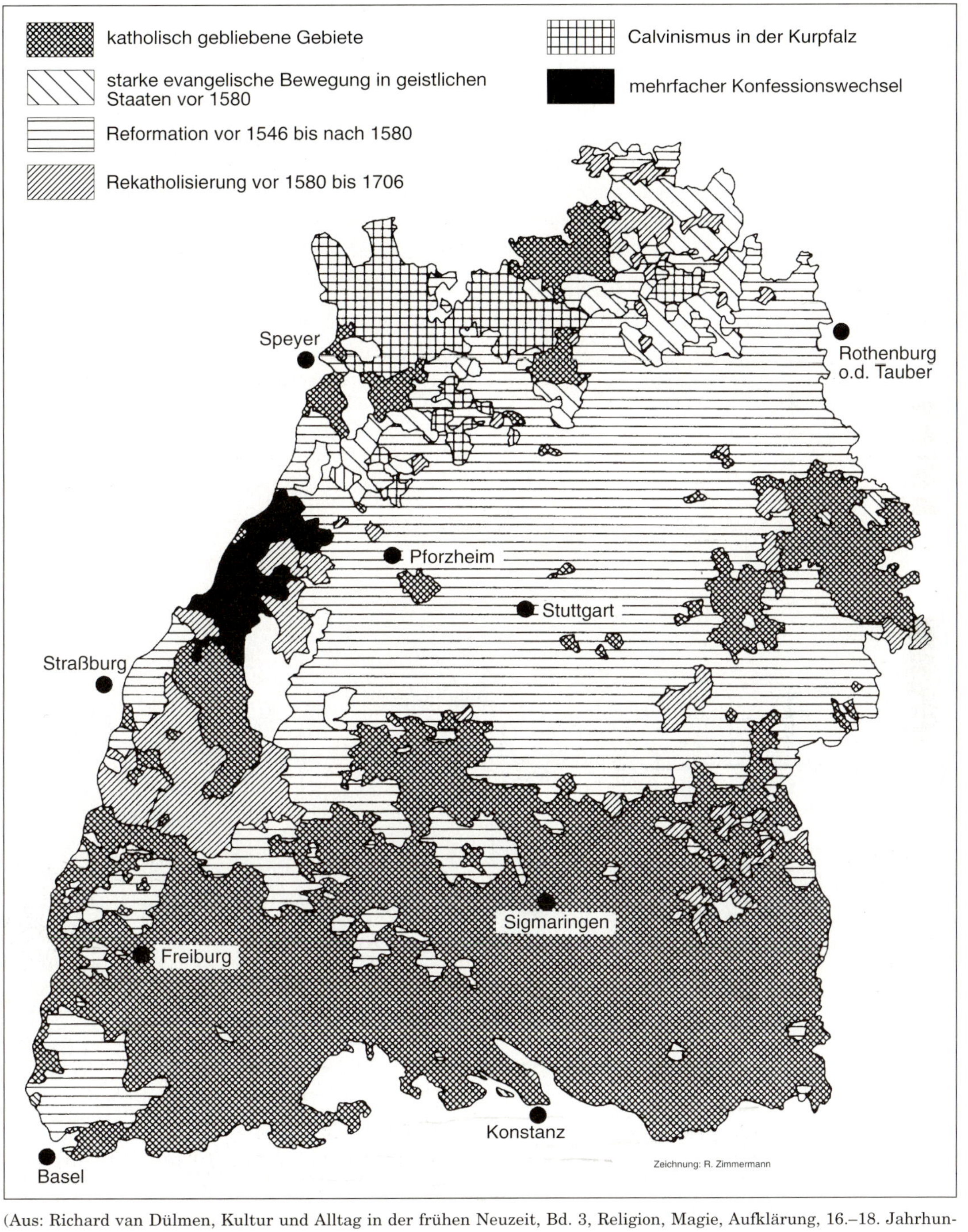

(Aus: Richard van Dülmen, Kultur und Alltag in der frühen Neuzeit, Bd. 3, Religion, Magie, Aufklärung, 16.–18. Jahrhundert, Beck, München 1994, S. 117)

Absolutismus, Aufklärung und Französische Revolution

Jacques Louis David, Der Ballhausschwur vom 20. Juni 1789: Eine feierliche Absage an Absolutismus und Ständegesellschaft; Zeichnung 1790

Der berühmte klassizistische Maler Jacques David (1748–1825) wurde im Jahre 1790 von der französischen verfassunggebenden Nationalversammlung beauftragt, den Schwur der etwa 600 gewählten Vertreter des dritten Standes in einem kolossalen Gedenkbild festzuhalten; es sollte den Saal der Nationalversammlung schmücken. Die Abbildung ist einer der Vorentwürfe des Künstlers.

Jacques David gestaltete den Höhepunkt der Massenszene im Ballspielhaus der barocken Schlossanlage von Versailles: Der Astronom Bailly, Präsident der Versammlung, steht erhöht auf einem Tisch und spricht den Abgeordneten den Eid vor, in welchem sie sich verpflichten, sich niemals zu trennen, bis die Verfassung des Königreichs Frankreich geschaffen und auf festen Grundlagen errichtet worden sei. Der Eid galt jetzt nicht mehr wie im Zeitalter des Feudalismus Personen, sondern dem entstehenden nationalen Gemeinwesen; er besiegelte einen Gesellschaftsvertrag freier und gleichberechtigter Bürger.

Die Skizze zu dem Gemälde wurde in Tausenden von Exemplaren verbreitet, sie propagierte wirkungsvoll ein Schlüsselereignis der modernen politischen Geschichte Frankreichs und Europas und schuf den revolutionären Mythos der einen, unteilbaren Nation. Von links oben erfüllen Lichtstrahlen und Windstöße den Versammlungsraum, als ob ein politisches Pfingstwunder geschehe. Die Abgeordneten heben enthusiastisch die Hände zum Schwur und vollziehen so eine nationale Verbrüderung. Im Vordergrund umarmen sich ein Kartäusermönch, ein protestantischer Pastor und ein weltlicher Abbé. Die Deputierten treten aus den Schranken ihres Standes und Berufs, ihrer Konfession, ihrer sozialen und regionalen Herkunft und aus den Regeln des absolutistischen Hofzeremoniells von Versailles. Vor Begeisterung bekennen sie sich zu einem Bund freier und gleicher Brüder. Sie treten jetzt gemeinsam für sich selbst ein, handeln politisch eigenständig, in Vertretung der Nation, frei von König, Kabinett und Kirche.

Der „Revolutionsmaler" David hat in einem idealisierenden Bild das Ende der feudal-absolutistischen und die Geburt einer bürgerlich-nationalen Staats- und Gesellschaftsordnung dargestellt. Das Gemälde konnte und wollte er nicht mehr ausführen, denn die Revolution schritt über diesen glücklichen Tag der Verbrüderung hinweg. Viele der versammelten Deputierten fielen der Guillotine, der „Sichel der Gleichheit und des Terrors", zum Opfer, allen voran ihr Vorsitzender Bailly. Der Maler David hatte sich selbst ganz in den Dienst der Revolution gestellt; er war ein radikaler Jakobiner, inszenierte große revolutionäre Massenfeste und wurde ein führendes Mitglied des diktatorischen Sicherheitsausschusses – etwa 10 Jahre später war er gefeierter Hofmaler des Kaisers Napoleon.

Jacques David hat mit dem Bild ein revolutionäres Schlüsselereignis symbolisch verklärt und gedeutet. Die Bildbetrachter nehmen am Anbruch einer neuen politischen Kultur teil:

Die alte sakrale Herrschaft der Könige wird entzaubert und eingeschränkt, neben die Fürstensouveränität tritt jetzt die Volkssouveränität, aus Untertanen sollen freie Staatsbürger und Verfassungspatrioten werden, ein „einzig Volk von Brüdern", so wie um 1800 Schiller in seinem Schauspiel „Wilhelm Tell" die Schweizer auf dem Rütli schwören ließ.

Indem wir das Bild betrachten, stellt sich uns die Frage: Woraus ist dieses neue „Bild" der Politik entstanden?
Aus welcher vorrevolutionären Gesellschaftsordnung ist die idealisierte nationale Bürgergesellschaft hervorgegangen?

1. Die Krise von Staat und Gesellschaft im Ancien Régime

1.1 Der frühmoderne Staat: eine Antwort auf die Konfessionskriege

MATERIAL 1 **C. F. Meyer: Predigt eines Franziskaners in Paris kurz vor der Bartholomäusnacht 1572**

C. F. Meyer verfasste um 1873 die historische Novelle „Das Amulett". Am Beginn der Novelle beschimpft ein junger Calvinist in einem der damals üblichen Religionsgesprächen seinen katholischen Freund als „Papisten" und beleidigt seinen Glauben mit Einwänden wie „blinder Autoritätsglaube", „Aberglaube" und „alberner Mariendienst". In Paris erlebt der junge Mann kurz darauf seinerseits die Predigt eines Franziskaners:

„Christen", rief der Franziskanerpater, „was ist die Duldung, welche man von uns verlangt? Ist sie christliche Liebe? Nein, sage ich, dreimal nein! Sie ist eine fluchwürdige Gleichgültigkeit gegen das Los unserer Brüder! Was würdet ihr von einem Menschen sagen, der einen anderen am Rande des Abgrunds schlummern sähe und ihn nicht weckte und zurückzöge? Und doch handelt es sich in diesem Falle nur um Leben und Sterben des Leibes. Um wie viel weniger dürfen wir, wo ewiges Heil oder Verderben auf dem Spiele steht, ohne Grausamkeit unseren Nächsten seinem Schicksal überlassen!
Wie? Es wäre möglich, mit den Ketzern zu wandeln und zu handeln, ohne den Gedanken auftauchen zu lassen, dass ihre Seelen in tödlicher Gefahr schweben?
Gerade unsere Liebe zu ihnen gebietet uns, sie zum Heil zu überreden und, sind sie störrisch, zum Heil zu zwingen, und sind sie unverbesserlich, sie auszurotten, damit sie nicht durch ihr schlechtes Beispiel ihre Kinder, ihre Nachbarn, ihre Mitbürger in die ewigen Flammen mitreißen!
Denn ein christliches Volk ist ein Leib, von dem geschrieben steht: Wenn dich dein Auge ärgert, so reiße es aus! Wenn dich deine rechte Hand ärgert, so haue sie ab und wirf sie von dir, denn siehe, es ist dir besser, dass eines deiner Glieder verderbe, als dass dein ganzer Leib in das nie verlöschende Feuer geworfen werde!"

(Aus: Conrad Ferdinand Meyer, Sämtliche Werke, Droemer, München 1953, S. 206f.)

1. Die erfundene Predigt ist zeittypisch. Erläutern Sie Gedankengang, Rhetorik, Ziele und Absicht des Predigers im Werk C. F. Meyers.

Frankreich als europäische Vormacht

Im 17. und 18. Jahrhundert wurde Frankreich zur Vormacht und zum politischen, gesellschaftlichen und kulturellen Vorbild in Europa. Diesem Machtaufstieg ging ein über dreißigjähriger innerfranzösischer Bürgerkrieg in der zweiten Hälfte des 16. Jahrhunderts voraus, in den sich wie während des Dreißigjährigen Krieges in Deutschland benachbarte Staaten einmischten. Die katholische Religionspartei, die Liga, wurde unterstützt von Spaniens Philipp II. und der Kurie in Rom; die calvinistische oder hugenottische Religionspartei, unter der politischen und militärischen Führung des Admirals Coligny, umfasste etwa ein Zehntel der französischen Bevölkerung, viele Adlige, reiche Bürger; sie wurde von den Niederlanden, England, von deutschen und schweizerischen Glaubensbrüdern unterstützt. Dieses Zusammenspiel der Stände und des Auslandes empfand das französische Königshaus als bedrohlich: In der konfessionellen Auseinandersetzung spiegelte sich der Kampf um die Macht im französischen Staat, es war auch ein Kampf um die Staatsbildung.

Die Bartholomäusnacht

Eine der schlimmsten Episoden dieses französischen Glaubenskrieges stellt die so genannte Bartholomäusnacht vom 23. auf den 24. August 1572 dar. Während der Hochzeit des hugenottischen Königs von Navarra Heinrich mit der Schwester des französischen Königs veranstaltete die katholische Partei mit Wissen der Königinmutter Katharina von Medici ein Blutbad. 3000 bis 4000 geladene hugenottische Hochzeitsgäste wurden grausam ermordet, ihre Leichen geschändet und in die Seine geworfen. In den Provinzen fielen weitere 12000 bis 20000 Hugenotten dem Religionsfanatismus und der staatlich gelenkten Verfolgung zum Opfer. Dem Papst in Rom sandte man einbalsamiert den Kopf des „Ketzers" Coligny zu, er ließ die Schreckensszene durch Denkmünzen und ein Gemälde verherrlichen und ihre „glücklichen Folgen für die katholische Kirche" durch Freudenfeuer, Glockenläuten, Dankgottesdienste und Prozessionen feiern.
1589 wurde der französische König Heinrich III. von einem fanatisierten Dominikaner ermordet. Der Glaubenskrieg bedrohte nun die Existenz des Königsstaates insgesamt, da er sich mit einem Kampf um die Thronfolge verband. Schließlich konnte der Hugenotte Heinrich von Navarra seine ererbten Ansprüche durchsetzen, er bestieg als Heinrich IV. den Thron und begründete die Dynastie der Bourbonen.

König Heinrich IV. als Ordnungsgarant

Jetzt oder nie musste die Stunde des Monarchen und der Monarchie schlagen: Bürgerkrieg und Anarchie forderten zu einer Neubesinnung auf die Ordnungsmacht, auf die Schutz- und Friedensaufgabe des Staates heraus. Aus machtpolitischen Überlegungen und auf Rat seines leitenden Ministers trat der hugenottische König 1593 in einem feierlichen Staatsakt an den Königsgräbern von St. Denis bei Paris zum Katholizismus über; daraufhin öffnete ihm die Stadt Paris ihre Tore, er konnte sich als König von ganz Frankreich durchsetzen und sich in Chartres salben lassen. Die Entscheidung zum Glaubensübertritt fiel ihm nicht leicht, wie das ihm nachgesagte spöttische Wort „Paris ist eine Messe wert" andeutet. Zahlreiche Glaubensgenossen legten ihm die Konversion als Verrat aus, viele Katholiken dagegen werteten sie als Heuchelei. Heinrich IV. unterstellte seine Gewissens- und Glaubensfreiheit den Erfordernissen des Gemeinwohls und dem Staatsinteresse. Zeitgenössische Staatsdenker nannten dies „Handeln aus Staatsraison".

Edikt von Nantes 1598: staatlich verordnete Toleranz

Das Bemühen des Königs, Frieden zwischen den verfeindeten Konfessionen zu stiften, führte 1598 zum Edikt von Nantes. Es garantierte die Rechte und Pflichten der beiden Religionsparteien. Nur ein starkes Königtum konnte das Edikt aushandeln und durchsetzen. Die katholische Kirche blieb offizielle Hof- und Staatskirche; die Hugenotten wurden zu einer staatlich geduldeten Minderheitskirche. Gewissensfreiheit und gesetzlich begrenzte Freiheit der Religionsausübung an bestimmten Orten sowie bürgerliche Gleichberechtigung wurden den Hugenotten zugestanden. Sie erhielten ca. 200 bewaffnete Sicherheitsplätze für die nächsten Jahre mit eigenen Garnisonen, die der König teilweise

Die Ermordung der Hugenotten in der Nacht vom 23. auf den 24. August 1572 (Bartholomäusnacht). Gemälde von Ambroise Dubois, 1595

selbst besoldete. Der Königsstaat räumte ihnen so vorübergehend ein Recht zum bewaffneten Widerstand ein und schränkte sein Hoheitsrecht, seine Souveränität ein. Unvereinbar mit mittelalterlichem Herrschaftsverständis war es, dass sich ein Monarch, zum Schutzherrn der Kirche geweiht, von der Bindung an den einen wahren Glauben befreite und Anhänger der „angeblich reformierten Kirche“ – aus katholischer Sicht Ketzer – als ebenso gute Franzosen und Untertanen betrachtete wie die Katholiken.
Das qualitativ Neuartige am Edikt von Nantes kann ein Vergleich mit dem Religionsfrieden von Augsburg 1555 bewusst machen. Dieser kam als ein Vertrag zwischen Kaiser, Reichsfürsten und Reichsständen beider Religionsparteien zustande, die gemeinsam den Frieden garantierten. In Frankreich musste der Religionsfriede zwar noch von Gerichtshöfen, so genannten Parlamenten, ratifiziert werden, aber herbeigeführt und garantiert wurde er durch den König.

Bodins Souveränitätslehre

Aufgaben, Handlungsvollmacht und Amtsverständnis des Königs mussten infolge der Glaubenskriege neu überdacht und begründet werden. Mit diesen Grundfragen setzte sich besonders der französische Jurist und Rechtslehrer Jean Bodin (1529–1596) auseinander. Er forderte für den Staat eine absolute, unteilbare Souveränität (in der Sprache des römischen Rechts: suprema potestas in cives ac subditos legibusque soluta = die oberste und von Gesetzen gelöste Macht über Bürger und Untertanen). Sie sollte ausschließlich dem Monarchen zustehen, der damit rein theoretisch auf den Konsens und die Mitbestimmung der Stände und der Kirche nicht mehr angewiesen war. Souveränität des Herrschers bedeutete jedoch nicht Schrankenlosigkeit oder Willkür. Der König blieb eingebunden in göttliches Recht und Naturrecht, in die so genannten Fundamentalgesetze des Königtums (z. B. Erbfolge, Eide, Salbung, Eigentumsrecht). Diese neue vernunftrechtliche, überkonfessionelle Staatsauffassung überwand das mittelalterliche ständisch-feudale Herrschaftsverständnis. Die Generalstände als Vertretung von Klerus, Adel und Stadtbürgertum wurden vom König nicht mehr einberufen. Sie tagten erst wieder 1614, vier Jahre nach seiner Ermordung – und dann erst wieder am Beginn der Französischen Revolution 1789. In der ersten Hälfte des 17. Jahrhunderts setzten zwei Kardinäle, Richelieu und Mazarin, als leitende Minister gegen heftigen Widerstand von Seiten der Hugenotten und des Adels den Machtanspruch der Krone nach innen und außen durch.

MATERIAL 2 Aus der Einleitung des Ediktes von Nantes

Heinrich, durch die Gnade Gottes König von Frankreich und Navarra:

[…] Wir wollen, dass Gott von allen unseren Untertanen bewundert und angebetet werden kann; und wenn es ihm gefällt, dass es nicht mehr in einer und derselben Form und Religion sein soll, so soll es doch aus ein und derselben Absicht heraus und mit solchen Regeln geschehen, dass es deswegen keine Kämpfe und Tumulte mehr zwischen den katholischen Provinzen und Städten sowie den Untertanen der angeblich reformierten Religion gibt und dass wir und dieses Königreich für immer den glorreichen Titel „Allerchristlich" verdienen und bewahren können. Wir haben es für nötig erachtet, für alles und allen unseren Untertanen ein allgemeines Gesetz zu geben, klar, deutlich und absolut, durch welches sie in allen ihren Unterschieden geordnet sind. Wir verbieten allen unseren Untertanen jeglichen Standes, die Erinnerung an die Glaubenskriege zu erneuern, sich anzugreifen, sich zu verfeinden, sich zu beschuldigen und herauszufordern. Sie sollen sich vielmehr zufrieden geben und friedlich miteinander leben wie Brüder, Freunde und Mitbürger: Für Zuwiderhandlung sollen sie als Friedensbrecher und als Stifter öffentlichen Aufruhrs bestraft werden. Wir ordnen an, dass die Erinnerung an alle Geschehnisse ausgelöscht und kraftlos bleibe, als seien diese nicht geschehen. Es soll niemandem gestattet sein, dessen Erwähnung zu tun oder deswegen zu prozessieren. […]

(Aus: Ernst Walder (Hrsg.), Quellen zur neueren Geschichte 8, Lang, Bern 1946, S. 13–17; Übers. B. Müller)

MATERIAL 3 Heinrich IV. vor dem opponierenden Parlament in Paris (1598)

Er „bittet" das Parlament das Edikt von Nantes zu registrieren. Parlamente sind in Frankreich, anders als in England, Gerichtshöfe, die Gesetze durch Registrieren rechtsgültig machen, aber keine eigenen Gesetze beschließen können.

Ich bitte Sie das Edikt zu registrieren. Ich bin jetzt König und spreche als König und will, dass man mir gehorcht. Zwar ist die Justiz mein rechter Arm, aber wenn sich hier der Brand einfrisst, muss ihn mein linker abschneiden. Wenn meine Regimenter mir nicht dienen, löse ich sie auf. […] Machen Sie allein (das), was ich Ihnen befehle, oder vielmehr worum ich Sie bitte. Sie tun es nicht für mich, sondern für sich selbst und die Wohltat des Friedens.

(Aus: Michael Fuhs, Herrschaftsformen der frühen Neuzeit, Ploetz, Freiburg 1978, S. 60f.)

1. Erläutern Sie, mit welchen Argumenten Heinrich IV. in Material 2 seine Toleranzpolitik begründet?
2. Welche historischen Schlüsselbegriffe stehen hinter den Argumenten Heinrich IV.?
3. Erörtern Sie das Amtsverständnis des Königs in Material 3 und suchen Sie nach Entsprechungen im Edikt von Nantes (Material 2).
4. Zeigen Sie, warum ein deutscher Kaiser im Reichstag mit den Reichsständen so nicht sprechen dürfte.

MATERIAL 4 **Jean Bodin über die Souveränität, 1576**

Jean Bodin (1530–1597), Advokat am Parlament von Paris, Rechtslehrer, politischer Berater, Humanist, trat für Bekenntnisfreiheit und Toleranz ein. Zweimal wurden seine Bücher verbrannt. Als Zeitgenosse der Konfessions- und Ständekämpfe fragte er, wie ein Gemeinwesen dauerhaft bestehen kann.

Souveränität ist die absolute und dauernde Macht eines Staates und bedeutet so viel wie höchste Befehlsgewalt. So ist eine Souveränität, die einem Fürsten unter Auflagen und Bedingungen übertragen wird, keine Souveränität im eigentlichen Sinne und keine absolute Gewalt, es sei denn die bei der Thronerhebung auferlegten Bedingungen entstammten dem göttlichen oder natürlichen Gesetz.

[…] Am Schluss der Gesetze und Ordonnanzen lesen wir die Worte: Car tel est notre plaisir (denn solches ist unser Wille), um anzuzeigen, dass die Gesetze des souveränen Herrschers, obwohl auf guten und richtigen Erwägungen beruhend, dennoch nur von seinem erklärten und freien Willen abhängen.

Nur den göttlichen und natürlichen Gesetzen sind alle Herrscher der Welt unterworfen und es liegt nicht in ihrem Ermessen, dagegen zu verstoßen, wenn sie nicht des Verbrechens der Beleidigung der göttlichen Majestät schuldig werden und sich gegen Gott auflehnen wollen. Der Fürst ist weder seinen Gesetzen noch denen seiner Vorgänger unterworfen, wohl aber den von ihm eingegangenen rechtmäßigen und billigen Abmachungen, an deren Innehaltung die Untertanen interessiert sind. […]

Man darf also Gesetz und Vertrag nicht verwechseln, denn das Gesetz hängt von dem Inhaber der Souveränität ab, der alle seine Untertanen nicht aber sich selber verpflichten kann. Der Vertrag aber ist eine zweiseitige Bindung von Herrscher und Untertanen, die beide Parteien wechselseitig verpflichtet. […]

Darin zeigt sich gerade die Größe und Majestät eines wirklich souveränen Herrschers, dass die Stände des ganzen Volkes (als Vertreter), wenn sie versammelt sind und in aller Untertänigkeit dem Herrscher ihre Anträge und Bitten vortragen, keinerlei Befugnis zum Anordnen und Beschließen, ja nicht einmal eine beratende Stimme haben, sondern was der König nach seinem Gutdünken annimmt oder verwirft, befiehlt oder verbietet, gilt als Gesetz, Edikt, Befehl.

(Aus: Geschichte in Quellen. Renaissance, Glaubenskämpfe, Absolutismus, Übers. F. Dickmann, bsv, München 1982, 3. Auflage, 257–260)

1. Den Begriff „Souveränität" definieren heißt ihn einzugrenzen und abzugrenzen. – Was umfasst Bodins Begriff und wogegen grenzt er sich ab?
2. Erklären Sie, inwieweit das Edikt von Nantes und die Rede des Königs vor dem Parlament der Souveränitätslehre Bodins entsprechen.

1.2 Ludwig XIV. – ein Selbstherrscher zwischen höfischer Gesellschaft, reichem Bürgertum und Staatsinteresse

Regierungsantritt Ludwig XIV.

Im Jahre 1661 starb der leitende Minister Mazarin. Er hatte für Ludwig XIV., der 1643 als Fünfjähriger König geworden war, die Regierungsgeschäfte geführt. 1653 hatte er den mehrjährigen Aufstand der Pariser Volksmassen und des Adels, die so genannte Fronde, niedergeworfen und 1648 im Westfälischen Frieden mit dem Reich sowie 1658 im Pyrenäenfrieden mit Spanien die europäische Vormachtstellung Frankreichs befestigt. Der 23-jährige König, dem die Flucht der Königsfamilie aus Paris während des Frondeaufstands unvergesslich blieb, versuchte vom Tod Mazarins an, die Herrschaft über „seinen“ Staat in der eigenen Hand zu konzentrieren und alle Zwischengewalten des Adels und der Kirche zu entmachten.

Herrschaftsstrategie

Er wollte nicht nur herrschen, sondern selbst regieren, sich nicht regieren lassen. Die Machtfülle des leitenden Ministers Mazarin verteilte er auf mehrere Minister. Seine Herrschaftsstrategie und -psychologie waren wohl überlegt. Er spielte und inszenierte seine Herrscherrolle und machte sich durch öffentliche Auftritte und Repräsentation in der höfischen Gesellschaft allgegenwärtig. Er identifizierte sich mit dem Staat und soll erklärt haben: L' Etat c'est moi – der Staat bin ich.

Herrschaftswille Herrschaftsmittel

Das Hofzeremoniell, die Etikette, diente ihm als wichtiges Herrschaftsmittel: Das Zeremoniell sollte die traditionelle Würde und den Glauben an die Heilkraft des „allerchristlichsten“ Königs von Frankreich beglaubigen. Er verlegte seine Residenz aus dem Stadtschloss Louvre in Paris in die offene, formbare Landschaft von Versailles, etwa 10 km außerhalb, und ließ dort ein grandioses barockes Schloss bauen, Symbol seines Herrschaftsabsolutismus. Der Bau des Schlosses in einem Sumpfgebiet sollte demonstrieren, dass der Herrscherwille selbst über wilde Natur triumphieren konnte. Die Gesamtanlage kostete 440 000 kg Feingold, ihr Bau dauerte über 20 Jahre und beschäftigte über 35 000 Menschen.

Höfischer Absolutismus

Die Residenz des Monarchen verwandelte sich in eine Regierungszentrale und zugleich in einen vergoldeten Käfig des entmachteten Hochadels: Ludwig XIV. ließ die Adligen an seinen Hof rufen. Er zahlte ihnen sogar Pensionen und Aufwandsentschädigungen, quartierte sie in den Tausenden von Zimmern ein, um sie dauernd zu Diensten zu haben, sie beobachten und überwachen zu können. In dieser Existenzform wurden sie politisch gezähmt, funktionslos und Schachfiguren im täglichen Spiel des Hofzeremoniells und der Feste. Sie blieben aber auf die genau dosierten Gunstbezeugungen des Monarchen angewiesen, kein Adliger durfte sich unentschuldigt vom Hof entfernen.

Person und Institution

Mochte Ludwig XIV. auch behaupten, er sei der Staat, und diesen Anspruch in Hofhaltung, Repräsentation oder gar im Symbol des Sonnenkönigs ausdrücken, so wurde der Staat dennoch nie sein Eigentum: Die Institution Staat blieb der Person des Monarchen übergeordnet. Auf dem Sterbebette soll der Monarch gesagt haben: „Ich werde vergehen, aber der Staat bleibt bestehen; denn das Staatsschiff Frankreichs, mächtig in Fahrt gekommen, fährt weiter, auch wenn sein Steuermann fällt.“ Das Parlament von Paris, der von Adligen

Grenzen des Absolutismus: Adel

besetzte ständige Gerichtshof, dessen Aufgabe es war, königliche Erlasse durch Registrierung (d.h. Billigung) Rechtskraft zu verleihen, kassierte nach dem Tode des Königs 1715 sogar dessen Testament, in welchem er zwei illegitime Söhne als erbberechtigt anerkannte. Das Parlament verstand sich als Sachwalter und Hüter der Staatsverfassung und erklärte: „Die souveräne Gewalt des Königs steht nicht über der Natur (Naturrecht) und über den Fundamentalgesetzen des Staates." So wurden im 18. Jahrhundert die insgesamt 14 in verschiedenen Städten Frankreichs bestehenden Parlamente verstärkt zu Zentren der Adelsopposition gegen die absolutistische Monarchie.

Bürgertum

Das reiche städtische Bürgertum – Kaufleute, Unternehmer, Verleger, Finanziers – brachte in Konkurrenz mit dem Adel zur Zeit Ludwigs XIV. sein ökonomisches Gewicht auf die Waage der Staatsmacht. Der König spielte virtuos seine Rolle als Wiegemeister und Schiedsrichter im Namen einer höheren Gerechtigkeit, des Gemeinwohls und der Staatsraison. Dem alten Adel misstrauend stützte er seine Selbstregierung auf tüchtige, sachkundige, gebildete Bürger; sie wurden seine Vertrauten und gehorsamen Ratgeber, Beamten, Minister und waren am Erhalt der absoluten Monarchie interessiert. Die reichen Bürger wollten und erhielten Einlass in den Stand des Adels, der Adelsbrief war ihr Eintrittsbillett. Sie traten als noblesse de robe (Amtsadel) neben die noblesse d'epée, den alten Schwert- oder Geblütsadel, und imitierten den feudalen Lebensstil.

Colbert als leitender Minister

Jean Baptiste Colbert, Sohn eines Tuchhändlers und Verwalter des riesigen Privatvermögens des Kardinals Mazarin, wurde der bedeutendste Mitarbeiter Ludwigs XIV. Er war Generalkontrolleur der Finanzen, ein Arbeitsfanatiker, Pflicht- und Leistungsmensch, ein im Staatsdienst restlos aufgehender Beamter, der notfalls auch gewaltsam alle Lebensbereiche dem Staatswohl unterordnen wollte; er stellte dem Absolutismus der Herrschaft die „Diktatur der Arbeit" gegenüber. Kriegführung, Innen- und Außenpolitik, Wirtschaft und königlicher Haushalt wurden als Ressorts (Geschäftsbereiche) von Staatssekretären wahrgenommen; in den Provinzen sorgten Intendanten, allzuständige „Generalisten" und Zentralisten für die Durchsetzung der königlichen Anordnungen. Diese obersten bürgerlichen Staatsdiener bildeten einen Kreis von etwa 60 miteinander verwandten und verschwägerten Familien, sie vor allem hielten die Staatsmaschine in Gang.

Aber stets behielt sich der Monarch, der über alle wichtigsten Staatsgeschäfte unterrichtet sein wollte, die souveräne Letztentscheidung vor. Letztlich blieb der König den traditionellen Werten des Adels, Ehre, Ruhm, Glanz, verhaftet: Er verachtete das bürgerliche Nützlichkeitsdenken als krämerhaft und überhörte Colbert, den unbequemen Warner vor überspannter Macht- und Kriegspolitik und verschwenderischer Hofhaltung.

Der überforderte Staat

Die unverantwortliche Selbstherrschaft ruinierte den Staat finanziell, zehrte die Kräfte des Volkes auf und stürzte so den höfischen Absolutismus in eine Krise, die die öffentliche Kritik geradezu herausforderte. Der König hatte „seinen" Staat überfordert. Trotzdem ging der Prozess der frühmodernen Staatsbildung seinen Weg weiter: Die Staatstätigkeiten nahmen in Kriegführung, Diplomatie, Wirtschaft, Kultur und Bildung zu, der Staat kümmerte sich um immer mehr. Der absolutistische Staat überforderte allmählich den absolutistischen König.

MATERIAL 5 Herrscherkult durch Herrscherbildnis

Hyacinthe Rigaud, Ludwig XIV., König von Frankreich, 1702. Öl auf Leinwand, 277 x 194 cm. Paris, Louvre.
Hyacinthe Rigaud war Hofmaler in Versailles. Im Bild verherrlichte er auftragsgemäß in barocker Manier den Sonnenkönig. Er stellte ihn theatralisch auf Stöckelschuhe, der schwere Hermelinmantel mit den Lilien der Bourbonen gibt in einem raffinierten Faltenwurf das elegante Spiel- und Standbein und das Schwert dem Blick frei. Die Figur, leicht in sich gedreht, wendet jupiterhaft ihr Gesicht, von einer mächtigen Allongeperücke eingefasst, dem Betrachter zugleich zu und wieder von ihm ab. Die rechte Hand stützt sich spielerisch auf das Szepter, die Königskrone ruht wie ein Schmuckstück auf einem Samtkissen.

MATERIAL 6 Herrscherkult durch Herrschaftsarchitektur

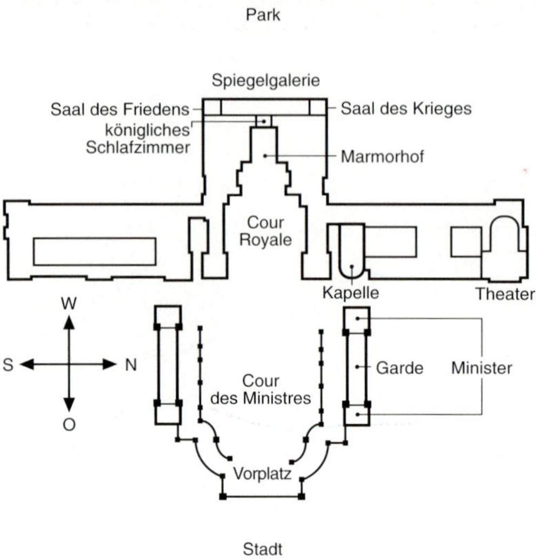

St. Simon, ein Kritiker Ludwigs XIV., nannte den ehrgeizigen Plan des Schlossbaus wahnsinnig, der König verfüge tyrannisch über die Natur und unterwerfe selbst sie der Macht der Kunst und des Geldes. Das sumpfige Gelände in Versailles wurde trockengelegt; ganze Wälder wurden z. B. aus der Normandie verpflanzt, Dörfer abgerissen, um Platz zu machen für lange Kanäle, auf denen bei Hoffesten Flotten von Vergnügungsschiffen dahinfuhren. Nicht private Bauwut leitete den König, sondern Herrschaftsstrategie und -psychologie. Der Schlossbau richtete sich gegen den inneren Feind, den Adel; die Gartenseite ist die eigentlich wichtige Fassade, eine gleichsam in Architektur umgesetzte innenpolitische Entscheidung. Die Front ist 680 m lang, rundbogige Arkaden bilden den Sockel mit dem Hauptgeschoss darüber. Die Hofseite war zur Stadt hin, den Bürgern zugewandt. Sie war kleinformatiger, denn sie brauchte nicht durch Imponiergehabe die Stadtbürger in Schranken zu verweisen. In der Zentralachse von Garten- und Stadtfassade lag das Schlafzimmer des Königs. Sein Aufstehen und Schlafengehen waren zeremonielle Haupt- und Staatsaktionen. Wer die Kerzen halten, das Hemd oder den Hut reichen durfte, konnte aus dieser Verrichtung den „Kursstand“ seiner Gunst zu Hofe ablesen.

(Zeichnung aus: Funkkolleg Kunst, Studienbegleitbrief 6, Beltz, Weinheim 1985, S. 98, Text von B. Müller)

MATERIAL 7 Jacques Bossuet: Politik nach den Worten der Heiligen Schrift (1682)

Einige Merksätze des Hofpredigers und Prinzenerziehers, des Bischofs Bossuet, aus seinem zur Unterrichtung des Thronfolgers verfassten „Fürstenspiegel“.

Die Fürsten handeln als Gottes Diener und Statthalter auf Erden. Durch sie übt er seine Herrschaft aus. […] Deshalb ist der königliche Thron nicht der Thron eines Menschen, sondern Gottes selber. […]
Die Person der Könige ist geheiligt; wer sich an ihnen vergreift, begeht ein Sakrileg.
Die königliche Gewalt ist absolut. […]
Derjenige, der dem Fürsten den Gehorsam weigert, wird nicht etwa an eine andere Instanz verwiesen, sondern als Feind der öffentlichen Sicherheit und der menschlichen Gesellschaft ohne Gnade zum Tode verurteilt.
Niemand kann daran zweifeln, dass der ganze Staat in der Person des Fürsten verkörpert ist. In ihm ist der Wille des ganzen Volkes wirksam. […] Man muss den Dienst, den man dem Fürsten schuldet, und den, den man dem Staate schuldig ist, als untrennbare Dinge ansehen. Man muss dem Staat so dienen, wie der Fürst es verlangt, denn wir haben gesehen, dass in ihm die Vernunft (raison), die den Staat lenkt, ihren Sitz hat.
Der Fürst blickt von einem höheren und weiteren Standort aus; man darf darauf vertrauen, dass er weiter sieht als wir; deshalb muss man ihm ohne Murren gehorchen, denn das Murren

ist schon so viel wie eine Neigung zur Empörung.
Der Fürst muss seine Macht gebrauchen, um in seinem Staat die falschen Religionen zu unterdrücken.
Wer Böses tut, soll ihn (den Fürsten) fürchten als den, der sein Verbrechen bestrafen wird. Er ist der Schützer der öffentlichen Sicherheit, und diese beruht auf der Religion.

(Aus: Geschichte in Quellen. Renaissance, Glaubenskämpfe, Absolutismus, Übers. Fritz Dickmann, bsv, München 1982, 3. Aufl., S. 450–452)

1. Inwiefern spiegeln sich im Herrscherbild und in der Gesamtanlage von Versailles (Materialien 5 und 6) Herrschaftsverständnis und Herrschaftspraxis Ludwigs XIV.?
2. Stellen Sie die von Bossuet genannten Merkmale absolutistischer Herrschaft zusammen.
3. Überlegen Sie ausgehend von Bossuets Text, in welchen Zwängen und Vorschriften sich das Leben eines Untertanen abspielte.
4. Vergleichen Sie Bossuets Staatstheorie mit derjenigen Bodins und nennen Sie dabei Ihre Vergleichskriterien.
5. Vergleichen Sie den „Fürstenspiegel" Bossuets mit dem Macchiavellis (s. S. 60–61) und dem des Erasmus (S. 62). Charakterisieren Sie das jeweilige Politikverständnis.

MATERIAL 8 Der Soziologe Norbert Elias über Ludwig XIV. und den Adel (1969)

In dieser Spannungsbalance hielten König und Adel sich gegenseitig fest wie Boxer in einem „Clinch". Keiner wagte seine Stellung zu ändern, weil er fürchtete, der Gegner könne ihn schädigen, und es gab keinen außen stehenden Ringrichter, der den „Clinch" hätte lösen können. […]
Der Adel bedurfte des Königs, weil das Leben an seinem Hof ihm allein noch den Zugang zu solchen ökonomischen Chancen und zu solchen Prestigechancen eröffnete, die ihm ein Leben als Adel ermöglichten.
Der König bedurfte des Adels […] aus traditioneller Angewiesenheit, […] Bedürfnis nach Geselligkeit, nach Distanzierung von seinem Volk, […] als unentbehrliches Gewicht in der Spannungsbalance der Schichten, die er beherrschte. Ludwig XIV. war mitsamt der weit verzweigten Dynastie der königlichen Familie bereits ein Gefangener dieses Triebwerks. […] Statt es zu steuern, steuerte es bis zu einem gewissen Grade ihn selbst. Wie ein gespenstisches Perpetuum mobile zwang es alle, die es bildeten, dazu, in einem unablässigen Konkurrenzkampf miteinander die privilegierte Grundlage ihrer eigenen Existenz zu verteidigen und dabei, so weit als möglich, auf der Stelle zu treten. An dieser Verklammerung […] scheiterte jeder Versuch einer radikalen Reform des Herrschaftsgefüges von innen her durch Männer, die aus den Reihen der privilegierten Eliten selbst stammten.

(Aus: Norbert Elias, Die höfische Gesellschaft. Untersuchungen zur Soziologie des Königtums und der höfischen Aristokratie, Luchterhand, Neuwied 1969, S. 309ff.)

1. Norbert Elias diagnostiziert einen grundsätzlichen Widerspruch im Herrschaftsgefüge des Absolutismus. Erläutern Sie diesen Widerspruch.
2. Beurteilen Sie die Schlussfolgerungen, die der Soziologe Norbert Elias aus der Spannungsbalance von König und Adel zieht.

1.3 Absolutismus, Merkantilismus, Bürgertum – ein folgenreiches Spannungsverhältnis im Ancien Régime

Entstehung des absolutistischen Staates

Der absolutistische Staat entstand als Antwort auf drei Herausforderungen der frühen Moderne: die Konfessionsbildung, den Dualismus von Königtum und Ständen und den beginnenden Machtkampf zwischen den europäischen Staaten. In drei Formen des Krieges vollzog sich diese Staatsbildung: in Konfessionskriegen (Bürgerkriegen), in Ständekämpfen um den Anteil an politischer Mitbestimmung und in auswärtigen Kriegen um Vorherrschaft in Europa und Übersee. Der frühmoderne Staat war in seiner entscheidenden Aufbruchsphase ein Kriegsstaat: Gewaltsam setzte er seine Souveränität, das „Monopol der Gewaltanwendung", nach innen und außen durch und verselbständigte sich so. Die mehrfache Kampfsituation erzwang eine Erweiterung der Staatsaufgaben sowie eine Intensivierung der Staatstätigkeiten. Bei so viel Staatstätigkeiten wurde eine Frage unabweislich: Wer sollte diesen Prozess der Staatsbildung und seiner Machtsteigerung bezahlen? Wörter erzählen manchmal Geschichte: Das Wort „Staat" wurde im 15. Jahrhundert aus dem lateinischen „status" (Stand) entlehnt und noch häufig im Plural gebraucht. Das französische Wort „etat" bedeutet noch heute „Stand", „Staat" – und „Staatshaushalt". Falls Ludwig XIV. überhaupt gesagt haben sollte: „L'Etat c'est moi!", so hätte der Generalkontrolleur der Finanzen, Colbert, ihn belehren können: „L'Etat, c'est l'etat" (der Staat, das ist der Staatshaushalt).

Staat und Staatshaushalt

Colbert

Als Finanz- und Wirtschaftsminister kämpfte Colbert vergeblich mit dem König um einen ausgeglichenen Staatshaushalt, der Sonnenkönig gab mehr für Kriege und für Repräsentation, zur Mehrung seines Ruhms und zur aufwendigen Hofhaltung aus, als die Staatskasse, vor allem aus Steuermitteln, einnehmen konnte. 1695 wurde die neue und bedrückende Kopfsteuer (capitation) eingeführt. Im 17. Jahrhundert führte u. a. diese Zunahme der Staatstätigkeit, die sog. Staatsverdichtung, zu einer explosiven Zunahme der Massenarmut. 1715, beim Tode Ludwigs XIV., war das wirtschaftlich erschöpfte Land am Rande des Staatsbankrotts; Steuerverweigerungen und Unruhen häuften sich.

Im absolutistischen Machtstaat erhielt die Ökonomie (die Lehre von der Haushaltführung) einen neuen Stellenwert: Sie war jetzt nicht mehr auf das Haus (griech. oikos) bezogen, sondern auf das staatliche Gemeinwesen (griech. polis), sie wurde also zur politischen Ökonomie. Der Staat instrumentalisierte die Wirtschaft jetzt für seine Zwecke. Er griff planmäßig in die Wirtschaft ein, denn die Kuh, die er melken wollte und musste, musste er zuerst füttern. Diese Wirtschaftspolitik nannten ihre Kritiker, zumal Adam Smith, abschätzig „Merkantilismus" (von lat. mercator = Kaufmann, der vor allem Geld hortet). Damit er als Steuerstaat noch mehr Steuern abschöpfen konnte, förderte er das größere Gewinne versprechende Manufakturgewerbe einseitig auf Kosten der Landwirtschaft. In den Manufakturen wurden im arbeitsteiligen Verfahren kostengünstiger als in Handwerksbetrieben meist höherwertige Fertigwaren produziert. Einige waren in der Hand des Staates, andere wurden von Privatleuten betrieben, die der Staat mit Zuschüssen und Steuervergünstigungen unterstützte.

Merkantilismus

Spielkartenherstellung in einer französischen Manufaktur: rationelle Produktion in Arbeitsteilung

Neue Rolle des Staates in der Wirtschaft

Der Staat spielte in diesem System wirtschaftspolitischer Maßnahmen mehrere Rollen:

- Er war Abnehmer von Gütern und Waren. Bautätigkeit, Hofhaltung und Repräsentation des Königs erzeugten eine Nachfrage nach Kunsthandwerkern und Artikeln des gehobenen Verbrauchs. Das neue, das kasernierte, uniformierte und stehende Heer von über 200 000 Mann erzeugte einen Massenbedarf an Kleidung, Ausrüstung, Bewaffnung, Transportmitteln: Das Heer wurde zum großen Schwungrad der staatlich dirigierten Wirtschaft.
- Der Staat war Kreditgeber, er vergab an Manufakturbesitzer Subventionen, Privilegien und Monopole der Herstellung und des Verkaufs.
- Der Staat war Verteiler und Gesetzgeber für Zölle, Steuern und Preise: Die Preise für Nahrungsmittel wurden auf Kosten der Landwirtschaft künstlich niedrig gehalten, um das Gewerbe zu fördern. Die wirtschaftspolitisch verhängnisvolle Aufhebung des Edikts von Nantes im Jahre 1685 trieb über eine halbe Million wirtschaftlich besonders aktiver Hugenotten ins Ausland.
- Der Staat war Anbieter aufwendiger Vorhaben: Bau von Kanälen (z. B. der Canal du Midi, der den Atlantik mit dem Mittelmeer verband), Bau von Straßen, Brücken, Hafen- und Festungsanlagen.
- Der Staat war Schuldner am privaten Kapitalmarkt mit hohen, gewinnbringenden Zinstilgungsraten für die Geldgeber.
- Der Staat war Erzieher zur Arbeit, zu Pflichterfüllung, zu „bürgerlichen" Tugenden, er schränkte die Zahl der kirchlichen Feiertage ein.
- Der Staat war Kolonisator: Überseeische Kolonien, Louisiana und Kanada in Nordamerika, Niederlassungen in Indien und in der Karibik galten als Lieferanten preiswerter Rohstoffe und Abnehmer von Fertigwaren.
- Der Staat war Kriegsherr. Kriege gegen Holland und England sollten die wirtschaftliche Vorrangstellung und Seeherrschaft der beiden Länder treffen. Der erhoffte Gewinn dieser kostspieligen, jahrelangen Kriege blieb aber aus.

Bürgertum hatte die Steuerlast!

Aufstieg des Bürgertums

Die merkantilistische Wirtschaftpolitik begünstigte besonders das städtische Bürgertum, sie ermöglichte den wirtschaftlichen Aufstieg von Kaufleuten, Manufakturunternehmern, Reedern und Bankiers. Diese reichen Stadtbürger schlossen sich gesellschaftlich nach unten gegen ihre kleinbürgerlichen Standesgenossen, gegen Händler, in Zünften organisierte Handwerker und Tagelöhner ab; sie entwickelten ein gesteigertes Selbstwertgefühl. Oft erwarben sie Landgüter und Schlösser, lebten von den Erträgen ihrer Investitionen (Renten) und imitierten feudale Lebensformen. Einige ließen sich schließlich adeln; sie versuchten ihre bürgerliche Herkunft zu verdrängen und zu vergessen.

Legitimationskrise der feudalen Gesellschaft

Der absolutistische Staat hat, ungewollt und auf lange Sicht sich selbst gefährdend, mitgeholfen, neben der höfischen und ständischen eine bürgerliche Gesellschaft entstehen zu lassen. Das staatlich geförderte Bürgertum erkannte zusehends die soziale und politische Ungleichheit gegenüber dem privilegierten Klerus und weltlichen Adel. Intellektuelle Wortführer klärten es über seine soziale Lage und seine politischen Interessen auf, sie lehrten es, öffentlich Kritik zu üben und Forderungen zu stellen, ja das ganze Staats-, Wirtschafts- und Gesellschaftssystem als „Ancien Régime" in Frage zu stellen: Sie stellten das Ancien Régime vor das Tribunal ihrer kritischen Vernunft und maßen es an aufgeklärten Gegenentwürfen. So geriet das Ancien Régime durch die Bewusstmachung seiner Widersprüche in eine tiefe Legitimationskrise.

MATERIAL 9 **Das Wachstum der Staatsgewalt**

Abermals kann der Krieg als Vater aller Dinge bezeichnet werden, denn in seiner entscheidenden Wachstumsphase ist der moderne Staat ein Kriegsstaat, der seine Verwaltung und Besteuerung ausweitet, um Krieg führen zu können.
Die Durchsetzung des inneren und äußeren Monopols der Gewaltanwendung hängt aufs engste damit zusammen. Am Ende führen nur noch Staaten Krieg. „Privatkriege" wie Blutrache oder Fehde, Volks- oder Adelsaufstände, die lange Zeit zwar nur teilweise legal waren, wohl aber als legitim galten, sind unter dem übermächtigen Kriegs- und Polizeistaat nicht mehr möglich. Aber der unbestreitbare Rückgang kleinmaßstäblicher, alltäglicher Gewalt hat einen Preis, die offensichtliche Zunahme großmaßstäblicher Gewalt im Dienste des Staates, insbesondere des Krieges. Vom 16.–20. Jahrhundert werden Kriege zwar immer seltener und kürzer, aber auch immer mörderischer und teurer. […]
Dazu brauchen die Staaten Geld und immer mehr Geld. Zwischen den Staatsausgaben im Frieden und den Kriegskosten bestand vor allem am Anfang ein groteskes Missverhältnis. […] Normalerweise wurden Kriege über Kredite finanziert, mit einer Symbiose von Staat und Kapital als Folge. […] Steigende Ressourcenextraktion und wachsender (staatlicher) Erzwingungsapparat schaukelten sich gegenseitig auf, bis das Wachstum der Staatsgewalt zum irreversiblen autonomen Prozess geworden war.

(Aus: Wolfgang Reinhard, Das Wachstum der Staatsgewalt. Historische Reflexionen, in: Der Staat, 31, 1992, 1. H., S. 67–69)

1. Zeigen Sie, wie der Verfasser von Material 9 das Wachstum der Staatsgewalt in der frühen Moderne erklärt.
2. Erörtern Sie den Text unter dem Leitbegriff „Staatsraison": Wie wird das Interesse und der Handlungsspielraum des Staates beurteilt?

MATERIAL 10 Aus Colberts Aufzeichnungen und Eingaben an den König

Es ist ein feststehender und allgemein anerkannter Grundsatz in allen Staaten der Welt, dass die Finanzen der wichtigste und wesentlichste Teil der Staatsangelegenheiten sind. Diese Materie greift in alle Staatsgeschäfte ein, ob sie nun die Erhaltung des Staates nach innen oder seine Ausdehnung und Machtbehauptung nach außen betreffen. (1661)

Sire, es ist ein schwieriges Unternehmen, das ich jetzt vorhabe. Fast 6 Monate bin ich damit umgegangen, Eurer Majestät die schwerwiegenden Dinge vorzutragen, die ich Ihnen gestern sagte. Eurer Majestät Befehl, Ihre hohe Gesinnung, mein Herz, das so voll Liebe und Eifer zu Eurer Majestät Person und Ruhm ist, geben mir die Kühnheit so zu sprechen. Eure Majestät haben Ihre Belustigungen und den Krieg zu Lande in einer Weise vermengt, dass eins vom anderen kaum noch zu trennen ist. Wollten Sie einmal im Einzelnen nachprüfen, wie viel unnütze Ausgaben Sie getätigt haben, so würden sie erkennen, dass Sie durch Verzicht auf diese Ausgaben gar nicht erst in die jetzige Notlage gekommen wären. [...] Das alles sind Ausgabenerhöhungen, die der Staat nicht tragen kann. (1666)

Was die Vermehrung der Einnahmen betrifft, so muss ich Eurer Majestät sagen, dass ich fürchte, darin schon zu weit gegangen zu sein. [...] Außerordentliche Einnahmen gibt es keine mehr und was in den eroberten Ländern einen Ertrag abwerfen könnte, haben Eure Majestät bereits verausgabt. Die Kreditaufnahme hat bisher über 40 Millionen Bargeld ergeben und schwerlich kann man darüber noch hinausgehen. Staatspapiere werden nicht mehr gekauft und würden noch weniger gefragt werden, wenn der Zinsfuß herabgesetzt würde. (1680)

(Aus: Geschichte in Quellen, Renaissance, Glaubenskämpfe, Absolutismus, bsv, München 1982, 3. Auflage, 441–445)

MATERIAL 11 Reaktionen auf die merkantilistische Wirtschaftspolitik

Ein Spottlied, gesungen auf den Leichenzug Colberts, 1690:

Hier ruht der Schöpfer aller Steuern,
von denen Frankreich überquillt.
Für seine Ruh sollt ihr nicht beten,
denn er hat allen sie geraubt.

Der Schriftsteller La Bruyère über die Lage der ländlichen Bevölkerung um 1684:

Man sieht da so manche wilden Tiere, männliche und weibliche, schwärzlich, bleich, völlig verbrannt von der Sonne, an die Erde geklammert, die sie um- und umwühlen und mit unbezwinglicher Hartnäckigkeit umgraben. [...] Nachts verziehen sie sich in ihre Höhlen, wo sie von schwarzem Brot, von Wasser und Wurzeln leben (nämlich von Steckrüben und Kohlrabi, vielleicht auch von Kartoffeln).

(Aus: Philippe Erlanger, Ludwig XIV. Das Leben eines Sonnenkönigs, Societäts-Verlag, Frankfurt 1976, Übers. U. Leippe, S. 362 u. 293)

1. In den Gutachten und Eingaben Colberts an seinen König treffen bürgerliche und feudale Denkweisen und Lebenseinstellungen aufeinander. Zeigen Sie diesen Widerspruch.
2. Welche versteckte Herrschaftskritik übt Colbert?
3. Bringen Sie die Spottverse auf Colbert und Schilderung La Bruyères in einen Zusammenhang mit den Äußerungen Colberts.
4. Vergleichen Sie die Aussagen von Materialien 10 und 11 mit der Darstellung von Wolfgang Reinhard (Material 9). Benennen Sie Gemeinsamkeiten und Unterschiede.

MATERIAL 12 Der politische Schriftsteller und Historiker Alexis de Tocqueville über die französische Gesellschaft am Ende des Ancien Régime, 1856

Obwohl das Schicksal des Adels und das des Bürgertums sich stark voneinander unterschieden, glichen sie sich doch in einem Punkt: Der bürgerliche Mensch lebte letzten Endes genauso getrennt vom Volk wie der Edelmann selbst. Weit davon entfernt, sich den Bauern zu nähern, hatte er sich der Berührung mit ihrem Elend entzogen: Anstatt sich eng mit ihnen zu verbünden, um gemeinsam mit ihnen gegen die gemeinsame Ungleichheit zu kämpfen, hatte er nur versucht, zu seinem Vorteil, neue Ungerechtigkeiten zu schaffen: Er war ebenso eifrig darangegangen sich selbst Ausnahmen zu verschaffen, wie der Adel bedacht war seine Privilegien aufrechtzuerhalten. Diese Bauern, aus denen er hervorgegangen war waren für ihn nicht nur entfremdete, sondern sozusagen unbekannte Menschen geworden, und erst nachdem er ihnen Waffen in die Hand gedrückt hatte, merkte er, dass er Leidenschaften entfacht hatte, von denen er nicht die geringste Vorstellung gehabt hatte, die er ebenso wenig einzudämmen wie zu leiten vermochte und deren Opfer er werden sollte, nachdem er sie einst entfacht hatte. Als aber der Bürger auf diese Weise ganz vom Adligen isoliert war und der Bauer vom Adligen und vom Bürger, als sich, da innerhalb aller Klassen ein analoger Vorgang weiterlief, in jeder Klasse kleine besondere Vereinigungen bildeten, die fast genauso voneinander isoliert waren wie die einzelnen Klassen, da stellte sich heraus, dass das Ganze nur noch eine homogene Masse war, deren einzelne Teile aber nicht mehr untereinander zusammenhingen. Es gab keinen Verband mehr, der der Regierung hätte hinderlich sein können, keinen, der sie unterstützt hätte. Es war so weit, dass das gesamte großartige Gebäude dieser Fürsten in einem Augenblick vollständig zusammenstürzen konnte, sobald die Gesellschaft, die sein Fundament bildete, in Bewegung geriet.

(Aus: Alexis de Tocqueville, Das Zeitalter der Gleichheit. Auswahl aus Werken und Briefen, Übers. Siegfried Landshut, Kröner Verlag, Stuttgart 1954, S. 191ff.)

1. Worin erkennt der Politiker und Soziologe Tocqueville die Zerbrechlichkeit der Gesellschaft des Ancien Régime?
2. Vergleichen Sie die Schilderung des Moralisten La Bruyère (Material 11) mit der Analyse Tocquevilles.

MATERIAL 13 Adam Smith: Wirtschaftsliberalismus statt Merkantilismus – eine marktwirtschaftliche Kritik, 1776

Die wirtschaftspolitischen Eingriffe des Merkantilismus […] haben in ganz besonderem Maße die Interessen unserer Manufakturbesitzer geschützt. Aber jedes System, das entweder durch außerordentliche Begünstigung einer einzelnen Art von Erwerbsfleiß jemandem einen größeren Anteil von dem Gesellschaftskapital zuwenden will, als ihm von selbst zufließen würde, oder das durch außerordentliche Beschränkungen einer einzelnen Art von Erwerbsfleiß jemandem einen Teil des Kapitals gewaltsam entzieht, der sonst darauf verwendet worden wäre, wirkt in der Tat dem Hauptzweck selbst entgegen, den es erreichen will. Es hemmt den Fortschritt der Gesellschaft zu wirklicher Größe, statt ihn zu beschleunigen, und vermindert den wirklichen Wert des jährlichen Produkts seines Bodens und seiner Arbeit, statt ihn zu vermehren. […]

Gibt man daher alle Systeme der Begünstigung und Beschränkung auf, so stellt sich ganz von selbst das einsichtige und einfache System der natürlichen Freiheit her. Solange der Einzelne nicht die Gesetze verletzt, lässt man ihm völlige Freiheit, damit er das eigene Interesse auf seine Weise verfolgen kann und sein Erwerbsfleiß und sein Kapital im Wettbewerb mit jedem anderen oder einem anderen Stand entwickeln oder einsetzen kann. Der Herrscher wird dadurch vollständig von einer Pflicht entbunden, bei deren Ausübung er stets unzähligen Täuschungen ausgesetzt sein muss und zu deren Erfüllung keine menschliche Weisheit oder Kenntnis jemals ausreichen könnte: Er wird nämlich der Pflicht oder Aufgabe entbunden, den Erwerb privater Leute zu überwachen und ihn in Wirtschaftszweige zu lenken, die für das Land am nützlichsten sind.

(Aus: Adam Smith, Der Wohlstand der Nationen. Eine Untersuchung seiner Natur und seiner Ursachen, Beck, München 1984, S. 541, Übers. H. C. Recktenwald)

1. Nennen Sie Mittel und Maßnahmen einer merkantilistischen Politik, die das System der natürlichen Freiheit der Marktkräfte begünstigen oder beschränken (siehe auch Darstellungsteil).
2. Inwiefern widerlegt die unsichtbare Hand der natürlichen Freiheit des Marktes die willkürliche Hand des absolutistischen Königsstaates?

1.4 Das Ancien Régime aufklären und reformieren oder überwinden?

Gesellschaftskrise und Aufklärungskritik

In der zweiten Hälfte des 18. Jahrhunderts, in den Jahrzehnten vor der Französischen Revolution von 1789 wurden die Krisensymptome im Ancien Régime immer sichtbarer, zugleich wurden sie auch immer sichtbarer gemacht und waren damit bewusster. Eine Gruppe meist bürgerlicher Intellektueller, Publizisten und Literaten deckte trotz der Zensur Widersprüche in Staat, Gesellschaft und Kultur auf und zog sie vor den Richterstuhl einer öffentlich wirksam werdenden kritischen Vernunft. Die bestehende Gesellschaft wurde von diesen „Philosophen" analysiert, an allgemeinen Prinzipien der Moral und Vernunft wie Gerechtigkeit, Freiheit, Natürlichkeit gemessen und neu entworfen. Sie verstanden sich als Bahnbrecher einer neuen Denkrichtung, der Aufklärung (franz. les lumières).

Bürgerliche Öffentlichkeit

Für die Jahrzehnte vor der Revolution lässt sich statistisch nachweisen, dass die barocke Frömmigkeit nachließ und die religiöse Gleichgültigkeit zunahm. Die Bürger wurden zu Lesern: Im 18. Jahrhundert stieg die Lesefähigkeit der bürgerlichen Männer von 29 auf 47 Prozent, die der bürgerlichen Frauen von 14 auf 27 Prozent. Zeitschriften, Flugschriften, Bücher, Theater, Lesegesellschaften, Freimaurerlogen, Gespräche in Kaffeehäusern, Salons und gelehrten Akademien machten die Gedanken, die Fragen und Forderungen der Aufklärung populär und öffentlich wirksam. So bildete sich im Rahmen der geltenden feudalen Gesellschaft eine bürgerliche öffentliche Meinung heraus, die den privilegierten Ständen, ihren Institutionen und Lebensformen die Gültigkeit und Rechtfertigung bestritt.

Turgot: Intendant, Physiokrat, Aufklärer

Ein außergewöhnlicher Vertreter dieser aufgeklärten bürgerlichen Eliten im Ancien Régime ist Anne-Robert Jacques Turgot (1727–1781). Er erkannte die heraufziehende Krise des Ancien Régime und versuchte sie als praktischer Politiker zu entschärfen. Als Intendant der Provinz von Limoges war er ein ausgewiesener Verwaltungsfachmann, auf Modellgütern erprobte er die Vorschläge der so genannten Physiokraten, die im Widerstreit mit der herrschenden Lehre des Merkantilismus die entscheidende Rolle der Landwirtschaft für die Produktivität der Volkswirtschaft betonten.
Turgot stand auch den „Enzyklopädisten" nahe, einem Kreis von Schriftstellern um Diderot und d'Alembert. Sie fassten in einer 35-bändigen Enzyklopädie systematisch das Wissen ihrer Zeit in Artikeln zusammen, übten aufklärerische Kritik an Staat und Kirche und versuchten, Naturrecht, Öffentlichkeit, Freiheit, Gleichheit, Rechtsstaatlichkeit und Toleranz als Prinzipien einer neuen Staats- und Gesellschaftsordnung zu begründen. Turgot traf sich auch mit Logenbrüdern der Freimaurer in deren Gesprächssalons; in seiner Person verband er aufklärerische Theorie und politische Praxis. An einen moralischen Fortschritt der Menschheitsgeschichte glaubend, wollte er im Bunde mit einem sich aufklärenden Monarchen den Absolutismus aufklären und reformieren. Er befürchtete eine gewaltsame Umwälzung, eine zweite, um vieles schrecklichere Bartholomäusnacht.

Reformpläne

Im Jahre 1774 berief ihn Ludwig XVI. bei seinem Regierungsantritt zum leitenden Minister: Als Generalkontrolleur der Finanzen war er gleichsam ein Nachfolger Colberts. Um seine Reformen durchzusetzen, kämpfte er gegen die vom Adel beherrschten, reformfeindlichen Parlamente und rang um die Einsicht und Reformbereitschaft des souveränen Monarchen: Hellsichtig warnte er den jungen König Ludwig XVI., er werde einmal wie der englische König Karl I. im Jahre 1649 auf dem Schafott enden, wenn er vor den Parlamenten des Adels zurückweiche. Der Problemdruck war gewaltig: Frankreich hatte den Siebenjährigen Krieg gegen Großbritannien um die koloniale Vorherrschaft in Indien und Nordamerika verloren. Der Krieg war zu 3/5 aus Staatsanleihen finanziert worden, die Staatsschuld war auf ein Mehrfaches der jährlichen Staatseinnahmen hochgeschnellt. Die Finanzkrise wuchs sich zu einer Vertrauens- und Autoritätskrise aus. Zu deren Bewältigung wollte Turgot folgende Veränderungen und Reformen durchsetzen:

1 – Kürzung der Staatsausgaben,
2 – Vermeidung von Steuererhöhungen,
3 – Einführung einer landeseinheitlichen Grundsteuer für alle Stände,
4 – Freigabe des Getreidehandels,
5 – Aufhebung der Frondienste,
6 – Aufhebung der Zünfte bis hin zur allgemeinen Gewerbefreiheit,
7 – Einführung einer öffentlichen Armenfürsorge,
8 – Einstellung der Zensur,
9 – Wiederherstellung des Toleranzedikts von Nantes,
10 – Einrichtung von Repräsentativversammlungen zur Beratung des Königs und zur Stärkung des nationalen Gemeingeistes,
11 – Dezentralisierung durch Selbstverwaltung.

Doch diese Reformen blieben teils unausgeführt, teils Stückwerk, teils wurden sie wieder rückgängig gemacht. Ihr Misslingen wirft ein bezeichnendes Licht

Turgots Scheitern

auf die Reformunfähigkeit des absolutistischen Frankreichs. Aufgrund einer Hofintrige und auf Drängen der Parlamente ließ der entschlussschwache König seinen weit blickenden Minister fallen und verspielte damit eine Reformchance. In der Lebensgeschichte Turgots spiegelt sich damit die Brüchigkeit des Ancien Régime: Vergeblich hatte er versucht Aufklärung und Absolutismus miteinander zu versöhnen. Turgots Sturz erfolgte fast zeitgleich mit der Unabhängigkeitserklärung der 13 britischen Kolonien in Nordamerika 1776. Diese war ein unüberhörbares Signal der Revolution aus der Neuen Welt herüber in das alte Europa.

MATERIAL 14 Wirtschaftspolitische Leitsätze des Physiokraten François Quesnay, 1758

Die Nation muss über die allgemeinen Gesetze der natürlichen Ordnung, auf denen sich offensichtlich die vollendetste Regierungsform aufbaut, unterrichtet sein.
Der Souverän und die Nation dürfen niemals aus den Augen verlieren, dass der Boden die einzige Quelle des Reichtums ist und dass nur der Ackerbau diesen Reichtum vermehrt.
Der Besitz von Grund und Boden wie von beweglichem Gut muss denen, die ihn rechtmäßig innehaben, gesichert sein. Denn die Sicherheit des Eigentums ist die wesentliche Grundlage der ökonomischen Ordnung der Gesellschaft.
Vorrangig soll das Land mit wohlhabenden Bauern bevölkert sein.
Absatz und Transport der Produkte [...] muss durch Instandhaltung der Straßen und Schiffstransport auf Kanälen, Flüssen und auf dem Meer erleichtert werden.
Man darf nicht glauben, niedrige Lebensmittelpreise seien vorteilhaft für das einfache Volk, denn niedrige Lebensmittelpreise lassen die Löhne sinken und vermindern so das Auskommen der einfachen Leute, bieten weniger Arbeit [...] und verringern das Einkommen der Nation.
Die vollständige Freiheit des Handels muss gewahrt bleiben.
Anleihen, die Staatsschulden zur Folge haben, muss der Staat vermeiden.

(Aus: Geschichte in Quellen, Amerikanische und Französische Revolution, bsv, München 1981, S. 129–131, Übers. J. Cornelissen)

1. Zeigen Sie, inwieweit Aufklärungsdenken in Quesnays wirtschaftspolitischen Leitsätzen zum Ausdruck kommt.
2. Erschließen Sie aus Quesnays Leitsätzen Krisensymptome des Ancien Régime.
3. Stellen Sie Merkmale des Merkantilismus (Kapitel 1.3, S. 106–108), Wirtschaftsliberalismus (s. Mat. 13, S. 110–111) und der Physiokratie (Mat. 14) einander gegenüber. Wie beurteilen die drei wirtschaftspolitischen Konzeptionen die Produktionskräfte Boden, Arbeit und Kapital?
4. Untersuchen Sie, welche Forderungen der Bürger und Bauern sich aus der Lehre der Physiokraten und des Wirtschaftsliberalismus ableiten lassen.

Anne-Robert Jacques Turgot, entlassen am 12. 5. 1776

MATERIAL 15 Brief Turgots an König Ludwig XVI. nach seiner Berufung zum Generalkontrolleur der Finanzen 1774

Sire, nachdem ich das Gemach Eurer Majestät verlassen habe, noch ganz erfüllt von der Verwirrung, in die mich die Grenzenlosigkeit der Last stürzt, die Sie mir auferlegen, bewegt durch all die Empfindungen, die in mir die ergreifende Güte wachgerufen hat, mit welcher Sie sich herabgelassen haben mich zu ermutigen, beeile ich mich, zu Ihren Füßen meine respektvolle Dankbarkeit und die absolute Ergebenheit meines ganzen Lebens niederzulegen. [...]
Im Augenblick, Sire, beschränke ich mich darauf, Ihnen diese drei Sätze ins Gedächtnis zurückzurufen:
auf keinen Fall Staatsbankrott;
auf keinen Fall Steuererhöhungen;
auf keinen Fall Anleihen.
Möge Eure Majestät nicht vergessen, dass ich, als ich die Stelle des Generalkontrolleurs angenommen habe, den ganzen Preis für das Vertrauen spürte, mit dem Eure Majestät mich geehrt hat. [...] Zugleich aber habe ich die ganze Gefahr empfunden, der ich mich aussetze. Ich werde auch gegen die natürliche Güte kämpfen müssen, gegen die Großherzigkeit Eurer Majestät und der Personen, die Ihr am teuersten sind. Ich werde gefürchtet, ja gehasst werden vom großen Teil des Hofes, von allem, was nach Gefälligkeiten strebt. Mögen sich Eure Majestät daran erinnern, dass ich [...] mich Eurer Majestät in der Person des Ehrenmanns, des gerechten und guten Menschen, viel mehr aufopfere als dem König.

(Aus: Geschichte in Quellen, Amerikanische und Französische Revolution, bsv, München 1981, S. 131–133, Übers. J. Cornelissen)

MATERIAL 16 Der Historiker Reinhart Koselleck zu Turgots Staatsentwurf

In seiner inhaltlichen Zielsetzung freilich war der Staatsentwurf von Turgot der herrschenden Ordnung völlig entgegengesetzt. Der Staat sollte ein Ordnungsgerüst sein mit souveräner Spitze, aber zugunsten einer liberalen Bürgerschicht, die vom Staate die Sicherung ihres geheiligten Privateigentums forderte und die im Schutze dieses Staates ihren freien Handel treiben wollte.
Die wirtschaftliche Neuordnung, die Turgot zur Beseitigung der finanziellen Verschuldung des Staates durchzusetzen versuchte, kam also, bei aller formalen Anerkennung des absolutistischen politischen Systems, inhaltlich gesehen, einer völligen Umwälzung des bestehenden Staates gleich. Äußerlich ein Vertreter des absolutistischen Staates, stand Turgot innerlich auf der Seite der neuen sich bildenden Gesellschaft. Als Physiokrat und Vertreter der Gesellschaft übte er mit den Maßstäben einer überstaatlichen, natürlichen und moralischen Gesetzlichkeit schärfste Kritik am bestehenden Staat – als Minister dieses Staates suchte er die Krise, in der seine Kritik wurzelte, durch seine physiokratischen Reformen zu beenden.

(Aus: Reinhart Koselleck, Kritik und Krise. Eine Studie zur Pathogenese der bürgerlichen Welt, Suhrkamp, Frankfurt 1973, S. 119)

1. Welche wirtschaftspolitischen Vorstellungen der Aufklärung greift Turgot in seinem Brief (Material 15) auf?
2. Erschließen Sie aus Turgots Äußerungen sein Verhältnis zum Monarchen und seinen politischen Handlungsspielraum.
3. Zeigen Sie, wie Reinhart Koselleck (Material 16) Turgots Reformpolitik beurteilt, und beziehen Sie sein Urteil auf Turgots Brief an den König (Material 15).

MATERIAL 17 Das Theater als Form der Kritik und öffentliches Tribunal

Im April 1784 wurde nach sechsjährigem Kampf gegen die Zensur das Lustspiel „Der tolle Tag oder Figaros Hochzeit" von Caron de Beaumarchais mit beispiellosem Erfolg an der Comédie Française in Paris aufgeführt. Die Komödie wirkte europaweit und inspirierte auch den zeitgenössischen Komponisten Mozart zu einer gleichnamigen Oper.

Der Zensur wegen hatte Beaumarchais die Handlung nach Spanien verlegt. Ein Kammerdiener namens Figaro überlistet seinen Herrn, den Grafen Almaviva, als dieser versucht, die Kammerzofe Susanne, die Figaro heiraten möchte, zu verführen. Der Graf beruft sich auf ein veraltetes so genanntes ius primae noctis, das Recht des adligen Herrn auf die erste eheliche Nacht mit der Braut. In einem Versteckspiel wird der Graf mit Beihilfe seiner Gattin bloßgestellt.

Selbstbewusst verhöhnt Figaro in einem zornigen Monolog seinen ihm geistig und moralisch unterlegenen adligen Gegner. Figaro spricht im Monolog nicht mehr nur als Privatmann und Bühnenfigur, sondern unter dem Applaus des Publikums als Exponent des dritten Standes. Er wurde so zum öffentlichen Ankläger gegen gesellschaftliche Privilegien, Pressezensur, Militär, Justiz und Hofleben, und die Theaterbühne wurde zum öffentlichen Tribunal.

Pariser Salon der Madame Geoffrin: Die Salons des gehobenen Bürgertums und Adels entwickelten sich zu Stätten der öffentlichen Meinungsbildung. Unter den Dargestellten sind auch d'Alembert, Montesquieu und Turgot.

Figaros Monolog (5. Akt. 3. Auftr.):
Figaro allein in der Dunkelheit herumgehend sagt mit dem finstersten Ton: [...] Nein, Herr Graf, Sie sollen sie nicht haben. Weil Sie ein großer Herr sind, bilden Sie sich ein, ein großer Geist zu sein – Adel, Vermögen, Rang, ansehnliche Posten, das macht alles sehr stolz! Aber womit haben Sie so viele Güter verdient? Sie haben sich die Mühe gegeben, auf die Welt zu kommen und weiter nichts: übrigens ein sehr gewöhnlicher Mensch! Während dass ich, Sapperment! verloren in der dunklen Menge, mehr Wissenschaft und Berechnung habe anwenden müssen, um nur mein Leben zu fristen, als man seit 100 Jahren gebraucht hat, um alle spanischen Provinzen zu regieren: und Sie wollen mit mir kämpfen? – [...] Gibt es ein tolleres Schicksal als das meinige? Sohn von ich weiß nicht wem? [...] Und werde überall zurückgestoßen. Ich erfahre, dass in Madrid ein Freiheitssystem über den Verkauf der Produkte aufgekommen ist, welches sich sogar über die Presse erstreckt: und dass, wenn ich nur in meinen Schriften die Regierung, die Religion, die Politik, die Moral, die Männer in Ämtern [...] und alle die Menschen, die mit irgendetwas in irgendeiner Verbindung stehen, unangetastet lassen will, ich alles frei kann drucken lassen unter der Aufsicht von 2 bis 3 Zensoren. Um diese süße Freiheit zu benutzen, kündige ich eine Periodische Schrift an, und weil ich nicht glaube, dass ich damit einem anderen ins Gehege komme, benenne ich's „Unnützes Journal".

Der König Ludwig XVI. soll sich über das Lustspiel geäußert haben:
Das ist abscheulich, das soll niemals gespielt werden. Man müsste die Bastille (das Staatsgefängnis) zerstören, damit die Aufführung dieses Stückes nicht eine gefährliche Inkonsequenz wäre. Dieser Mensch (Beaumarchais) setzt alles herab, was man in einem Staat achten muss.

Der tolle Tag

oder

Figaro's Hochzeit,

ein Lustspiel in fünf Aufzügen.

Aus dem Französischen des
Herrn von Beaumarchais

nach der ächten Ausgabe übersetzt.

Mit Chursächsischem allergnädigsten Privilegio.

Dessau und Leipzig,
den G. J. Göschen, 1785.

Erste Veröffentlichung in Deutschland

Der Revolutionär Danton meinte:
Figaro hat den Adel getötet – indem er ihn lächerlich und verächtlich machte.

Napoleon sagte vier Jahrzehnte nach der Aufführung:
„Die Hochzeit des Figaro" war bereits die Revolution in Aktion – unter meiner Herrschaft wäre solch ein Mensch (Beaumarchais) eingekerkert worden. Welcher Dienst wäre damit der Gesellschaft erwiesen worden!

(Aus: Der tolle Tag oder Figaros Hochzeit, Göschen, Leipzig 1785)

1. Versuchen Sie die Öffentlichkeitswirkung von Beaumarchais' Theaterstück zu erklären.
2. „Nicht so sehr objektiv vorhandene Krisensymptome als vielmehr ihre subjektive und gesellschaftliche Wahrnehmung, Aufdeckung und Bewusstmachung kennzeichnen die vorrevolutionäre Situation Frankreichs."
   Erörtern Sie am Beispiel von Beaumarchais' Theaterstück diese Behauptung.

2. Die Revolution des Bürgertums in Frankreich

2.1 Revolution – eine angewandte Aufklärung?

Die Französische Revolution von 1789 gilt als ein Schlüsselereignis in der Geschichte Frankreichs und Europas. Bis heute prägt sie unsere politische Kultur.

Die Französische Revolution steht in einem komplexen Wirkungszusammenhang mit der geistigen Bewegung des 18. Jahrhunderts, der Aufklärung. Nach den Worten des Königsberger Philosophen Immanuel Kant aus dem Jahr 1784 ist die Aufklärung „der Ausgang des Menschen aus seiner selbst verschuldeten Unmündigkeit". Ihr Wahlspruch lautet: „Habe Mut, dich deines eigenen Verstandes zu bedienen." Die Aufklärung war nach Kant eine „Revolution der Denkungsart", sie war nicht einfach ein Wegweiser in eine soziale und politische Revolution.

Aufklärung als „Revolution der Denkungsart"

Die Aufklärer veränderten die Denkweisen ihrer Zeitgenossen. Sie bereiteten langfristig und indirekt, also nicht durch Handlungsanleitungen, auf die Umwälzung der alten Staats- und Gesellschaftsordnung vor. Sie veränderten allmählich die Lebenseinstellung ihrer Mitmenschen, indem sie sie lehrten, kritisch, selbständig, alternativ zum Bestehenden und fortschrittsbewusst zu denken.

Ein Blick auf die Aufklärung kann uns helfen Ziele und Ablauf der Französischen Revolution zu gliedern. In den Ereignissen der Revolution spiegeln sich unterschiedliche Richtungen der Aufklärung wider, die handelnden Gruppen beriefen sich auf verschiedene Aufklärer. In unterschiedlicher Intensität kritisierten die Aufklärer den politischen „Despotismus" (Willkürherrschaft), die Amtskirche, die gesellschaftliche Ungleichheit: Drei Richtungen zeichneten sich in der politischen Aufklärung ab, sie wirkten auf Parteiungen in der Revolution ein und wurden dazu verwendet, revolutionäre Zielsetzungen zu legitimieren oder zu bekämpfen.

Montesquieu: Verfassung und Gewaltenteilung

1. Die „Bibel" für die Anfangsphase der Revolution, für die sog. Verfassungsrevolution, die von der Einberufung der Generalstände im Mai 1789 über die Erklärung der Menschenrechte im August 1789 bis zur Annahme der neuen Verfassung im Jahre 1791 reichte, war das Buch „Vom Geist der Gesetze" (L'esprit des lois) von Charles-Louis de Montesquieu (1689–1755), der seit 1716 Präsident des regionalen Parlaments in Bordeaux war. Seine Herkunft aus einer selbstbewussten, liberalen „noblesse de robe", praktische Amtstätigkeit und englische Reiseerfahrungen bestimmten die politischen Anschauungen Montesquieus. Er orientierte sich an der konstitutionellen Monarchie Englands: Dort hatte die Mitbestimmung der Stände und die Teilung der Staatsgewalt einen monarchischen Absolutismus mit Gewaltenkonzentration verhindert. In seinem Werk forderte Montesquieu diese Teilung der Staatsgewalt auch für Frankreich; zugleich warnte er vor einer möglichen gesetzlosen Volksherrschaft des dritten Standes.

Voltaire und Diderot: Menschenrechte und aufgeklärte Monarchie

2. Als ungekrönter König im Reiche der Philosophen und Literaten in Frankreich und Europa glänzte Voltaire (1694–1778). Er war Sohn eines großbürgerlichen Rechtsanwalts in Paris, ein Skeptiker, Spötter, Weltbürger, ein brillanter, höchst erfolgreicher Schriftsteller und ein unentwegter Vorkämpfer gegen Dogmatismus, Intoleranz, Justizskandale, für Menschenrechte, Gedanken- und Meinungsfreiheit. Den Gedanken einer Volksherrschaft verabscheute er zutiefst, er meinte, wenn das Volk anfange zu rechten, sei alles verloren. Die soziale Ungleichheit, wie sie im Ancien Régime bestand, hielt er für ewig und unvermeidlich, Gleichheit sei nur als Gleichheit vor dem Gesetz möglich. Zeitlebens bekämpfte er die Parlamente, er wollte „lieber einem schönen Löwen aus gutem Hause gehorchen als hundert Ratten seiner Gattung". Voltaire setzte seine Hoffnungen vielmehr auf einen gebildeten, menschenfreundlichen Monarchen. Von 1750–1753 war er in Schloss Sanssouci bei Potsdam Gast des Preußenkönigs Friedrich II., in dem er einen aufgeklärten Philosophenkönig zu erblicken glaubte. Von diesem aber enttäuscht, verließ er 1753 Potsdam. Als in Frankreich König Ludwig XVI. 1774 den Thron bestieg, hoffte Voltaire, der junge König werde seinem Ideal nahe kommen. Doch 1776 entließ dieser seinen Reformminister Turgot, resigniert rückte Voltaire auch von ihm ab. 1791, im Jahre der ersten Revolutionsverfassung, wurden die sterblichen Überreste Voltaires feierlich unter dem Geleit der Nationalgarde, einer Bürgerwehr, in das Pantheon von Paris, eine säkularisierte Kirche, überführt: Auf dem Leichenwagen stand die Inschrift: „Er erzog uns zur Freiheit".
Denis Diderot und die Gruppe der Enzyklopädisten standen Montesquieu und Voltaire nahe. Sie waren die wirkungsvollsten Vermittler der politischen Aufklärung; ihre Enzyklopädie war 1789 in etwa 15 000 Exemplaren verbreitet. Die Anschauungen dieses Kreises gingen in die Menschenrechtserklärung und in die Verfassung ein, sie bestimmten maßgeblich die Politik der ersten Nationalversammlung. Diese erste Phase der Revolution war vor allem angewandte Aufklärung, eher Neuordnung Frankreichs als Zerstörung des Ancien Régime.

Rousseau: Gleichheit und radikale Demokratie

3. Am radikalsten dachte Jean Jacques Rousseau (1712–1778). Er verfasste zivilisationskritische Schriften wie die Abhandlung über die Entstehung der sozialen Ungleichheit (1756), staatsphilosophische wie über den Gesellschaftsvertrag (1762) und pädagogische wie den Erziehungsroman „Emile" (1762). Den zur Freiheit bestimmten Menschen sah er überall in Ketten der Politik, der Moral, der Vorurteile. Er forderte eine naturgemäße Erziehung und eine ganz neue Politik. Der Staat sollte radikal-demokratisch durch einen Vertrag freier und gleicher Bürger begründet sein und den einzig wahren, unteilbaren Gesamtwillen zum Ausdruck bringen, den Willen, den alle haben sollten, wenn sie aufgeklärt und tugendhaft wären. Die Demokratie sollte direkt, nicht repäsentativ sein, überparteilich und nicht Gewalten teilend. Rousseaus Philosophie der Freiheit und der unmittelbaren Demokratie diente in der zweiten, der radikaldemokratischen und sozialrevolutionären Phase der Revolution von 1792–1794, dazu, die Diktatur einer revolutionären Minderheit der Jakobiner unter Robespierre zu legitimieren. Die revolutionäre Regierung entwickelte aus den Gedanken Rousseaus eine politische Ideologie im Namen eines guten, bislang unterdrückten und erziehbaren Volkes.

MATERIAL 1 Voltaire prognostiziert eine Revolution, um 1774

Alles, was ich sehe, streut die Samen einer Revolution aus, die unfehlbar eintreten wird und deren Zeuge zu sein ich nicht das Vergnügen haben werde. [...] Das Licht (der Aufklärer) hat sich derart immer weiter verbreitet, dass es sich bei der nächstbesten Gelegenheit entzünden wird, und dann wird das einen herrlichen Knall geben. Ich werde nicht Zeuge dieser „schönen" Revolution sein, aber ich werde in der Hoffnung sterben, dass kühne und erleuchtete Minister endlich mit ebenso lächerlichen wie gefährlichen Gewohnheiten aufräumen werden.

(Aus: Alexander Rüstow, Ortsbestimmung der Gegenwart 2, Weg der Freiheit, Rentsch, Erlenbach/Zürich 1952, S. 405, Übers. B. Müller)

MATERIAL 2 Diderot prognostiziert eine Revolution, 1774

Unter dem Despotismus wird das über seine lange Leidenszeit erbitterte Volk keine Gelegenheit versäumen, seine Rechte wieder an sich zu nehmen. Aber da es weder Ziel noch einen Plan hat, gerät es von einem Augenblick zum anderen aus der Skaverei in die Anarchie. Inmitten dieses allgemeinen Durcheinanders ertönt ein einziger Schrei – Freiheit! Aber wie sich des kostbaren Gutes versichern? Man weiß es nicht. Und schon ist das Volk in die verschiedenen Parteien aufgespalten, aufgeputscht von sich widersprechenden Interessen. [...] Nach kurzer Zeit gibt es nur noch zwei Parteien im Staat; sie unterscheiden sich durch zwei Namen, die, wer sich auch immer dahinter verbergen mag, nur noch lauten können: „Royalisten" und „Antiroyalisten". Das ist der Augenblick der großen Erschütterungen, der Augenblick der Komplotte und Verschwörungen. Der Royalismus dient ebenso als Vorwand wie der Antiroyalismus. Beide sind Masken für Ehrgeiz und Habgier. Die Nation ist jetzt nur noch eine von einem Haufen von Verbrechern und Bestochenen abhängige Masse.

In dieser Lage bedarf es nur noch eines Mannes und eines geeigneten Augenblicks, um ein völlig unerwartetes Ergebnis eintreten zu lassen. Kommt dieser Augenblick, erhebt sich auch schon der große Mann. [...] Er spricht zu den Menschen, die gerade noch alles zu sein glaubten: Ihr seid nichts. Und sie sprechen: Wir sind nichts. Und er spricht zu ihnen: Ich bin der Herr. Und sie sprechen wie aus einem Munde: Ihr seid der Herr. Und er spricht zu ihnen: Hier sind die Bedingungen, unter denen ich euch zu unterwerfen bereit bin. Und sie sprechen: Wir nehmen sie an. [...] Wie wird die Revolution weitergehen? Man weiß es nicht.

(Aus: Reinhart Koselleck, Vergangene Zukunft der frühen Neuzeit, in: Epirrhosis. Festgabe für Carl Schmitt, Duncker-Humblot, Berlin 1968, 2. Teilband, S. 565)

1. Erläutern Sie Voltaires und Diderots Vorstellungen von und Einstellungen zu einer möglichen Revolution.

MATERIAL 3 Natürliche Gleichheit, Artikel der Enzyklopädie

Damit man mir nicht zu Unrecht unterstelle, dass ich aus dogmatischer Gesinnung in einem Staat dieses Hirngespinst der absoluten Gleichheit billigte, das kaum eine ideale Republik gebären kann, spreche ich hier nur von der natürlichen Gleichheit der Menschen. Ich kenne zu sehr die Notwendigkeit unterschiedlicher Stände, Stufen, Ehren, Unterscheidungen, Vorrechte, Unterordnungen, die in allen Staatsformen herrschen müssen, und ich füge sogar hinzu, dass die natürliche oder moralische [menschliche] Gleichheit dem keineswegs widerspricht. Im Naturzustand werden die Menschen wohl in Gleichheit geboren, aber sie sollten lernen nicht darin zu verbleiben; die Gesellschaft lässt sie die Gleichheit verlieren und sie werden erst wieder gleich durch die Gesetze.

(Aus: Albert Soboul, Textes choisies de l'Encyclopédie, Editions sociales, Paris 1962, S. 86f., Übers. B. Müller)

MATERIAL 4 Montesquieu: Vom Geist der Gesetze, 1748

Kein Wort hat verschiedenartigere Bedeutung erlangt als das der Freiheit. Die einen haben sich seiner bedient, um mit Leichtigkeit den abzusetzen, dem sie eine tyrannische Gewalt gegeben haben, die anderen, um den wählen zu können, dem sie gehorchen sollten. [...] Kurzum, jeder hat die Regierungsweise, die seinen Gewohnheiten und Neigungen entsprach, Freiheit genannt. [...]

In der Tat scheint das Volk in den Demokratien zu tun, was es will. Aber die politische Freiheit besteht nicht darin, zu tun, was man will. In einem Staat, d. h. in einer Gesellschaft, in der es Gesetze gibt, kann die Freiheit nur darin bestehen, das tun zu können, was man wollen darf, und nicht gezwungen zu sein, zu tun, was man nicht wollen darf. [...] Wenn ein Bürger tun könnte, was die Gesetze verbieten, so hätte er keine Freiheit mehr, weil die anderen ebenfalls diese Macht hätten.

Es gibt ferner keine Freiheit, wenn die richterliche Gewalt nicht von der gesetzgebenden und vollziehenden getrennt ist. Ist sie mit der gesetzgebenden verbunden, so wäre die Macht über Leben und Freiheit der Bürger willkürlich, weil der Richter Gesetzgeber wäre. Wäre sie mit der vollziehenden verknüpft, so würde der Richter die Macht zum Unterdrücken haben.

Da in einem freien Staat jeder, dem man einen freien Willen zuerkennt, durch sich selbst regiert sein sollte, so müsste das Volk als Ganzes die gesetzgebende Gewalt haben. Das ist aber in den großen Staaten unmöglich. [...] Deshalb ist es nötig, dass das Volk durch seine Repräsentanten das tun lässt, was es nicht selber tun kann.

(Aus: Montesquieu, in: Arnold Bergstraesser, Dieter Oberndörfer, Klassiker der Staatsphilosophie, Bd. 1, Kroener, Stuttgart 1962, S. 237–241)

1. Erläutern Sie, wie der Verfasser in Material 3 „Gleichheit", den Leitbegriff der Französischen Revolution, bestimmt. Vor welchen Missverständnissen warnt er?
2. Zeigen Sie, was Montesquieu unter politischer Freiheit versteht und unter welchen Bedingungen er sie für gewährleistet hält.

MATERIAL 5 **Radikale Denkansätze Jean Jacques Rousseaus**

a) Rousseaus neues Verständnis von Politik (1771):

Ich hatte gesehen, dass letztlich alles auf die Politik ankomme und dass, auf welche Art man es auch anstelle, kein Volk jemals etwas anderes wäre, als was die Natur seiner Regierung aus ihm machte. So schien sich mir diese große Frage nach der besten Regierung auf die folgende zurückzuführen: Welche Regierungsform eignet sich dazu, ein Volk zum tugendhaftesten, zum aufgeklärtesten, zum verständigsten und zum besten zu machen, wenn man dieses Wort in seinem umfassendsten Sinne gebraucht?

b) Rousseau über Eigentum und Ungleichheit, die Grundlage der bürgerlichen Gesellschaft (1755):

Der Erste, der ein Stück Land eingezäunt hatte und es sich einfallen ließ zu sagen: dies ist mein, und der Leute fand, die einfältig genug waren ihm zu glauben, war der wahre Gründer der bürgerlichen (oder politischen) Gesellschaft. Wie viele Verbrechen, Kriege, Morde, wie viel Not und Elend und wie viele Schrecken hätte derjenige dem Menschengeschlecht erspart, der die Pfähle herausgerissen oder den Graben zugeschüttet und seinen Mitmenschen zugerufen hätte: „Hütet euch, auf diesen Betrüger zu hören, ihr seid verloren, wenn ihr vergesst, dass die Früchte allen gehören und die Erde niemandem."

c) Rosseaus Kritik an der Erziehung und Kultur in seiner Schrift „Emile" (1762):

Alles, was aus den Händen des Schöpfers kommt, ist gut, alles entartet unter den Händen des Menschen. [...] Er erschüttert alles, entstellt alles. [...] Nichts will er so, wie es die Natur gemacht hat, nicht einmal den Menschen. Er muss ihn dressieren wie ein Zirkuspferd.

Ein nach seiner Geburt völlig sich selbst überlassener Mensch (würde) das verbildetste aller Wesen sein. Vorurteile, Autorität, Vorschriften, Beispiel – alle die Einrichtungen der Gesellschaft, in denen wir ertrinken, würden seine Natur ersticken.

d) Der Gesellschaftsvertrag, eine Fundamentalkritik an der Staats- und Gesellschaftsordnung des Ancien Régime (1762):

Der Gesellschaftsvertrag begründet eine rechtmäßige staatliche Gewalt.

Wie findet man eine Gesellschaftsform, die mit der ganzen gemeinsamen Kraft die Person und das Vermögen jedes Gesellschaftsgliedes verteidigt und schützt und kraft deren jeder Einzelne, obgleich er sich mit allen vereint, gleichwohl nur sich selbst gehorcht und so frei bleibt wie vorher? Dies ist die Hauptfrage, deren Lösung der Gesellschaftsvertrag ist.

Die Klauseln (des Gesellschaftsvertrags) lassen sich auf eine einzige zurückführen, nämlich auf das ganze Aufgehen jedes Gesellschaftsgliedes mit allen seinen Rechten in der Gesamtheit; denn, indem sich jeder ganz hingibt, so ist das Verhältnis zunächst für alle gleich.

Der Gesellschaftsvertrag lässt sich in folgende Worte zusammenfassen: „Jeder von uns stellt gemeinschaftlich seine Person und seine ganze Kraft unter die oberste Leitung des allgemeinen Willens, und wir nehmen jedes Mitglied als untrennbaren Teil des Ganzen auf".

(Aus: a und c: Jean Jacques Rousseau, Les confessions II, Garnier-Flammarion, Paris 1968, S. 159; c: ders., Emile, ebd. 1954, S. 6, Übers. B. Müller; b: ders., Diskurs über die Ungleichheit, Übers. Heinrich Meier, Schöningh, Paderborn 1984, S. 173; d: ders. in: Arnold Bergstraesser, Dieter Oberndörfer, Klassiker der Staatsphilosophie, Bd. 1, Kroener, Stuttgart 1962, S. 253)

1. Erläutern und beurteilen Sie Rousseaus neue und radikale Auffassung von Politik, Eigentum, Erziehung, Staats- und Gesellschaftsordnung.
2. Zeigen Sie, inwieweit Rousseaus Gesellschaftsvertrag eine radikale Kritik an der Staats- und Gesellschaftsordnung des Ancien Régime darstellt.

MATERIAL 6 Das Parlament von Paris über die Schriftsteller der Aufklärung

Das Parlament verdammte von 1775–1789 65 Schriften. Hier verurteilt es eine Schrift, betitelt „Nachteile der Feudalrechte“:

Die Schriftsteller machen es sich heutzutage zur Aufgabe, alles zu bekämpfen, alles zu zerstören, alles umzustürzen. Wenn sich der systematische Geist, der die Feder dieses Schriftstellers geführt hat, unglücklicherweise der Menge bemächtigt, würde man die Verfassung der Monarchie alsbald vollständig und gänzlich erschüttert sehen; die Vasallen würden sich binnen kurzem gegen ihre Herren und die Volksmassen gegen ihren Souverän erheben.

(Aus: Walter Markov, Albert Sobeul, 1789 – Die Große Revolution der Franzosen, Pahl-Rugenstein, Köln 1989, S. 42)

MATERIAL 7 Die Popularisierung Rousseaus

Um 1794 erschien in einem popularisierenden Almanach (Jahrbuch) eine Hymne an die Freiheit und Gleichheit, von einem einfachen Soldaten der Revolutionsarmee verfasst und komponiert. Eine Strophe gibt die politische Philosophie Rousseaus wieder:

Freiheit ist also nur im Gesetz,
das Gesetz ist der oberste Wille aller.
Es ist mein Werk, von mir gemacht,
den Gesetzen unterworfen,
gehorche ich mir selbst.

(Aus: Iring Fetscher, Rousseaus politische Philosophie, Zur Geschichte des demokratischen Freiheitsbegriffs, Suhrkamp, Frankfurt 1990, S. 303, Übers. B. Müller)

1. Überprüfen Sie, ob das Urteil des Parlaments über die Aufklärungsschriftsteller berechtigt ist. Verfassen Sie eine Erwiderung.
2. Überprüfen Sie, ob der Liedermacher Rousseaus politische Grundgedanken sinngemäß verbreitet.
3. Überlegen Sie, welche Assoziationen die Abbildung auf der Spielkarte beim Betrachter wecken sollte.

Der „Weise Rousseau“ als Kreuzkönig auf einer revolutionären Spielkarte, in der Hand die „Revolutionsbibel“ des „Contrat Social“.

2.2 Die großen Entscheidungen vom 5. Mai bis zum 4./5. August 1789: Reformen oder Revolutionen?

Der entscheidende Anstoß zur Revolution ging von der Regierung aus. Sie brachte 1787 den König dazu, eine Versammlung von Notablen, angesehenen Persönlichkeiten aus Klerus, Adel und Bürgertum, einzuberufen. Sie berieten über die Lösung der Finanzkrise des Staates. Der Adel nutzte die Schwäche des Königtums aus und versuchte seinen vorabsolutistischen Einfluss zurückzugewinnen. Die Parlamente, die sich übergangen sahen, drängten jetzt den König, erstmals seit 1614 wieder die Generalstände, je 300 gewählte Vertreter aus Klerus, Adel und Bürgertum, auf den 5. Mai 1789 einzuberufen. Sie sollten das veraltete Steuersystem reformieren. Der König willigte ein.

Einberufung der Generalstände

In den monatelangen öffentlichen Auseinandersetzungen vor der Wahl der Vertreter war die Zensur faktisch außer Kraft gesetzt. Eine Flut von Flugschriften, Pamphleten, Reformbroschüren und Reden ergoss sich über das Land. Umstritten war insbesondere die Rolle des dritten Standes in der vorgesehenen Ständeversammlung. Die Zahl seiner Vertreter wurde im Voraus auf annähernd 600 verdoppelt, offen aber blieb, ob die drei Stände künftig gemeinsam oder getrennt tagen, ob sie nach Ständen oder Kopfzahl abstimmen und wie weit ihre Reformvorschläge in das bestehende Ancien Régime eingreifen sollten.

Die öffentliche Meinung wurde besonders angeheizt und politisiert durch eine in 30 000 Exemplaren verbreitete Flugschrift des Abbé Sieyès. Darin fragte er aufreizend: „Was ist der dritte Stand?“, und antwortete: „Alles, die wahre schaffende Nation, ihre volonté générale (Gesamtwille). – Was ist der dritte Stand bisher in der politischen Ordnung gewesen? – Nichts. Was will er? – Etwas darin werden.“ – Werden wollte der dritte Stand nach der Meinung des Abbé die Vertretung der einen, unteilbaren Nation, er wollte selbst bestimmen, nicht mehr nur zustimmen oder mitbestimmen. In diesen Forderungen ertönte die Fanfare der Revolution.

Selbstverständnis des Dritten Standes

Vor der Wahl wurden Tausende von Beschwerdeheften an die Wahlkreiskandidaten gerichtet, es war, als ob das ganze französische Volk zu sprechen anfinge über Steuern, Zölle, Feudallasten, Brotpreise, Rechte des Königs und seiner Beamten. Die wirtschaftliche und soziale Notlage, die sich in den Beschwerden artikulierten, waren aber nicht Motor, sondern eher Treibstoff für die kommende Revolution. So waren in Lyon als Folge des Freihandelsvertrags Frankreichs mit England 1786 von 58 000 Tucharbeitern über 20 000 arbeitslos geworden. Missernten, Zölle, Spekulationen von Getreidehändlern und Grundbesitzern ließen den lebenswichtigen Getreidepreis im Sommer 1789 auf den höchsten Punkt im ganzen 18. Jahrhundert schnellen. Im nationalen Durchschnitt wurden 50 % des Lohns für Brot ausgegeben. In Paris, wo 600 000 Menschen lebten, rotteten sich die Armen zusammen und plünderten Bäckerläden und Getreidespeicher. Die Meutereien wurden blutig niedergeschlagen.

Sozialer Sprengstoff

Der König schwankte zwischen Reformwillen und Beharren. Am 5. Mai feierten fast 1 200 Deputierte mit dem König in Versailles die Eröffnung der Ständeversammlung und zogen von dort in ihrer standesgemäßen Kleidung zum Tagungsort im Schloss. Zwei Drittel der gewählten Vertreter des Klerus waren niedere Geistliche, nur 46 waren Bischöfe. Ein Drittel der Vertreter des Adels war liberal eingestellt, offen für Reformen. Die Hälfte der Vertreter des dritten Standes war Juristen, die andere Hälfte hohe Beamte und Unternehmer, nur ganz wenige kamen vom Land, obwohl dort 70 % der Bevölkerung lebten. Der dritte Stand zeigte sich in der Euphorie des Anfangs noch geschlossen und spaltete sich erst später in sich bekämpfende Gruppen. Revolutionäre Entwicklungen vollzogen sich fast gleichzeitig in verschiedenen Bereichen der französischen Gesellschaft. Es bildeten sich drei eigenständige, aber zusammenwirkende Revolutionsprozesse aus:

3 Revolutionen

1. in der Ständeversammlung die Verfassungsrevolution,
2. in den Städten die kommunale Revolution,
3. auf dem Land die Revolution der Bauern.

Die entscheidenden revolutionären Aktionen in diesen drei Bereichen lassen sich folgendermaßen zusammenfassen:

Ständeversammlung wird Nationalversammlung

1. Auf Antrag des Abbé Sieyès, eines Deputierten von Paris, erklärten sich am 17. 6. 1789 die 600 Verteter des dritten Standes, von 96 % der Nation entsandt, eigenmächtig zur „Versammlung der anerkannten und beglaubigten Vertreter der französischen Nation", der die Vertreter der zwei anderen Stände beitreten könnten; der König wurde gar nicht mehr gefragt. Am 20.6. widersetzten sich die 600 Vertreter im Ballspielhaus von Versailles dem Befehl des Königs auseinander zu gehen: Sie schworen voller Begeisterung, sich „niemals von der Nationalversammlung zu trennen, bis die Verfassung des Königreichs geschaffen ist" (s. Abb. S. 94). Der König gab nach und befahl jetzt den Vertretern des ersten und zweiten Standes, sich der Nationalversammlung des dritten Standes anzuschließen.

Sturm auf die Bastille

2. Begleitet und gestützt wurde diese „kalte", staatsrechtliche Revolution der politischen Elite durch Volksaufstände in Paris und in anderen großen Städten. Bürger bewaffneten sich und verteidigten sich in Form einer Bürgerwehr oder Nationalgarde. Am 14. Juli 1789 stürmten Bürger von Paris das Gefängnis und Waffenarsenal der Stadt, die Bastille: Sie wollten sich Waffen für den Fall einer militärischen Bedrohung beschaffen. Eine aufgebrachte Volksmenge lynchte, nachdem bei der Erstürmung der Bastille 98 Bürger erschossen worden waren, den Festungskommandanten. Dieses Ereignis wurde zu einem Mythos verklärt – „das Volk bricht seine Ketten"; die Steine der geschleiften Bastion wurden im ganzen Land wie Gedenkreliquien verteilt. Drei Tage später besuchte der König an der Spitze der Nationalversammlung im Rathaus den Magistrat der aufständischen Stadt und steckte sich die blau-weiß-rote Nationalkokarde an – blau und rot waren die Stadtfarben von Paris, weiß die Farbe des königlichen Lilienbanners. Damit erkannte er die kommunale Revolution und die neue revolutionäre Stadtverwaltung an.

Revolution auf dem Land

3. Seit Frühjahr 1789 weigerten sich Bauern ihre Feudalabgaben zu entrichten. Auf dem Lande verbreitete sich eine „Große Angst", eine Panikstimmung, genährt durch Gerüchte über Adelsverschwörungen, Bandenkriege, Seuchen. Die Bauern griffen zur Selbsthilfe und steckten an vielen Orten die Schlösser ihrer adligen Grundherren in Brand und vernichteten die Archive mit den Urkunden der grundherrlichen Rechte.

Drei Ebenen der Revolution

Der Bauernkrieg entsetzte die Nationalversammlung: Für sie stand nicht nur die veraltete Feudal-, sondern die Eigentumsordnung überhaupt auf dem Spiel; sie befürchtete, die politische Revolution könnte in eine soziale umschlagen. Was war zu tun? – Gewaltsam unterdrücken, gewähren lassen, Schaden begrenzen, Zugeständnisse machen, anerkennen? Die Antwort darauf gab eine enthusiastische Sitzung der Nationalversammlung in der Nacht vom 4./5. August 1789. Hingerissen von einem Gefühl nationaler Verbrüderung und Opferbereitschaft beschloss die Nationalversammlung, die Leibeigenschaft, gutsherrliche Gerichtsbarkeit, Privilegien wie Steuerbefreiung von Adel und Klerus, Privilegien einzelner Städte und den Ämterkauf ersatzlos aufzuheben. Die am Boden haftenden Herrenrechte wie etwa der Zehnte konnten in Geld, also gegen Entschädigung oder Zins abgelöst werden. Der Verlust des Adels hielt sich in Grenzen: Von einer „Bartholomäusnacht des feudalen Eigentums" kann man nur unter Vorbehalten sprechen. Dennoch: Erstmals wurden in der Französischen Revolution Privilegien abgeschafft, um eine neue Freiheits- und Eigentumsordnung zu begründen. Tausend Jahre der französischen Geschichte waren so liquidiert.

Aufhebung der feudalen Privilegien

MATERIAL 8 Brief eines Bauern an den Intendanten kurz vor der Revolution

Obwohl wir wenig Adel in dieser Provinz haben, darf man doch nicht glauben, dass die Grundstücke deshalb weniger mit Abgaben belastet wären; im Gegenteil, fast alle Lehnsgüter gehören der Kathedrale, dem Erzbistum, dem Stift St. Martin, den Benediktinern von Noirmoutier, von St. Julien und anderen Geistlichen, deren Renten nie verjähren und bei denen man unaufhörlich neue, aus alten verschimmelten Pergamenten zum Vorschein kommen sieht, deren Ursprung Gott allein kennt! Die ganze Provinz ist mit dieser Rentenkrankheit behaftet. Die Mehrzahl der Landgrundstücke muss jährlich von jedem Acker Weizen den siebenten Teil entrichten, andere ebenso den siebenten vom Wein; einer hat der Herrschaft ein Viertel der Ernte zu geben, ein anderer ein Fünftel usw., nachdem der Zehnte schon abgezogen ist; dieser entrichtet den zwölften, jener den dreizehnten Teil. Alle diese Abgaben sind so seltsam, dass ich solche vom vierten bis zum vierzigsten Teil der Ernte kenne. Was soll man ferner von der Tyrannei der lods et ventes[1] halten? Ein Käufer erschöpft seine Mittel, um ein Grundstück zu erwerben, und muss nun an erheblichen Kosten für Zuschlag, Vertrag, Besitzübergang, Protokoll, Prüfung und Eintragung jeweils ein Prozent des Kaufpreises zahlen, ja darüber hinaus muss er den Vertrag noch seinem Lehnsherrn vorlegen, der ihm die lods et ventes nach dem Werte des Grundstücks abverlangt. Die einen verlangen ein Zwölftes des Wertes, andere ein Zehntel. Manche beanspruchen ein Fünftel, wieder andere noch ein Fünftel vom Fünftel dazu. Kurz, es kommen alle möglichen Preise vor, und ich kenne einige, die sich sogar ein Drittel der Kaufsumme bezahlen lassen. Wahrlich, selbst die wildesten und barbarischsten Nationen des bekannten Universums haben keine so argen und derart zahlreichen Lasten erfunden, wie unsere Tyrannen sie unseren Vorfahren aufgebürdet haben.

[1] lods et ventes: Abgaben im Erbfall

(Aus: Alexis de Tocqueville, Der alte Staat und die Revolution, Rowohlt, Reinbek 1969, S. 200ff.)

1. Zeigen Sie, was der Bauer in seinem Brief dem Intendanten vorrechnet und wie er seine Rechnung kommentiert.

MATERIAL 9 Gesellschaftliche und wirtschaftliche Verhältnisse in Frankreich vor der Revolution

Stände und Bodenverteilung

1. Stand: Klerus
130 000 Personen= 0,5 % der Bevölkerung
10 000 Prälaten
60 000 Pfarrer
60 000 Mönche und Nonnen

2. Stand: Adel
350 000 Personen = 1,5 % der Bevölkerung
Mehrheit: ärmerer Landadel

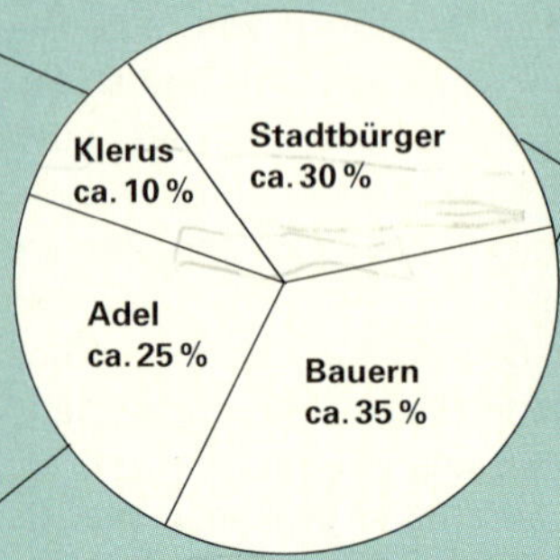

Bodenverteilung

3. Stand: Stadtbürger und Bauern
über 24 Mill. = 98 % der Bevölkerung

Stadtbürger: ca. 3 Mill. = 13 % der Bevölkerung, davon: unter 1% Großbürger (Bankiers, Reeder, Generalpächter, Manufakturbesitzer), 10 % Rentiers, 20 % freie Berufe, 66 % Kleinbürger (Handwerker, Lohnarbeiter, Händler, Gesellen, Bedienstete)

Bauern: ca. 21 Mill. = 85 % der Bevölkerung, davon: unter 10 % Großbauern (mit Überschusswirtschaft), über 50 % Kleinbauern (meist unter 2 ha, Heimarbeiter), 40 % landlose Tagelöhner (Kätner)

Preis und Lohnentwicklung

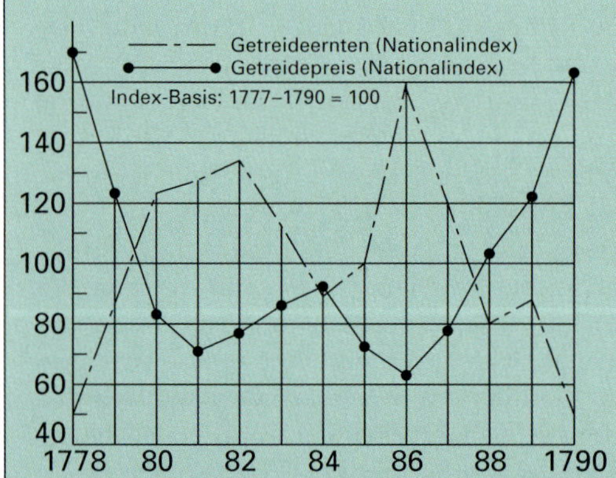

Getreidepreis und Ernteergebnis 1778–1790

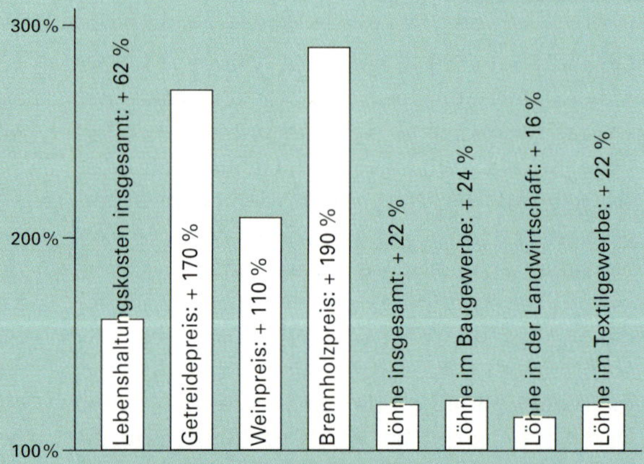

Anstieg der Lebenshaltungskosten und Löhne 1785–1789, 1785 = 100 %

Haushaltsplan des Staates 1778

Einnahmen: 503 Millionen Livres	Steuern, Abgaben, Zölle u. Ä.		
Ausgaben: 629 Millionen Livres	Ziviles: 146 Mio. Livres, davon 36 Mio. Livres Hofhaltung	Militär: 165 Mio. Livres	Schuldendienst (Zins und Tilgung): 318 Mio. Livres

1. Die Materialien dokumentieren gesellschaftliche und wirtschaftliche Verhältnisse in Frankreich vor 1789. Erschließen Sie daraus revolutionäres Potential und revolutionäre Forderungen.

MATERIAL 10 **Die Abschaffung der Feudalrechte – zwei zeitgenössische Darstellungen auf einer Gedenkmünze und in einer Karikatur**

Umschrift „Abschaffung aller Privilegien", auf dem Altar steht „Für das Vaterland", auf der Rückseite steht „Ludwig XVI., Wiederhersteller der französischen Freiheit". Eine Abordnung der Nationalversammlung sollte dem König diesen Titel verleihen und ihn gleichzeitig einladen, an einem gemeinsamen „Te Deum" (Gotteslob) teilzunehmen.

Die Nacht vom 4. auf den 5. August 1789 oder Patriotischer Wahnwitz, Flugblatt 1789
Dieser Stich gehört zu einer Reihe ähnlicher Flugblätter, die revolutionäre Maßnahmen oder Beschlüsse gegen die Missstände des Ancien Régime als Zerstörungshandlungen des Volkes verbildlichen.

MATERIAL 11 **Rede eines Abgeordneten aus dem dritten Stand, 4./5. August 1789**

Ein Leinenhändler aus einer kleinen bretonischen Stadt erklärte in der Nachtsitzung vom 4./5. August 1789:

Seien wir gerecht, meine Herren! Man bringe uns die Pergamente, die nicht nur das Schamgefühl, sondern die Menschheit selbst verletzen, indem sie verlangen, dass Menschen wie Tiere an einen Pflug gespannt werden. Weg mit den Rechtstiteln, die Menschen dazu zwingen, nächtelang auf die Teiche zu schlagen, damit die Frösche den Schlaf und die wollüstigen Beschäftigungen ihrer Seigneurs nicht stören! Wer von uns, meine Herren, wird nicht im Jahrhundert der Aufklärung aus diesen infamen Pergamenten einen Scheiterhaufen errichten, um sie auf dem Altar des Vaterlandes zu opfern?

(Aus: Ernst Schulin, Die Französische Revolution, Beck, München 1989, 2. Aufl., S. 71)

1. Vergleichen Sie die Darstellungen der Abschaffung der Feudalrechte formal und inhaltlich.
2. Erläutern Sie die Rede des Abgeordneten (Argumente, rhetorische Mittel, Wirkungsabsicht, Selbstverständnis des Sprechers, Nähe zum Aufklärungsgedenken).
3. Versuchen Sie, abschließend die revolutionären Entscheidungen und Ereignisse vom 5. Mai bis zum 4./5. August 1789 zu vergleichen und zu gewichten.

2.3 Die Erklärung der Menschen- und Bürgerrechte

Nach den stürmischen Ereignissen der städtischen und der ländlichen Revolution sowie der Revolution der Deputierten verabschiedete die Nationalversammlung nach langen Debatten eine Erklärung der Menschen- und Bürgerrechte und versuchte damit, die drei Revolutionen auf unangreifbare Rechtsnormen festzulegen. Die Verfasser der unzähligen Beschwerdebriefe an die Deputierten hatten eine solche Erklärung gefordert, ihr Vorbild war die Bill of Rights und die Unabhängigkeitserklärung der Amerikaner von 1776. Obwohl gemeinschaftlich erarbeitet, ist der endgültige Text klar und eindringlich formuliert: Er gehört, weit über seine zeitgenössische Funktion im Revolutionsprozess und im politischen Kampf hinausweisend, bis heute zum klassischen Bestand des liberalen Verfassungs- und Rechtsstaates und damit zu unserer politischen Kultur.

Sterbeurkunde des Ancien Régime

Man nennt die Erklärung der Menschenrechte die Sterbeurkunde des Ancien Régime und die Geburtsurkunde eines modernen Frankreich. Im Namen unveräußerlicher und natürlicher Rechte richtet sich die Erklärung gegen den monarchischen Absolutismus und Zentralismus, gegen die Ständeordnung, die Ungleichheit der Geburt, gegen Privilegien für bestimmte Gruppen, gegen willkürliche Justiz, Intoleranz und Zensur. In konzentrierter Form bezogen sich die gebildeten Verfasser auf Gedanken der Aufklärung zu Freiheit, Gleichheit, Eigentum, Naturrecht, zu Gesellschaftsvertrag, Gewaltenteilung, Widerstandsrecht und nationaler Souveränität. Montesquieu, Voltaire und Diderot standen ihnen geistig näher als Rousseau, aber immerhin definierten sie das Gesetz als Ausdruck des allgemeinen Willens. Sie trennten die bürgerliche Gesellschaft und deren Staat, grenzten die Staatsgewalt ein und schützten vor allem die Privatsphären und Einzelinteressen der Staatsbürger und Wirtschaftsbürger. Eine radikale Demokratie, wie sie die Jakobiner ab 1792 forderten, ließ sich aus der Erklärung nicht rechtfertigen.

Aufklärung und Menschenrechtserklärung

Die Erklärung antwortete nicht auf die Frage, ob die Gleichheit der Staatsbürger, der Citoyens, vereinbar sei mit der wirtschaftlichen und sozialen Ungleichheit der Masse des Volkes. Ganz anders jedoch als im traditionsfreien Neuland der 13 Kolonien von Amerika wirkte eine Erklärung der Menschenrechte im ständisch-feudalen Frankreich sozialrevolutionär und sie wirkte weit über die Grenzen des Königreiches in die europäischen Nachbarländer hinein.

Vorbehalte des Königs

Nach der Verabschiedung der Erklärung entbrannte ein Grundsatzstreit über die Frage, ob der Text erst dann rechtskräftig sei, wenn der König ihn eigenhändig unterschrieben habe. Hinter dieser Verfahrensfrage verbarg sich eine Machtfrage: Hatte der König ein absolutes Vetorecht gegen Beschlüsse der souveränen Nationalversammlung? Schon am 5. August 1789 hatte der König anlässlich der Augustbeschlüsse bedeutungsvoll an den Erzbischof von Arles geschrieben: „Ich werde nie zugeben, dass meine Geistlichkeit, mein Adel ausgeplündert werden. Ich werde Dekreten zu einer solchen Ausplünderung meine Sanktion nicht geben." Dieser Vorbehalt galt auch für die Erklärung der Menschen- und Bürgerrechte: Der König weigerte sich zunächst, sie durch Unterzeichnung anzuerkennen.

MATERIAL 12 **Diskussion in der Nationalversammlung am 1. August 1789: Ist eine Erklärung der Menschenrechte sinnvoll und notwendig?**

Target: Die Rechte des Menschen sind nicht hinlänglich bekannt, man muss sie bekannt machen. [...] Hätten unsere Vorfahren getan, was wir tun wollen, wären sie so unterrichtet, wie wir es sind, hätten positive Artikel dem Despotismus unüberschreitbare Schranken gezogen, so wären wir nicht dahin gekommen, wo wir sind. Dadurch, dass wir die Erklärung der Menschenrechte in Erz graben, müssen wir die Fehler unserer Verfassung heilen und die Nachwelt vor ihrer Wiederkehr bewahren.

Graf Castellane: Blicken Sie doch auf die Oberfläche unseres Erdballes und Sie werden mit mir erbeben, wenn Sie sehen, wie wenige Nationen einige Reste ihrer Freiheit bewahrt haben. Ohne hinweisen zu müssen auf ganz Asien und auch nicht auf die unglücklichen Afrikaner, die auf den westindischen Inseln eine viel härtere Sklaverei erdulden müssen als in ihrer eigenen Heimat, ohne, sage ich, aus Europa hinauszugehen, sehen wir dann nicht ganze Völker, die sich als das Eigentum einiger Herren betrachten, sehen wir nicht, dass sie fast sämtlich sich einbilden, sie seien Gesetzen Gehorsam schuldig, die von Despoten gemacht sind, denen diese selbst sich aber nicht unterwerfen? Selbst in England, dieser berühmten Insel, die das heilige Feuer der Freiheit aufbewahrt zu haben scheint, gibt es da nicht Missbräuche, die verschwinden würden, wenn die Menschenrechte besser bekannt wären?

Malouet: Zur Zeit ist die Regierung Frankreichs ohne Kraft und ohne Mittel, die Autorität ist erniedrigt, die Gerichte sind außer Tätigkeit, in Bewegung ist nur das Volk. Die Erhebung der Steuern hat aufgehört, alle lästigen Verpflichtungen erscheinen ungerecht. Unter solchen Umständen kann eine ausdrückliche Erklärung der natürlichen Freiheit und Gleichheit dahin führen, dass die notwendigen Bande zerrissen werden. Die neu geschaffene amerikanische Gesellschaft umfasst nur Grundbesitzer, die an die Gleichheit gewohnt sind, weil sie auf dem von ihnen bebauten Grund und Boden keine Lehnslast (Feudallasten) vorgefunden haben. Solche Menschen waren zweifellos wohl vorbereitet, die Freiheit mit aller ihrer Kraft bei sich aufzunehmen, weil sie durch ihre Neigungen, ihre Sitten und ihre Stellung zur Demokratie berufen waren.
Wir aber, meine Herren, wir haben zu Mitbürgern eine unendliche Menge von besitzlosen Männern, die ihren Lebensunterhalt vor allem von gesicherter Arbeit, strenger Ordnung und einem beständigen Schutz erwarten. Ich glaube, meine Herren, in einem großen Reich ist es notwendig, dass die Menschen, denen vom Schicksal eine abhängige Stellung beschieden ist, eher auf die gerechten Grenzen als auf die Ausweitung ihrer natürlichen Freiheit blicken.

Delandines: Eine unbegrenzte Rechteerklärung würde gierig aufgegriffen werden von dem Volk. [...] Aber wird dieses Volk begreifen, dass diese ursprüngliche Gleichheit leider nur eine philosophische Erdichtung ist, die sofort verschwindet, wenn neben dem eben geborenen Schwächling ein anderes Kind zur Welt kommt, das stärker und geistig besser veranlagt ist? Wird es begreifen, dass die Freiheit, wenn auch die Tochter der Natur, unter dem Schutz positiver Gesetze steht und nicht darin besteht, alles zu tun, was einem nützt, wenn es anderen schadet? Sind auch Gleichheit und Freiheit in der natürlichen Ordnung ein Erbteil jedes Einzelnen, so hat doch in der staatlichen Ordnung jeder Einzelne einen Teil davon zu opfern, um wechselseitige Gleichheit und Freiheit aller zu sichern. [...] Hüten wir uns davor, mit einem Schlag einen Damm niederzureißen, den Jahrhunderte errichtet haben. [...]

(Aus: Irmgard und Paul Hartig, Die Französische Revolution. Quellen zur Geschichte und Politik, Klett, Stuttgart 1984, S. 47; ergänzt durch: François Furet, Denis Richet, Die Französische Revolution, Fischer, Frankfurt 1968, S. 112f., Übers. Ulrich Müller)

MATERIAL 13 Erklärung der Menschen- und Bürgerrechte

Da die Vertreter des französischen Volkes, als Nationalversammlung eingesetzt, erwogen haben, dass die Unkenntnis, das Vergessen oder die Verachtung der Menschenrechte die einzigen Ursachen des öffentlichen Unglücks und der Verderbtheit der Regierungen sind, haben sie beschlossen, die natürlichen, unveräußerlichen und heiligen Rechte der Menschen in einer feierlichen Erklärung darzulegen, damit diese Erklärung allen Mitgliedern der Gesellschaft beständig vor Augen ist und sie unablässig an ihre Rechte und Pflichten erinnert; damit die Handlungen der gesetzgebenden wie der ausübenden Gewalt in jedem Augenblick mit dem Endzweck jeder politischen Einrichtung verglichen werden können und dadurch mehr geachtet werden; damit die Ansprüche der Bürger, fortan auf einfache und unbestreitbare Grundsätze begründet, sich immer auf die Erhaltung der Verfassung und das Allgemeinwohl richten mögen.

Infolgedessen erkennt und erklärt die Nationalversammlung in Gegenwart und unter dem Schutze des Allerhöchsten folgende Menschen- und Bürgerrechte:

Art. 1: Die Menschen sind und bleiben von Geburt frei und gleich an Rechten. Soziale Unterschiede dürfen nur im gemeinen Nutzen begründet sein.
Art. 2: Das Ziel jeder politischen Vereinigung ist die Erhaltung der natürlichen und unveräußerlichen Menschenrechte. Diese Rechte sind Freiheit, Eigentum, Sicherheit und Widerstand gegen Unterdrückung.
Art. 3: Der Ursprung jeder Souveränität ruht letztlich in der Nation. Keine Körperschaften, kein Individuum können eine Gewalt ausüben, die nicht ausdrücklich von ihr ausgeht.
Art. 4: Die Freiheit besteht darin, alles tun zu können, was einem anderen nicht schadet. So hat die Ausübung der natürlichen Rechte eines jeden Menschen nur die Grenzen, die den anderen Gliedern der Gesellschaft den Genuss der gleichen Rechte sichern. Diese Grenzen können allein durch Gesetz festgelegt werden.
Art. 5: Nur das Gesetz hat das Recht, Handlungen, die der Gesellschaft schädlich sind, zu verbieten. Alles, was nicht durch Gesetz verboten ist, kann nicht verhindert werden, und niemand kann gezwungen werden zu tun, was es nicht befiehlt.
Art. 6: Das Gesetz ist der Ausdruck des allgemeinen Willens. Alle Bürger haben das Recht, persönlich oder durch ihre Vertreter an seiner Formung mitzuwirken. Es soll für alle gleich sein, mag es beschüt-

zen, mag es bestrafen. Da alle Bürger in seinen Augen gleich sind, sind sie gleicherweise zu allen Würden, Stellungen und Beamtungen nach ihrer Fähigkeit zugelassen.
Art. 7: Jeder Mensch kann nur in den durch das Gesetz bestimmten Fällen und in den Formen, die es vorschreibt, angeklagt, verhaftet und gefangen gehalten werden. Diejenigen, die willkürlich Befehle betreiben, ausfertigen, ausführen oder ausführen lassen, sollen bestraft werden. Doch jeder Bürger, der aufgrund des Gesetzes vorgeladen oder ergriffen wird, muss sofort gehorchen. Er macht sich durch Widerstand strafbar.
Art. 8: Das Gesetz soll nur solche Strafen festsetzen, die offenbar unbedingt notwendig sind, und niemand kann aufgrund eines Gesetzes bestraft werden, das nicht vor Begehung der Tat erlassen, verkündet und gesetzlich angewandt worden ist.
Art. 9: Da jeder Mensch so lange für unschuldig gehalten wird, bis er für schuldig erklärt worden ist, soll, wenn seine Verhaftung für unumgänglich erachtet wird, jede Härte, die nicht notwendig ist, um sich seiner Person zu versichern, durch Gesetz streng vermieden sein.
Art. 10: Niemand soll wegen seiner Meinung, selbst religiöser Art, beunruhigt werden, solange ihre Äußerungen nicht die durch das Gesetz festgelegte öffentliche Ordnung stört.
Art. 11: Die freie Mitteilung der Gedanken und Meinungen ist eines der kostbarsten Menschenrechte. Jeder Bürger kann also frei schreiben, reden, drucken unter Vorbehalt der Verantwortlichkeit für den Missbrauch dieser Freiheit in den durch Gesetz bestimmten Fällen.
Art. 12: Die Sicherung der Menschen- und Bürgerrechte erfordert eine Streitmacht. Diese Macht ist also zum Vorteil aller eingesetzt und nicht für den besonderen Nutzen derer, denen sie anvertraut ist.
Art. 13: Für den Unterhalt der Streitmacht und für die Kosten der Verwaltung ist eine allgemeine Abgabe unumgänglich. Sie muss gleichmäßig auf alle Bürger unter Berücksichtigung ihrer Vermögensumstände verteilt werden.
Art. 14: Alle Bürger haben das Recht, selbst oder durch ihre Abgeordneten die Notwendigkeit der öffentlichen Abgabe festzustellen, sie frei zu bewilligen, ihre Verwendung zu überprüfen.
Art. 15: Die Gesellschaft hat das Recht, von jedem öffentlichen Beamten Rechenschaft über seine Verwaltung zu fordern.
Art. 16: Eine Gesellschaft, in der die Verbürgung der Rechte nicht gesichert und die Gewaltenteilung nicht festgelegt ist, hat keine Verfassung.
Art. 17: Da das Eigentum ein unverletzliches und heiliges Recht ist, kann es niemandem genommen werden, wenn es nicht die gesetzlich festgelegte öffentliche Notwendigkeit augenscheinlich erfordert und unter der Bedingung einer gerechten und vorherigen Entschädigung.

(Aus: Walter Grab, Hrsg., Die Französische Revolution. Eine Dokumentation, Nymphenburger Verlag, München 1973, S. 37ff.)

1. Charakterisieren Sie die politischen Grundeinstellungen der vier Sprecher in Material 12 (Geschichts- und Menschenbild, Wertevorstellungen, Verhältnis zur Aufklärung).
2. Erläutern Sie, warum nach den Worten Malouets (Material 12) die Franzosen den Amerikanern in der Erklärung der Menschenrechte nicht folgen sollten.
3. Mit welchen Argumenten rechtfertigen die Verfasser der Menschen- und Bürgerrechtserklärung dieses klassische Dokument politischer Kultur (Material 13)? Erläutern Sie ihr Selbstverständnis, ihr Geschichts- und Menschenbild sowie ihre Wirkungsabsicht. Beziehen Sie die Bildallegorie (links eine Personifikation Frankreichs, rechts die des Gesetzes) in Ihre Erläuterung ein.
4. Welche Rechte bzw. Pflichten der Erklärung beziehen sich auf den „Menschen“ und welche auf den „Staatsbürger“?
5. Die Menschen- und Bürgerrechte lassen sich klassifizieren in
   a) individuelle Freiheitsrechte (liberale Rechte)
   b) politische (öffentliche) Grundrechte (Rechte der Teilhabe und der Mitwirkung am Staat; demokratische Rechte)
   c) soziale Rechte.

   Ordnen Sie die Rechte der Erklärung diesen 3 Gruppen zu.

6. Vergleichen Sie die Stellungnahmen der vier Sprecher aus Material 12 mit dem endgültigen Text der Erklärung der Menschen- und Bürgerrechte. Inwieweit haben sie sich durchgesetzt?
7. Inwiefern kann die Erklärung der Menschen- und Bürgerrechte als Sterbeurkunde des Ancien Régime und als Geburtsurkunde des modernen Frankreich gelten?
8. Französische Bischöfe sind im 18. Jahrhundert im Geiste der politischen Theologie Bossuets erzogen worden. Vergleichen Sie den Text Bossuets (S. 104–105) mit der Erklärung der Menschen- und Bürgerrechte und verfassen Sie eine denkbare Erwiderung französischer Bischöfe auf die Menschenrechtserklärung.

Es empfiehlt sich, die Aufgaben im arbeitsteiligen Verfahren zu bearbeiten.

MATERIAL 14 Olympe de Gouges, Erklärung der Rechte der Frau und Bürgerin. Von der Nationalversammlung am Ende dieser oder bei der nächsten Legislaturperiode zu verabschieden, 1791

Die Schriftstellerin und Revolutionärin Olympe de Gouges wandte sich mit dieser Erklärung an die Königin. 1792/93 erbot sie sich, den angeklagten König vor dem Nationalkonvent zu verteidigen. Im November 1793 endete auch sie selbst auf dem Schafott.

Präambel

Wir, Mütter, Töchter, Schwestern, Vertreterinnen der Nation, verlangen, in die Nationalversammlung aufgenommen zu werden. In Anbetracht dessen, dass Unwissenheit, Vergesslichkeit oder Missachtung der Rechte der Frauen die alleinigen Ursachen öffentlichen Elends und der Korruptheit der Regierungen sind, haben wir uns entschlossen, in einer feierlichen Erklärung die natürlichen, unveräußerlichen und heiligen Rechte der Frau darzulegen, auf dass diese Erklärung, allen Mitgliedern der bürgerlichen Gesellschaft vor Augen, sie unablässig an ihre Rechte und Pflichten erinnert. [...]

Das an Schönheit wie Mut im Ertragen der Mutterschaft überlegene Geschlecht anerkennt und erklärt somit, in Gegenwart und mit dem Beistand des Allmächtigen, die folgenden Rechte der Frau und Bürgerin:

Artikel I

Die Frau ist frei geboren und bleibt dem Manne gleich in allen Rechten. [...]

Artikel III

Die Legitimität jeder Herrschaft ruht wesentlich in der Nation, die nichts anderes darstellt als eine Vereinigung von Frauen und Männern. [...]

Artikel VI

Recht und Gesetz sollten Ausdruck des Gemeinwillens sein. Alle Bürgerinnen und Bürger sollen persönlich oder durch ihre Vertreter an ihrer Gestaltung mitwirken.

Artikel X

Wegen seiner Meinung, auch wenn sie grundsätzlicher Art ist, darf niemand verfolgt werden. Die Frau hat das Recht, das Schafott zu besteigen. Sie muss gleichermaßen das Recht haben, die Tribüne zu besteigen.

Artikel XIII

Für den Unterhalt der Polizei und für die Verwaltungskosten werden von der Frau wie vom Manne gleiche Beiträge gefordert. Hat die Frau teil an allen Pflichten und Lasten, dann muss sie ebenso teilhaben an der Verteilung der Posten und Arbeiten, in niederen und hohen Ämtern und im Gewerbe.

Artikel XVII

Das Eigentum gehört beiden Geschlechtern oder einem Einzelnen. Jede Person hat darauf ein unverletzliches und heiliges Anrecht.

(Aus: Ob die Weiber Menschen sind. Geschlechterdebatten um 1800, Reclam, Leipzig 1992, S. 112–115)

Versammlung revolutionärer Republikanerinnen in Paris. 1793 wurden alle Frauenclubs verboten.

MATERIAL 15 **Emanzipation der Juden**

Die Juden, im christlichen Europa jahrhundertelang als Minderheit verfolgt, hofften durch die Ausbreitung der Revolution gleichberechtigte Staatsbürger zu werden, so wie ihre 40 000 französischen Glaubensbrüder es seit 1789 schrittweise geworden waren. Ihre individualrechtliche und politische Gleichstellung mit den Christen griff jedoch tief in ihr traditionelles, durch staatliche Privilegien zugleich geschütztes und eingegrenztes Gemeindeleben ein.

Die eine und unteilbare französische Nation wollte aber neben sich keine andere autonome Gemeinschaft dulden. Juden konnten Franzosen werden, so wie auch andere Fremde, nachdem sie einen Bürgereid geschworen hatten.

In einer Rede vor der Nationalversammlung über den „bürgerlichen Zustand der Juden" erklärte der Abbé Lamourette 1789:

Die Juden sind eigentlich keine Nation mehr; sie sind nichts als die Überbleibsel und Trümmer eines zerstörten Volkes. [...] Der Jude wird in unserer Nähe geboren; seine Wiege steht neben der Wiege unserer Kinder; er lässt sein Schicksal von unserem Boden abhängen; er nimmt unsere Gesetze als die seinigen an, er trägt mit uns gleiche Lasten; er ist unseren Gerichtshöfen unterworfen; er übernimmt alle unsere lästigen und beschwerlichen Staatsbedürfnisse; er wird in der Nähe unserer Hütten alt und gräbt sich sein Grab fast an der nämlichen Stelle, wo wir das unsrige graben. Was fehlt ihm nun noch, um ein wirklicher Franzose zu sein, und was besitzt ihr mehr, um euer eigenes Recht auf diesen ehrenvollen Namen zu beweisen? [...]

Sie (die Abgeordneten) können den Juden nicht mehr ihr bürgerliches Dasein verweigern, ohne die ersten Grundfesten Ihres Staatsgebäudes zu erschüttern und ohne in jenen Widerspruch zu fallen, welcher das innere Wesen Ihrer neuen Staatsform selbst aufhebt.

(Aus: Julius Höxter, Quellenbuch zur jüdischen Geschichte und Literatur, Bd. IV: Europäische Länder in der Neuzeit, Feldheim Publishers, Jerusalem 1985, S. 7)

1. Vergleichen Sie die Auszüge aus der Frauenrechtserklärung (Material 14) mit den entsprechenden Abschnitten der Menschen- und Bürgerrechtserklärung.
2. Welche Rückschlüsse lassen sich aus der Frauenrechtserklärung auf die soziale Lage der Französinnen zur Zeit der Französischen Revolution ziehen?
3. Halten Sie eine Frauenrechtserklärung für notwendig und für berechtigt?
4. Erläutern Sie, wer nach Auffassung des Abbé Lamourette (Material 15) ein Franzose ist.
5. Zeigen Sie, inwiefern die jüdische Frage zugleich grundsätzliche Fragen an den neuen französischen Staatsbegriff stellt.

MATERIAL 16 „Die Freiheit in den Kolonien“

Anonymer französischer Kupferstich

1. Erläutern Sie die Darstellungsabsicht der abgebildeten Vignette.

2.4 Die Verfassung von 1791 – Ergebnis und Abschluss der „Revolution der Freiheit"?

Die Französische Revolution erstreckte sich über zehn Jahre; sie bestand aus drei aufeinander einwirkenden Einzelrevolutionen. Der Gesamtprozess wird in Ablaufphasen eingeteilt; die erste und bedeutsamste Phase reichte bis zur Verabschiedung der Verfassung im September 1791. Der französische Revolutionshistoriker François Furet nennt die Zeit von 1789 bis September 1791 die glückliche, die tränenlose Revolution, sie stand eher im Zeichen der Freiheit als der Gleichheit. Im Jahre 1792 radikalisierte sich die Revolution durch den beginnenden Terror und den Krieg.

Verfassungsrevolution

Die Franzosen sprechen von den „grandes journées", den großen Tagen ihrer Revolution. Es sind dies zunächst der 17. Juni, der 14. Juli, der 4./5. August und der 26. August des Jahres 1789; auch der 6. Oktober 1789 gehört in diese Reihe. An diesem Tag zogen die Frauen der Markthallen von Paris, nach Brot rufend, im Regen und unter dem Geläut von Sturmglocken, von 15 000 Nationalgardisten begleitet, vor das Schloss von Versailles und zwangen den König, seine Familie und die Nationalversammlung nach Paris umzuziehen. Mit Piken und Flinten bewaffnet oder Pappelzweige schwingend begleiteten sie die Karosse der königlichen Familie und sangen lärmend: „Wir bringen den Bäcker, die Bäckersfrau und den Bäckerjungen zurück." In den Bajonetten der Nationalgardisten staken Brotlaibe. Von diesem Tag an residierte der König über 120 Jahre nach dem Umzug Ludwigs XIV. nach Versailles wieder mitten unter seinem Volk in den Tuilerien. Die Nationalversammlung, die Constituante, tagte im Manegesaal der Tuilerien und bekam das Aufbegehren der Volksschichten hautnah zu spüren.

Im „glücklichen" Jahr 1790 fand das spektakulärste aller Revolutionsfeste, das Fest der Föderierten, am ersten Jahrestag des Bastillesturms auf dem Marsfeld in Paris statt. Föderierte, meist verbrüderte und verschworene Nationalgardisten aus allen Departements, hatten das Fest unter dem Motto „Vereint sein und nicht mehr getrennt erdulden" vorbereitet. König, Nationalversammlung und Volk, etwa 400 000 Personen, bekundeten mit Treueschwüren ihren Einheitswillen und ihre Eintracht. Ein Jahr später war diese festliche Eintracht der Nation zerbröckelt. Im Sommer 1791 hatte der König versucht, zu seiner Armee an der Ostgrenze Frankreichs zu fliehen, die geheime Flucht wurde entdeckt und der König und seine Familie wurden als Gefangene in die Tuilerien zurückgeführt. Die Mehrheit der Abgeordneten der Nationalversammlung weigerte sich dennoch, den desavouierten König abzusetzen. Am 13. September 1791 bestätigte er durch Unterschrift die von der Nationalversammlung nach über zweijähriger Beratung beschlossene Verfassung einer konstitutionellen Monarchie. Die verfassungsgebende Nationalversammlung, die Constituante, löste sich nun auf; in der nach der neuen Verfassung gewählten Legislative waren keine Mitglieder der Constituante mehr vertreten, denn diese hatte beschlossen, dass die neuen Mandate mit ihren bisherigen unvereinbar seien. Die neu gewählte Legislative hatte eine ganz andere, eine politisch radikale Zusammensetzung. Die Revolution war an eine Wegkreuzung gelangt.

Föderiertenfest

Flucht des Königs

Verfassung

Legislative

Normen und Prinzipien

Die Normen und Prinzipien der neuen liberalen Verfassungsordnung wie individuelle Freiheit, Rechtsgleichheit und Rechtssicherheit, Schutz des Eigentums, Volkssouveränität wurden aus der Erklärung der Menschen- und Bürgerrechte abgeleitet und in die neue politische und soziale Ordnung übersetzt.

Gewaltenteilung

- Das Prinzip der horizontalen Gewaltenteilung wurde im Gegensatz zur Gewaltenkonzentration des Absolutismus konsequent durchgeführt. Exekutive, Legislative und Judikative waren voneinander unabhängig, die Legislative hatte aber einen Vorrang, denn sie vertrat die souveräne Nation.

Konstitutionelle Monarchie

- Vor der Nationalversammlung leistete der jetzt konstitutionelle, also verfassungsmäßig beschränkte Monarch einen Eid auf die Verfassung. Er war jetzt nicht mehr König von Frankreich, sondern trug den Titel: „Ludwig von Gottes Gnaden und der Staatsverfassung König der Franzosen". Er war seiner sakralen Würde entkleidet, ein Geschöpf der nationalen Souveränität, nur noch der erste Beamte seines Staates, über eine Zivilliste (jährliche Gehaltszuweisung) besoldet und von der Nation beaufsichtigt. Er bildete in eigener Verantwortung die Regierung, indem er Minister seiner eigenen Wahl ernannte; auf die gewählten Beamten der Departements, der Kantone oder gar der Kommunen hatte er aber keine rechtlichen Einwirkungsmöglichkeiten. Die staatliche Autorität wurde dezentralisiert und zersplittert. Die 83 Departements wurden Republiken im Kleinen. Die neue demokratisierte Selbstverwaltung funktionierte kaum. Jakobinische Clubs sollten später in dieses Vakuum vorstoßen. Der König war Staatsoberhaupt, Oberbefehlshaber der Streitkräfte, er konnte im Einvernehmen mit der Nationalversammlung Krieg erklären und Frieden schließen. Alle Anordnungen des Königs mussten von den Ressortministern gegengezeichnet werden. Sie übernahmen die politische Verantwortung. Der König war somit politisch nicht mehr verantwortlich.

Kompetenz der Nationalversammlung

- Die Nationalversammlung war unauflöslich. Sie tagte gewissermaßen dauernd, initiierte und beschloss Gesetze. Sie kontrollierte die Regierung vor allem über das Budgetrecht und konnte Minister beim Hochgericht anklagen. Außer den Abgeordneten der Nationalversammlung wurden Richter, Beamte, Offiziere der Nationalgarde und selbst Geistliche gewählt.

Wahlrecht

- Das Wahlrecht schränkte die politische Freiheit der Bürger ein. Es war nicht allgemein, sondern an den Zensus, das jährliche Steueraufkommen, gebunden. Das Wahlrecht teilte die männlichen Bürger Frankreichs in vier Kategorien ein: in Passivbürger, die vom Wahlrecht überhaupt ausgeschlossen waren, in Aktivbürger, die wählen durften, in Wahlmänner unterschiedlicher Position und in Kandidaten der Nationalversammlung. Das Zensuswahlrecht wurde schon im Dezember 1789 mit 453 gegen 443 Stimmen beschlossen. Der besitzbürgerliche Charakter der Verfassung war offenkundig.

Die Verfassung von 1791, die erste geschriebene repräsentative Verfassung des europäischen Kontinents, wurde nach der amerikanischen zum Leitbild aller Verfassungen des 19. Jahrhunderts. Das neu errichtete politische Gebäude erwies sich als sehr zerbrechlich und funktionierte kaum. Die Constituante hatte verkündet, „die Revolution ist zum Abschluss gekommen" – aber das war sie gerade nicht, nicht durch diese Verfassung. Die Dynamik der Revolution ging über sie hinweg.

MATERIAL 17 **Die erste Revolutionsverfassung von 1791: eine konstitutionelle Monarchie**

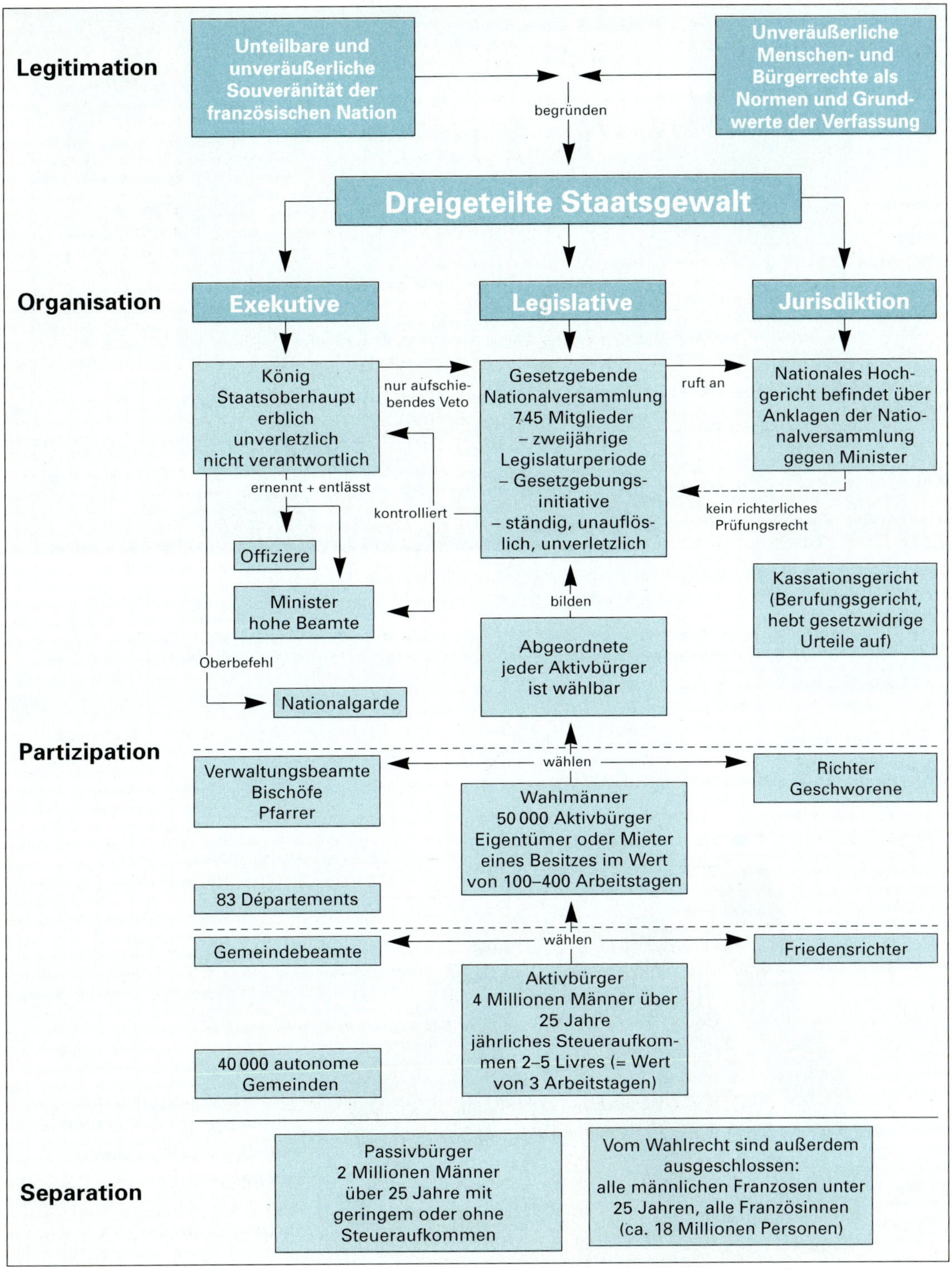

Tanz anlässlich des Föderationsfestes auf den Fundamenten der Bastille

1. Untersuchen Sie, welche politischen Prinzipien sowie Intentionen der ersten Revolutionsverfassung (Material 17) zugrunde liegen und inwieweit soziale Interessen zur Geltung kommen.

MATERIAL 18 Anonymer Kupferstich

Unter dem Bild stand:

tôt tôt tôt
battez chaud
tôt tôt tôt
bon Courage
il faut avoir coeur à l'ouvrage

Übersetzung:
Schnell, schnell, schnell,
schmiedet, solange es heiß ist,
schnell, schnell, schnell,
seid guten Muts,
man muss beherzt
ans Werk gehen.

MATERIAL 19 **Anonyme Karikatur, 1790/91**

Nach der Speisekarte der Verfassung verschlingt die als gefräßiges Weib dargestellte Nationalversammlung die Staats-, Kirchen- und Adelsgüter ebenso wie die Assignaten, die patriotischen Abgaben und selbst die Kolonien.

1. Die Verfassung war das Ergebnis eines öffentlichen Diskussionsprozesses, die Debatte wurde durch Flugblätter publikumswirksam verbreitet. Welche Befürchtungen und Erwartungen drücken sich in den Abbildungen (Material 18 und 19) aus?

MATERIAL 20 **Erziehung zum Verfassungspatriotismus**

1791 verkündet das „Journal de Langue Française“:
Der Geist der Verfassung muss alle Studien begleiten, veredeln, heiligen. Die Verfassung ist die Religion des Patrioten: Die Verfassung in der Hand und den Patriotismus im Herzen müssen wir den Schüler auf den Thron der Wissenschaften und Künste erheben.

In einer Jakobinersitzung wird im Jahre 1793 gefordert:
Die verheirateten Priester sollen in Zukunft, nachdem sie die Irrtümer eingesehen haben, die sie zuvor gepredigt haben, das Evangelium des Tages erklären, die heilige Verfassung.

(Aus: Rolf Reichardt, Eberhard Schmitt, Hrsg., Handbuch politisch-sozialer Grundbegriffe in Frankreich 1680–1820, Oldenbourg, München 1986, Heft 12, S. 59)

1. Erläutern und erörtern Sie die hohen, auf die Verfassung gerichteten Erwartungen.

MATERIAL 21 Diskussion über das Zensuswahlrecht, 1789

Camille Desmoulins, Gründungsmitglied des Jakobinerclubs, radikaler Publizist und Advokat, 1794 guillotiniert, agitierte Ende 1789 in seinem Journal „Revolution de France et de Brabant“ und beschimpfte die Urheber des Zensuswahlrechts als „miserable Priester“ und „stupide Bonzen“. Selbst ein Jean-Jacques Rousseau wäre so nicht wählbar gewesen.

Was wollt ihr eigentlich mit dem Wort „Aktivbürger“ besagen? Die Aktivbürger sind die, die die Bastille gestürmt haben, die, die die Felder bestellen, während die Müßiggänger des Klerus und des Hofes trotz ihrer ungeheueren Reichtümer nur vegetierende Pflanzen sind und dem Baume des Evangeliums gleichen, der abgehauen und ins Feuer geworfen wird, weil er keine Früchte trägt.

Paul Marat, Mitglied des Jakobinerclubs, erklärte im Dezember 1789 in seiner radikaldemokratischen Zeitung „Ami du peuple“ (Volksfreund):

Dadurch, dass die Vertretungsbefugnis proportional von den direkten Steuern abhängt, wird die Herrschaft wieder in die Hände der Reichen gelegt; und das Los der Armen, die immer unterworfen, immer unterjocht und immer unterdrückt sind, wird sich nie mit friedlichen Mitteln verbessern lassen. Hier ist ein schlagender Beweis für den Einfluss des Geldes auf die Gesetze. Was haben wir gewonnen, die wir die Aristokratie der Adligen zerstörten, wenn sie durch die der Reichen ersetzt wird? – Wenn ihr (Deputierte) uns wegen unserer Armut das Bürgerrecht vorenthaltet, so zittert davor, dass wir euch eines Tages euren Überfluss wegnehmen könnten.

Ein ehemaliger Parlamentsadvokat verteidigt am 4. Dezember 1789 in der „Chronique de Paris“ das Zensuswahlrecht:

Trotzdem gibt es eine Klasse von Menschen und Mitbrüdern, die zur Vertretung der Nation nicht berufen werden können. Das sind die heutigen Proletarier. Nicht weil sie arm und bloß sind, sondern weil sie nicht einmal die Sprache unserer Gesetze verstehen. Überdies ist ihre Ausschließung nicht ewig, sondern nur ganz vorübergehend. Vielleicht wird sie ihren Wetteifer anstacheln, unseren Beistand herausfordern. In wenigen Jahren werden sie an unserer Seite sitzen, und wie man es in einigen Schweizer Kantonen sieht, wird ein Hirt, ein Bauer von der Donau oder vom Rhein der würdige Vertreter seines Volkes sein.

(Desmoulins aus: Martin Göhring, Geschichte der Großen Revolution, Bd. 2: Vom Liberalismus zur Diktatur, J.C.B. Mohr, Tübingen 1951, S. 53; Marat aus: Ernst Schulin, Die Französische Revolution, Beck, München 1989, S. 95; Advokat aus: Geschichte in Quellen, Amerikanische und Französische Revolution, bsv, München 1981, S. 214, Übers. Friedrich von Oppeln-Bronikowski)

1. Erläutern Sie, mit welchen Argumenten die Debatte um das Zensuswahlrecht geführt wird.
2. In einer Rede im Jakobinerclub am 2.1.1792 fragte Robespierre: „Gleicht denn die Verfassung, von der man sagt, sie sei die Tochter der Erklärung der Menschen- und Bürgerrechte, wirklich noch ihrer Mutter?“ – Versuchen Sie diese Frage zu beantworten.
3. Erörtern sie den folgenden Zusammenhang: Aufklärung – Revolution – Erklärung der Menschen- und Bürgerrechte – 1. Revolutionsverfassung – weitergehende Revolution.

2.5 Die Jakobinerherrschaft – Notstandsdiktatur, Erziehungsdiktatur, Tugenddiktatur

Robespierre

In der Revolutionsphase 1793 bis Sommer 1794 wurde Maximilien Robespierre die zentrale Figur: Seine Politik ist bis heute umstritten, teils bewundert, teils von Hass entstellt. Geboren 1758 als Sohn eines Handwerkers in Arras, verwaiste er früh. Er erhielt ein karges Stipendium für das renommierte Gymnasium Louis le Grand in Paris. Dort interessierte er sich für Rhetorik, römische Geschichte und die Schriften der zeitgenössischen Aufklärer, besonders für diejenigen Montesquieus, Turgots und vor allem Rousseaus, den er verehrte und 1778 kurz vor dessen Tod noch besuchte. Robespierre wurde Rechtsanwalt in Arras und 1789 zum lokalen Vertreter des dritten Standes gewählt. In der verfassungsgebenden Nationalversammlung setzte er sich als Vorsitzender des Jakobinerclubs für Menschenrechte und Volkssouveränität, gleiches Wahlrecht, Gleichberechtigung der Juden, der Farbigen und für die Befreiung der Sklaven ein. Er lehnte das Vetorecht des Königs in der Verfassung ab und stimmte Ende 1792 für dessen Hinrichtung. Gleichheit war ein Grundwert seiner politischen Überzeugung: Freihandel und Privateigentum sollten am Gemeinwohl ihre Grenze finden; das Gesetz sollte Ausdruck des Gemeinwillens sein; die bürgerliche und politische Gleichberechtigung sollten zukünftige soziale Gleichheit und damit die Freiheit und Tugendhaftigkeit aller ermöglichen.

Politik und Moral

Robespierre begründete seine Politik aus moralischen Tugenden: Mirabeau hatte früh diesen Wesenszug an ihm erkannt und prophezeite: „Er wird es weit bringen. Denn er glaubt, was er sagt." Robespierre glaubte Rousseaus politische Philosophie konsequent und unbestechlich zu vollstrecken; er deutete und rechtfertigte eher, als dass er direkt politisch handelte. An den wichtigen Ereignissen der Revolution nahm er nicht aktiv teil: Er hielt zunächst Abstand von der Macht und dem Volk, das er für gut und tugendhaft, wenn auch für oft unaufgeklärt, verführbar und deswegen für führungsbedürftig hielt.

Bedingungen des Aufstiegs

Der Aufstieg Robespierres zum führenden Repräsentanten einer jakobinischen Diktatur vollzog sich im Zusammenhang mit einer Radikalisierung der Revolution. Träger und Motor dieser Radikalisierung wurden die kleinbürgerlichen städtischen Volksmassen. Sie organisierten sich in politischen Clubs; der Club der Jakobiner, benannt nach seinem Tagungsort, einem aufgelösten Kloster des heiligen Jakob, wurde der wichtigste. Hauptursache der Radikalisierung waren eine gewaltige Teuerung, Versorgungsengpässe, Arbeitslosigkeit und eine drohende Invasion des revolutionsfeindlichen Auslands. In dieser Notlage und angespannten öffentlichen Stimmung führte die Nationalversammlung das allgemeine Wahlrecht ein. Im nun neu zusammentretenden, radikaleren Nationalkonvent waren die Jakobiner die Meinungsführer. Die gemäßigten unter ihnen nannten sich ‚Girondisten' nach der französischen Landschaft Gironde, aus der einige der Abgeordneten stammten; die radikalen Jakobiner wurden als ‚Montagnards' (Bergpartei) bezeichnet. Folgende Ereignisse kennzeichnen den Umschwung von der konstitutionellen Monarchie zur republikanischen Diktatur:

- Am 10. August 1792 wurde der König, der als politisch unzuverlässig galt, in den Tuilerien von einer revolutionären Volksmenge gewaltsam festgenommen.

1789 – 1791: Verfassunggebende Nationalversammlung („Constituante")

Demokraten	*Konstitutionelle*	*Monarchisten*	*Aristokraten*
Interessenvertreter des Kleinbürgertums fordern das allgemeine Wahlrecht, Anhänger Rousseaus	Interessenvertreter der Bourgeoisie befürworten eine konstitutionelle Monarchie, Anhänger Montesquieus	meist adlige Verteidiger der königlichen Vorrechte	Verteidiger der alten Privilegien

1791–1792: Gesetzgebende Nationalversammlung („Legislative"), nach Zensuswahlrecht gewählt

Jakobiner ca. 136		*Unabhängige („Konstitutionalisten") ca. 345*	*„Feuillants" (liberale Adlige und Bürger) ca. 264*
radikale	*gemäßigte („Girondisten")*		
Vertreter des Kleinbürgertums	Vertreter des mittleren und gehobenen Bürgertums	ohne klare politische Konzeption, meist für Beibehaltung der konstitutionellen Monarchie	Verteidiger der Vorherrschaft der Bourgeoisie und der Beibehaltung der konstitutionellen Monarchie
meist Republikaner			

1792 – 1795: Nationalkonvent („Convention nationale") nach allgemeinem Wahlrecht gewählt

„Montagnards" (Die Bergpartei)	*„Plaine" (Die Ebene) / „Marais" (Der Sumpf)*	*„Girondisten"*
egalitäre Jakobiner, Vertreter der unteren Schichten	bürgerliche Republikaner mit Neigung nach links	gemäßigte Vertreter des Besitzbürgertums

„Eine, unteilbare Nation?" – Politische Gruppierungen in den Nationalversammlungen 1789–1795

Hinrichtung des Königs

Der Nationalkonvent schaffte die Monarchie ab und verurteilte als Gerichtshof den König wegen Hochverrats zum Tode: Im Januar 1793 wurde er hingerichtet.

Eingriffe der Kommune von Paris

- Am 2. Juni 1793 erzwang die Nationalgarde der Pariser Kommune, der revolutionären Stadtregierung von Paris, mit militärischer Gewalt vom Nationalkonvent die Verhaftung der Girondistenführer: Sie verletzte damit deren Immunität und demütigte eine demokratisch gewählte Volksvertretung. So entstand für alle sichtbar eine staatliche Autoritätskrise und ein Machtvakuum.

- Am 5. September 1793 griffen erneut bewaffnete Mitglieder der Pariser Sektionen eigenmächtig in die Entscheidungsvollmacht der Volksvertretung ein: Sie setzten es durch, dass der Nationalkonvent beschloss, verdächtige

Bürger zu verhaften und in einem beschleunigten Verfahren zu verurteilen. Eine allgemeine Volksbewaffnung (levée en masse) wurde erzwungen: Der politische Schrecken, „terreur", regierte jetzt Frankreich. Dennoch konnte der Nationalkonvent die förmliche Kontrolle über die Regierung behaupten. Zwei seiner Ausschüsse übten die Macht de facto aus: Der Sicherheitsausschuss und der Wohlfahrtsausschuss, an dessen Spitze Robespierre stand.

„Terreur" des Wohlfahrtsausschusses

- Am 8. Juni 1794 ließ Robespierre auf dem Marsfeld das republikanische „Fest des höchsten Wesens und der Natur" feiern. Er schritt an der Spitze des Nationalkonvents in blauem Rock mit dreifarbigem Gürtel, Federbuschhut und einem Ährenstrauß in der Hand durch eine unübersehbare Volksmenge. Vor dem Rathaus wurde eine Statue, die den finsteren Atheismus symbolisierte, verbrannt und auf dem Marsfeld die Statue der göttlichen Vernunft enthüllt. Kurz zuvor hatte Robespierre erklärt, der Parteienstreit komme von der moralischen Zerrüttung der Gesellschaft und diese wiederum von der Gottlosigkeit. Der Konvent beschloss im Sinne Rousseaus eine Bürgerreligion anstelle der Priesterreligion: „Das französische Volk anerkennt die Existenz eines höchsten Wesens und die Unsterblichkeit der Seele." Um seine Macht zu sichern, setzte Robespierre ein neues Herrschaftsmittel ein: die Führung der öffentlichen Meinung durch eine politische Ideologie. Er glaubte sich ermächtigt den Volkswillen zu interpretieren, zu verkünden und zu vollziehen.

Bürgerreligion als Ideologie

Mit drei Argumenten versuchte Robespierre die revolutionäre Regierung zu legitimieren:

1. Die revolutionäre Diktatur sei nur vorläufig; die eine unteilbare Republik gleiche einer von außen militärisch belagerten und im Innern durch Konterrevolution und Parteizersplitterung bedrohten Stadt. (Notstandsdiktatur)
2. Die Revolutionsregierung solle das Volk zu seinem Besten aufklären, belehren und zu republikanischen Tugenden und Gesinnungen erziehen. (Erziehungsdiktatur)
3. Die Politik solle der Moral und diese einer Zivilreligion untergeordnet werden: Die Republik solle eine Tugendrepublik werden, ein Vorbild für die ganze Menschheit. (Tugenddiktatur)

Legitimation der revolutionären Diktatur

Während Robespierre versuchte die Volksmassen für sich zu gewinnen, forderte der politische Terror immer mehr Opfer und erzeugte immer größere Ängste. Schließlich schlug die öffentliche Meinung um: Am 27. Juni 1794 wurde Robespierre im Konvent nach einem Redeverbot verhaftet. Das von ihm verehrte, „arme tugendhafte Volk" folgte ihm nicht mehr. Im Gefängnis versuchte er sich mit einer Kugel umzubringen, sie zerschmetterte ihm nur den Unterkiefer. Der Gedanke an einen Opfertod für seine Ideen der Revolution hatte ihn zeitlebens begleitet und furchtlos gemacht. Am folgenden Tag wurde er mit seinen Gefolgsleuten öffentlich guillotiniert. Die Terrorphase hatte sich tief in das kollektive Bewusstsein eingeprägt. Eine Reaktion, ein Gegenschlag setzte ein und man schob alle Schuld auf Robespierre. Das Land atmete auf und versuchte sich von der Erinnerung an die Schreckensherrschaft zu befreien.

Robespierres Ende

Im August 1795 zog eine neue Verfassung Konsequenzen. Ein strenges Zensuswahlrecht wurde eingeführt, das einfache Volk aus der Politik verbannt, die Staatsgewalten wurden dezentralisiert, die Gesetzgebung auf 2 Kammern verteilt und die Exekutive auf 5 Direktoren. Diese Rückkehr zur liberalen Verfassungsrevolution endete bereits 1799 mit dem Staatsstreich Napoleons.

MATERIAL 22 Wie funktionierte die Notstandsdiktatur Robespierres? Ein Maßnahmenkatalog

1. Machtkonzentration:
   Die politische Macht wurde beim Sicherheits- und beim Wohlfahrtsausschuss des Nationalkonvents konzentriert. Vor allem der Letztere, von Robespierre beherrschte, kontrollierte die Kriegführung, Verwaltung und Wirtschaft. Bevollmächtigte des Konvents bereisten das Land und erstatteten regelmäßig Rechenschaft.
2. Polizeiterror:
   Der Sicherheitsausschuss überzog als Polizeiministerium das ganze Land mit einem Netz von Spitzeln, Denunzianten und wachsamen Revolutionskomitees. Schätzungsweise wanderten so 300 000 bis 800 000 Verdächtige aus allen Schichten der Bevölkerung durch die Gefängnisse der Republik (etwa 1–4 % der Bevölkerung).
3. Justizterror:
   Das im September 1793 organisierte Revolutionstribunal machte immer „kürzere Prozesse“; sie erfolgten oft auf Verdacht ohne Verteidigung und kaum mit Zeugen: Die Strafen wurden verschärft und galten als Vorsichtsmaßnahmen. Auch Gesinnungen wurden abgeurteilt. Landesweit wurden so 40 000 bis 50 000 Bürger aus allen Bevölkerungsschichten hingerichtet. Die Guillotine galt als Sichel der Gleichheit.
4. Wirtschaftslenkung:
   Die Verpflegung der Truppen hatte Vorrang. Eine Lebensmittelkommission war seit Oktober 1793 zuständig für Kauf, Preisbildung, Transport, Beschlagnahmung von Lebensmitteln. Brotzuteilungskarten wurden eingeführt. Manufakturen für militärische Ausrüstung standen teilweise unter staatlicher Aufsicht.
5. Bürokratisierung:
   Die vom Absolutismus geschaffene staatliche Verwaltung wurde um ein Vielfaches erweitert. Die Funktionäre der Terreurherrschaft, eine Kaste von Emporkömmlingen, werden in Paris auf 10 000 und im Land auf 100 000 geschätzt.
6. Meinungs- und Gesinnungsdiktatur, kulturrevolutionäre Bestrebungen:
   Die Regierung unterstützte gezielt „ihre“ meinungsmachenden Zeitungen: Nach einem nationalen Erziehungsplan sollten junge überzeugte Republikaner herangebildet werden. Ein „revolutionärer Katechismus“ empfahl bürgerliches Duzen, das Tragen von Kokarden und die Teilnahme an republikanischen Festen. Ein Staatskult des höchsten Wesens sollte die neue Ordnung religiös absichern und republikanische Wertvorstellungen verankern.

(Aus: Rolf Reichardt, Die Französische Revolution, in: Funkkolleg Geschichte, Studienbegleitbrief 8, Beltz-Verlag, Weinheim 1980, S. 90ff.)

1. Versuchen Sie, die aufgelisteten Maßnahmen der Revolutionsregierung auf Zwangslagen der Revolution zurückzuführen.
2. Beurteilen Sie die Maßnahmen nach folgenden Gesichtspunkten: politische Wirksamkeit, Rechtmäßigkeit, psychologische und mentale Auswirkung.
3. Suchen Sie nach Mitteln und Maßnahmen, die Diktaturen im 20. Jahrhundert anwenden.

MATERIAL 23 Revolutionäre oder konstitutionelle Regierung?

In einer programmatischen Rede vor dem Nationalkonvent am 25. Dezember 1793 entwickelte Robespierre seine Theorie der revolutionären Regierung:

Die Theorie der revolutionären Regierung ist ebenso neu wie die Revolution, aus der diese Regierung entstanden ist. Man darf sie weder in den Büchern der politischen Schriftsteller suchen, die diese Revolution nicht vorausgesehen haben, noch in den Gesetzbüchern der Tyrannen, die sich damit zufrieden geben, ihre Macht zu missbrauchen, und die sich wenig um deren Legitimität kümmern.

Die Funktion der Regierung besteht darin, alle moralischen und physischen Kräfte der Nation auf das Ziel hin zu lenken, zu dessen Verwirklichung sie eingesetzt ist.
Das Ziel der konstitutionellen Regierung besteht darin, die Republik zu erhalten: Das Ziel der revolutionären Regierung ist es, die Republik zu begründen.
Die Revolution ist der Krieg der Freiheit gegen ihre Feinde; die Verfassung ist die Herrschaft der siegreichen und friedlichen Freiheit.
Die revolutionäre Regierung muss daher außerordentlich aktiv sein, denn sie führt einen Krieg [...], und sie ist ständig genötigt, neue und wirksame Kräfte gegen neue und dringende Gefahren zu entfalten.
Die konstitutionelle Regierung befasst sich hauptsächlich mit der Freiheit der Bürger, die revolutionäre Regierung mit der Freiheit des Staates. Unter dem konstitutionellen Regime genügt es fast, die einzelnen Bürger vor den Übergriffen der Staatsgewalt zu schützen: Unter dem revolutionären Regime dagegen muss sich die Staatsgewalt selbst gegen alle Parteien, die sie angreifen, verteidigen.
Die revolutionäre Regierung schuldet allen guten Bürgern den ganzen Schutz der Nation; den Feinden des Volkes schuldet sie den Tod. Wenn die revolutionäre Regierung in ihrer Arbeit aktiver und freier sein muss als die gewöhnliche Regierung, ist sie deshalb weniger gerecht und weniger legitim? Nein, sie stützt sich auf das heiligste aller Gesetze, nämlich auf das Wohl des Volkes, und auf die unbestreitbarste aller Vollmachten, nämlich auf die Notwendigkeit. Auch ihre Regeln basieren auf Gerechtigkeit. Mit Anarchie und Unordnung hat sie nichts gemein. Im Gegenteil!
Ihr Ziel ist die Beseitigung der Anarchie und der Unordnung, um die Herrschaft der Gesetze herbeizuführen und zu festigen. [...] Es sind keine persönlichen Leidenschaften, die sie leiten sollen, sondern das öffentliche Interesse. [...]

Was also ist zu tun? [...] Man muss die Patrioten aufklären und das Volk immer wieder stolz machen auf seine Rechte und auf seine Aufgaben. [...]
Daher ist das Vertrauen des französischen Volkes mehr an den Charakter, den der Nationalkonvent gezeigt hat, als an die Institution selbst geknüpft.

(Aus: Walter Grab, Hrsg., Die Französische Revolution. Eine Dokumentation, Nymphenburger Verlagshandlung, München 1973, S. 215ff.)

1. Erläutern und beurteilen Sie Robespierres Unterscheidung von konstitutioneller und revolutionärer Regierung.
2. Vergleichen Sie Robespierres politisches Denken mit dem Bodins (S. 96), Montesquieus (S. 117, S. 120) und Rousseaus (S. 118, S. 121).
   Versuchen Sie zunächst Vergleichskriterien zu formulieren.
3. Kann eine Diktatur für das Volk und im Namen des Volkes die Freiheit des Volkes gewährleisten?

MATERIAL 24 **Ein republikanischer Dekalog (Gesetzestafel) auf einem Schmuckplakat aus Paris 1793/94**

- Du sollst allein dem Volke heiligen Gehorsam schwören.
- Du sollst die von ihm bestätigten Gesetze treu einhalten.
- Du sollst jedem König auf ewig Hass und Krieg schwören.
- Du sollst bis zu deinem letzten Atemzug deine Freiheit bewahren.
- Du sollst die Gleichheit ehren, indem du beständig nach ihr handelst.
- Du sollst nicht eigensüchtig sein, weder unabsichtlich noch vorsätzlich.
- Du sollst nicht nach Positionen trachten, die du nicht würdig ausfüllen kannst.
- Du sollst allein auf die Vernunft hören, dich künftig nur von ihr leiten lassen.
- Du sollst als Republikaner leben, damit du selig sterben kannst.
- Du sollst bis zum Frieden revolutionär handeln.
- Du sollst alle Verdächtigen einsperren, ohne die geringste Nachsicht zu üben.
- Du sollst die Priester unverzüglich von deinem Grund und Boden vertreiben.
- Du sollst jeden Emigranten, der zurückkehrt, unverzüglich einen Kopf kürzer machen.
- Du sollst in deine Clubs weder einen Feuillanten noch einen Gemäßigten aufnehmen.
- Du sollst den wucherhaften Hamsterer verfolgen wie auch den Gauner.
- Du sollst keinem Eid eines ehemals Adligen vertrauen.
- Du sollst täglich zu deinem Club gehen, um dich gründlich zu unterrichten.

(Aus: Rolf Reichardt, Hrsg., Die Französische Revolution, Ploetz, Freiburg 1989, S. 58f.)

1. Erläutern Sie die symbolische Darstellungsweise des Dekalogs und setzen Sie sie in Beziehung zu den republikanischen Geboten.
2. Zeigen Sie anhand des Dekalogs, inwieweit sich die jakobinische Revolution auch als eine Mentalitäts-, Erziehungs- und Kulturrevolution verstehen lässt.

MATERIAL 25 **Anonymes Flugblatt aus der Zeit der Reaktion, Ende 1794**

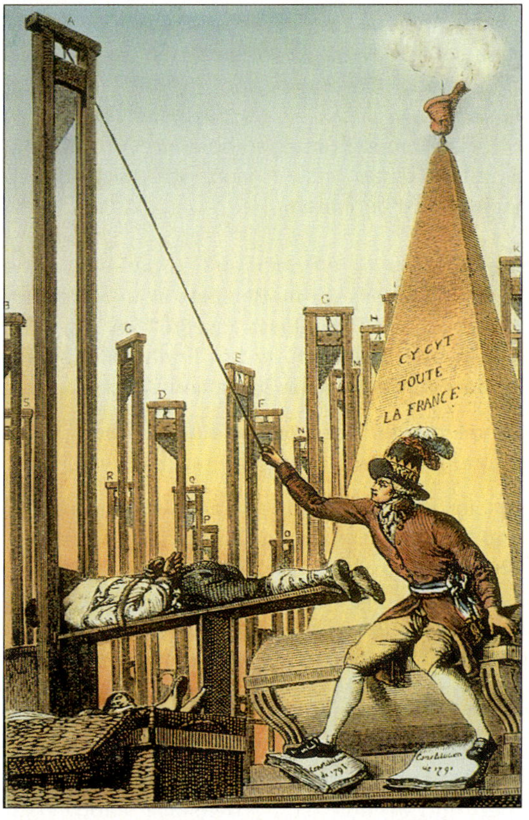

Robespierre guillotiniert den Henker, nachdem er alle Franzosen hat hinrichten lassen. Er tritt die Verfassungen von 1791 und 1793 mit Füßen. Im Wald von Guillotinen steht eine Grabespyramide mit der Aufschrift „Hier ruht ganz Frankreich".

MATERIAL 26 **Joseph Fouché: Über Staatssicherheit und Polizei in der Terrorphase**

Fouché war Abgeordneter der Bergpartei, liquidierte mit einem Kollegen im aufständischen Lyon 1793 2 000 Verdächtige, er überlebte den Sturz Robespierres von 1794 und wurde 1799 nach Napoleons Staatsstreich Polizeiminister. In einem Rückblick aus dem Jahre 1799 schrieb er:

Die Pariser Polizei ist für die republikanische Regierung von viel größerer Bedeutung, als sie es für die monarchische Regierung vor der Revolution war. Denn jene muss neue Institutionen gegen alle staatsbürgerlichen oder fremden Verschwörungen verteidigen. Die andere hatte, unterstützt von der Macht der Vorurteile und der Gewohnheit, bloß die althergebrachte und massive Existenz des politischen Körpers gegen die mutigen Blätter einiger Philosophen zu verteidigen. Die Zahl der Feinde der sozialen Ordnung hat sich um die der Feinde der neuen politischen Ordnung vermehrt.
Vor Gericht gestellt beteuerten angeklagte Männer der Schreckensherrschaft ihre Unschuld und erklärten: „Wir waren nur das Beil. Sitzt man über das Beil zu Gericht?"

(Aus: Henning Ritter, Das Beil, in: Frankfurter Allgemeine Zeitung, 20. 6. 1994, Nr. 166, S. N5)

1. Was für ein Bild des Revolutionärs Robespierre propagiert das Flugblatt?
2. Versuchen Sie anhand des Darstellungsteils und der Materialien, Robespierre und seine Politik gegen die Darstellung des Flugblattes in Schutz zu nehmen und ihm gerecht zu werden.
3. Erörtern Sie Fouchés Auffassung von der Rolle der Polizei und die Rechtfertigung der Männer der Revolutionsregierung.
4. Immer wiederkehrende Rechtfertigungen von Gewaltanwendung und Diktatur lauten: „Der Zweck heiligt die Mittel" und „Not kennt kein Gebot". Suchen Sie Beispiele und nehmen Sie Stellung zu diesen Losungen.

2.6 Revolution in Frankreich – Revolution in Europa?

Die Französische Revolution war kein auf Frankreich beschränktes Ereignis. Ihre leitenden Ideen der Freiheit, Gleichheit und Brüderlichkeit waren im Geiste der Aufklärung international, universalistisch und kosmopolitisch (weltbürgerlich), sie machten weder vor Standes- noch vor Staatsgrenzen Halt. Zeitungen, Flugblätter, Bilder, aber auch Gerüchte erzeugten ein europaweites Echo. Das lesende und gebildete Europa erblickte in den Franzosen bald ein Vorbild, bald ein Schreckbild. Neugierige Revolutionspilger reisten nach Frankreich, um zu schauen, zu bewundern, zu warnen und zu berichten.

Revolutionsbegeisterung in Europa

Der Revolutionär Robespierre ermahnte in einem Brief vom Februar 1793 seine Wähler: „Verlieren wir nie aus den Augen, dass wir im Blickfeld aller Völker stehen, dass wir in Gegenwart der Menschheit Beschlüsse fassen." Im Juli 1790 fand in Hamburg zur Erinnerung an den Bastillesturm ein Freiheitsfest statt; Mädchen sangen ein Lied der Solidarität mit dem französischen Volk:

> „Freie Deutsche, singt die Stunde, die der Knechtschaft Ketten brach.
> Schwöret Treu' dem großen Bunde unserer Schwester Frankreich nach!"

Freiheitsbäume wurden errichtet; im strengen Tübinger Stift schlossen drei Jugendliche, Hölderlin, Hegel und Schelling, einen schwärmerischen Freundschaftsbund im Geiste der Revolutionsideen. In Berlin begrüßte eine Elite aufgeklärter Beamter die französische Verfassung von 1791, stolz darauf, dass sie selbst schon im Rechtsstaat des aufgeklärten absolutistischen Preußen leben durften. In einer Kleinstadt des fernen Königreichs Neapel versammelten sich 1790 Landleute auf dem Markt und riefen: „Wir wollen es haben wie die Franzosen!"

Revolutionäre Unruhen

Überall in Europa kam es zu Unruhen: Badische und pfälzische Bauern verweigerten den Grundherren Abgaben und Frondienste, arbeitslose Handwerker und Lohnarbeiter lösten in mehreren Städten Tumulte aus. In Sachsen erhoben sich mehr als 10 000 Bauern; es sollte nach ihrem Willen „in Sachsen so werden wie in Frankreich". Zu einer großen revolutionären Bewegung kam es zwischen 1791 und 1794 in Polen. Auch in Irland erhoben sich Aufständische gegen die englische Herrschaft. Alle diese Bewegungen blieben jedoch erfolglos. In Polen schlugen Preußen, Österreich und Russland den Aufstand gewaltsam nieder und teilten die Adelsrepublik unter sich auf.

Politische Clubs

Die Französische Revolution wirkte auf das Ancien Régime Europas ein, weckte Sympathie und Gegnerschaft, politisierte und polarisierte die öffentliche Meinung. Vielerorts wurden politische Clubs gegründet, deren Mitglieder die revolutionären Tagesereignisse besprachen und sich mit den Revolutionären solidarisierten. Im liberalen England gab es Zehntausende solcher Clubmitglieder. Im politisch zersplitterten Deutschland machte vor allem der Mainzer Jakobinerclub 1792/93 von sich reden. Er bestand aus etwa 500 Mitgliedern und wurde vorübergehend von französischen Besatzungstruppen unterstützt. Volksbelehrungen, Theaterspiele, Unterschriftensammlungen, öffentliche Aktionen sollten für die neue Freiheit und Gleichheit werben. Auf einem Altar der Freiheit wurden Symbole des Feudalismus wie

Krone, Szepter, Reichsapfel, Adelsbriefe und Ahnentafeln verbrannt. Eine Mainzer Republik wurde ins Leben gerufen, die Wahlen wurden aber von über 90% der Bevölkerung boykottiert; die deutschen Jakobiner hatten kaum Rückhalt im Volk. Regierungstruppen erzwangen im Juli 1793 die Kapitulation und beendeten das erste Demokratieexperiment auf deutschem Boden.

Mainzer Republik

Bereits am 20. April 1792 hatte die französische Nationalversammlung Franz II., Erzherzog von Österreich und König von Böhmen und Ungarn, als dem zukünftigen Kaiser des Heiligen Römischen Reiches Deutscher Nation den Krieg erklärt. Mit diesem Krieg der französischen Republik gegen die alten Mächte in Europa veränderte sich die Wirkung und die Einschätzung der Revolution. Die junge nationale Republik Frankreich zeigte sich nun kriegerisch aggressiv und expansiv. Die „Nation une et indivisible“, die noch 1791 in ihrer Verfassung auf Krieg und Eroberung verzichtete, verwandelte sich nun in die „Grande Nation“, die nach natürlichen Grenzen und Vorherrschaft in Europa strebte.

Revolutionskriege

Wichtigster Befürworter eines Revolutionskrieges war der Girondist Jacques Pierre Brissot. Er hielt einen auswärtigen Krieg für notwendig, denn dieser werde der Revolution neuen Schwung verleihen, die Bewegung zusammenhalten, ein Kreuzzug der Freiheit sein zur Unterstützung der Revolutionäre in Europa. Robespierre warnte im Jakobinerclub vor jeglicher Kriegspolitik: „Die ausgefallenste Idee, die im Kopf eines Politikers entstehen kann, ist die Vorstellung, es würde für ein Volk genügen, mit Waffengewalt bei einem anderen einzudringen, um es zur Aufnahme seiner Gesetze und seiner Verfassung zu bewegen.“ Brissot beharrte auf seinem Standpunkt und äußerte im November 1792: „Wir werden erst Ruhe haben, wenn Europa, und zwar ganz Europa, in Flammen steht.“ In ein Delirium imperialistischer Begeisterung steigerte sich der Generalstaatsanwalt der Pariser Kommune, Chaumette, der dem linken Flügel der Bergpartei angehörte: „Das Gebiet, das zwischen Paris und Petersburg, zwischen Paris und Moskau liegt, wird bald französisiert, kommunisiert und jakobinisiert sein.“ Am 19. November 1792 beschloss der Nationalkonvent, dass die französische Nation allen Völkern ihre brüderliche Hilfe gewähren werde, die Freiheit genießen wollten. Die ausländischen Regierungen des Europas der Fürsten bewerteten dieses Dekret als einen Aufruf zum europäischen Bruderkrieg. Am 15. Dezember 1792 formulierte ein zusätzliches Dekret die französischen Bedingungen für die Befreiung Europas: Abschaffung der Privilegien und des Zehnten, Enteignung des Kirchenguts, Einführung der Assignatenwährung (des Papiergelds), Krieg bis zum Äußersten gegen alle Völker, die Freiheit und Gleichheit ablehnen sollten.

Eroberungskriege

Der Krieg veränderte die Revolution im Innern und nach außen; aus der befreienden und beschützenden Brudernation wurde eine erobernde und beherrschende Nation. Die Revolution wurde militarisiert; das Militär verselbständigte sich gegenüber der Politik. In den eroberten Gebieten wurden zunächst so genannte Tochterrepubliken gegründet, die im napoleonischen Frankreich, im Kaiserreich, annektiert oder zu Satellitenstaaten herabgestuft wurden. Die ursprüngliche Losung „Krieg den Königen, Friede den Nationen“ wurde nicht mehr eingehalten.

Napoleon

In der Debatte des Nationalkonvents um die Kriegserklärung im April 1792 erklärte der den Girondisten nahe stehende Schriftsteller Antoine Nicolas Marquis de Condorcet: „Jede Nation hat das alleinige Recht, sich Gesetze zu geben; eine Nation gewaltsam unterwerfen zu wollen heißt anzukündigen, dass man die nicht achtet, deren Bürger man ist." So wirkte der Krieg, der als europäischer Koalitionskrieg gegen Frankreich mehr als 20 Jahre dauerte, verhängnisvoll auf die Revolution zurück.

MATERIAL 27 **Aufruf an die Deutschen zum Anschluss an die Französische Revolution – ein Flugblatt aus Straßburg mit angeheftetem blau-weiß-rotem Band, 1791**

Letzter Ruf
der
frey gewordenen Franken
an
die unterdrückten Deutschen.

Im Monat Augst 1791. des dritten Jahrs der Freyheit.

Fühlet eure Sclaverey, edle Deutsche! sehet es endlich ein, daß euch Fürsten zu unglücklichen Werkzeugen des Mordes gegen uns Franken brauchen wollen, – Franken, die euch Freundschaft angelobten; eure Verfassungen nie stören wollen, die euch nachbarlich lieben, und die dem ohngeachtet von euren Despoten nur um deswillen bekriegt werden sollen, weil sie die eisernen Ketten abschüttelten, die ihr noch traget.

Wir Franken wollen für diese unsre Freyheit

kämpfen, siegen, – oder sterben.

Und ihr, verblendete Deutsche, wollt für eure Fürsten, die euer Mark aussaugen, eurer Söhne, Gatten und Freunde Blut aufopfern, um nach zweydeutigem Siege euch in vestere Ketten schmieden zu lassen?

Ha! welch Unternehmen!

Wir steckten euch die Fackel der Freyheit auf; wir gaben euren Fürsten einen Wink, was Tyranney vermag, und wie eine Nation endlich müde der Unterdrückung würde. Und doch frohnet ihr noch ihrem Stolz, wollt Leben und Eigenthum wagen, um bey uns wieder Verschwender, Barbaren und nach Herrschsucht geizende Ungeheuer in ihre entrissenen Ungerechtigkeiten einsetzen zu helfen? – wie dies eure Fürsten wollen!

Thun dies Deutsche?

Hört unsre Meynung!

Zerreißt die Sclaven-Ketten eurer verschwenderischen Fürsten, und ihrer raubbegierigen Minister; wir bieten euch die Hand, fechten und sterben mit, und für euch; schützen eure Freyheit, euer Eigenthum, und sichern euern Herd ...

Ihr seyd mit uns frey, und unsre Brüder!!

Wollt ihr aber doch Sclaven bleiben, nicht hören die Stimme eine freyen Volkes, euren Fürsten, und unsern entwichenen Schaaren stolzer Bösewichter die Hand zu mörderischen Unternehmungen bieten – Ha! so seyd ihr unsrer Schonung nicht werth; und wir machen euch, wie einst unser Despot vor hundert Jahren, zu Bettlern, schonen eures Blutes und Eigenthums nicht, und siegen, oder sterben für unsre Freyheit allein ...

Denn wir sind Franken!

Solche Aufrufe wurden in Deutschland verteilt, verlesen und heimlich weitergereicht. Sobald ein Vertreter der Obrigkeit ihrer habhaft werden konnte, wurden sie beschlagnahmt. Das abgebildete Exemplar wurde bei einem Postconducteur gefunden, der daraufhin unter Anklage gestellt wurde.

1. Zeigen Sie, womit der Aufruf der Straßburger lockt, warnt und droht, und versuchen Sie, seine Wirkung auf die „unterdrückten Deutschen" einzuschätzen.

Goethe entwarf dieses Aquarell 1792, als er den Herzog von Sachsen-Weimar auf dem Feldzug gegen Frankreich begleitete.

Sitzung des Mainzer Jakobinerclubs im Kurfürstlichen Schloss in Mainz, 1792. Vor dem Rednerpult steht ein Freiheitsbaum.

MATERIAL 28 Georg Friedrich Rebmanns Flugschrift „Die Laterne für die mittlere Klasse des deutschen Volkes“, 1. Nummer, Mai 1797

[…] Es muß im südlichen Deutschland eine Revolution ausbrechen.
Bei dem Wort „Revolution“ möchtet Ihr mir etwa an Laternenpfähle, Ersäufung und Verjagung der Priester, an Zerstörung der Kirchen, an Guillotinieren und, der Himmel weiß, an was alles denken, und das wäre mir nicht lieb. Alle diese Dinge haben mit dem Begriff einer Revolution nichts gemein. […] Bei der Revolution, welche sich von dem reiferen Geist der Deutschen erwarten läßt, könnt Ihr alle Ausgaben für diese Maschine (Guillotine) ersparen. […] Ihr könnt Messen hören, wenn Ihr Lust habt, wie bisher, eure Edelleute können ihr liebes Von ferner vor ihre Namen setzen, nur müssen sie sich gefallen lassen, auf ihre Stifter […] und hauptsächlich auf das Recht Verzicht zu tun, mit ihren Sprößlingen alle wichtigen und einträglichen Staatsämter zu besetzen. Sie werden sich in reiche Güterbesitzer verwandeln und mit ihren Mitbürgern einen Vergleich wegen der Fron etc. einzugehen sich gefallen lassen müssen. Noch mehr! Ihr könnt im Notfall statt eurer Fürsten, denen übrigens kein Haar gekrümmt werden wird, wenn sie nicht Verrätereien anzetteln, einen Gliedermann aus einem großen deutschen Haus haben, den Ihr Direktor, Prorektor, oder wenn Ihr lieber wollt, König und Ihre Majestät nennen könnt, weil Ihr doch an einen solchen Gliedermann Euer Herz gehängt zu haben scheint.
Diese neuen Einrichtungen werden übrigens es dahin bringen, daß Ihr nicht mehr Pfälzer, Bayern, Württemberger, Badenser etc., sondern Deutsche heißt. […]

Wer aber glaubt, daß dieser Übergang ohne Anstrengung erreicht wird, daß die Freiheitsbürger angeflogen kommen wie die Wachteln ins Lager der Israeliten oder daß die Inhaber der ungesetzlichen Gewalt sich selbst in vernünftige Obrigkeiten verwandeln werden, der ist ein Tor, und wer den Tod im schönen Freiheitskampf scheut, ein Feiger. Übrigens […] sobald ein Volk ernstlich frei werden will, vermag keine Macht, weder im Himmel noch auf Erden es länger in der Sklaverei zu erhalten, am allerwenigsten ein Volk, bei dem soviel Kraft und soviel Aufklärung anzutreffen ist, wie in Deutschland.

1. Überlegen Sie: Was sollten sich deutsche Passanten beim Lesen der Grenztafel auf Goethes Landschaftsbild (s. S. 151) fragen (Passanten – dieses Land ist frei)?
2. Erläutern und beurteilen Sie Rebmanns Vorstellungen von einer autonomen deutschen Revolution.

MATERIAL 29 Der Krieg, eine nationale Notwendigkeit? Rede des Girondisten Jacques Brissot am 16. 12. 1791 im Jakobinerclub

Seit sechs Monaten, ja seit Beginn der Revolution, habe ich nachgedacht über die Politik, die ich verfolgen wollte. Die Kraft der Überlegung und der Tatsachen hat mich davon überzeugt, dass ein Volk, das nach 10 Jahrhunderten der Sklaverei die Freiheit errungen hat, des Krieges bedarf. Es braucht den Krieg, um die Freiheit zu befestigen; es braucht ihn, um die Freiheit von den Lastern des Despotismus zu säubern; es braucht ihn, um aus seinem Schoß die Männer zu entfernen, die sie verderben könnten. Segnet den Himmel, dass er selber dafür gesorgt und euch die Gelegenheit gegeben hat, die Verfassung zu befestigen. [...] Seit 2 Jahren hat Frankreich alle gütlichen Mittel erschöpft, um die Rebellen *(gemeint sind die 40 000 adligen Emigranten)* in seinen Schoß zurückzuführen; alle Versuche, alle Aufforderungen sind fruchtlos gewesen, sie beharren auf ihrem Aufruhr; die fremden Fürsten bestehen auf ihrer Unterstützung. Kann man zögern sie anzugreifen?

Unsere Ehre, unser öffentliches Ansehen, die Notwendigkeit, unsere Revolution mit sittlichem Schwung zu erfüllen und sie zu festigen, das alles fordert uns dazu auf.

(Aus: Paul Hartig, Die Französische Revolution, Klett, Stuttgart 1980, S. 34)

MATERIAL 30 Französische Kriegserklärung vom 20. April 1792 an Franz II.

Die Nationalversammlung erklärt, dass die französische Nation, den durch die Verfassung geheiligten Grundsätzen getreu „keinen Krieg mit der Absicht der Eroberung zu unternehmen und niemals gegen die Freiheit irgendeines Volkes die Waffen zu ergreifen“, die Waffen nur aufnimmt zur Verteidigung ihrer Freiheit und Unabhängigkeit; dass der Krieg, den sie unternehmen muss, kein Krieg ist von Nation gegen Nation, sondern gerechte Verteidigung eines freien Volkes gegen den ungerechten Angriff eines Königs; dass die Franzosen niemals ihre Brüder verwechseln werden mit ihren wahren Feinden; dass sie nichts unterlassen wird, um die Geißel des Krieges zu lindern, das Eigentum zu schonen und zu erhalten und alle unvermeidlichen Leiden des Krieges einzig auf die fallen zu lassen, die sich gegen ihre Freiheit verschwören werden.

(Aus: Paul Hartig, Die Französische Revolution, Klett, Stuttgart 1980, S. 36)

1. Erläutern und beurteilen Sie Brissots Vorstellungen von einem revolutionären Krieg.
2. Vergleichen Sie: Welche unterschiedlichen Bilder vom Krieg kommen in Brissots Rede (Material 29), in der Kriegserklärung (Material 30) sowie in den Äußerungen von Robespierre, Chaumette und des Marquis de Condorcet (s. S. 149–150) zum Ausdruck? Achten Sie auf Ursachen, Ziele, Funktion und Legitimation des Krieges.

MATERIAL 31 **Zwei Oden von Friedrich Gottlieb Klopstock**

Sie, und nicht wir (1790)

Ach, du warest es nicht, mein Vaterland, das der Freiheit
Gipfel erstieg, Beispiel strahlte den Völkern umher:
Frankreich war's! Du labtest dich nicht an der frohsten der Ehren,
brachest den heiligen Zweig dieser Unsterblichkeit nicht!

Am 26. August 1792, drei Jahre nach der Menschenrechtserklärung, ernannte der Nationalkonvent berühmte Ausländer wie Washington, Pestalozzi, Schiller und Klopstock, die sich um die Menschheit verdient gemacht hatten, zu Ehrenbürgern der französischen Nation. Als aus dem Verteidigungs- und Befreiungskrieg ein Eroberungskrieg der Republik geworden war, erklärte Klopstock die von ihm gefeierten „Selbsterretter" zu „Hochverrätern der Menschheit". In einer zweiten Ode klagte er nun:

Mein Irrtum (1793)

Ach, des goldenen Traums Wonn' ist dahin,
mich umschwebt nicht mehr sein Morgenglanz

(Aus: Friedrich Gottlieb Klopstock, Ausgewählte Werke, Wissenschaftliche Buchgesellschaft, Darmstadt 1962, S. 142, S. 148f.)

1. Nehmen Sie Stellung zu den in den beiden Oden zum Ausdruck kommenden Einschätzungen Klopstocks.

2.7 Die Französische Revolution – Einordnungs- und Deutungsversuche

Rückblickenden Betrachtern kann die Französische Revolution als ein Umbruch in der Zivilisationsgeschichte Europas erscheinen. Die in der frühen Neuzeit in Europa aufgebrochenen Bewegungskräfte in Kirche, Staat, Gesellschaft und Kultur kamen vom Jahre 1789 an mit bestürzender Geschwindigkeit zum Durchbruch und bildeten eine Wasserscheide hin zur Moderne, zum 19. und 20. Jahrhundert.

Napoleon

Im engeren Sinne endete die Revolution 1799 mit dem Staatsstreich eines siegreichen, Ordnung schaffenden Revolutionsgenerals namens Napoleon, der sich 1804 als „Testamentsvollstrecker" und „Vollender" der Revolution zum Kaiser der Franzosen krönte. Im weiteren Sinne ist die Revolution bis heute nicht zu Ende gekommen. Sie ist, wie der britische Publizist Edmund Burke (1729–1797) schon 1790 formulierte, eine „Pflanzschule künftiger Revolutionen" geworden. Das epochale Ereignis hat im Denken der nachfolgenden Generationen weitergewirkt, es hat ihre monarchischen Regierungen unter einen ständigen Rechtfertigungsdruck gesetzt und das Verlangen nach Veränderungen in Staat und

„Pflanzschule künftiger Revolutionen"

Gustav Taubert, Berliner Lesecafé. Das Lesecafé wurde zu Beginn des 19. Jahrhunderts ein Ort der Zeitungslektüre und öffentlichen Diskussion für das gebildete Bürgertum.

Entstehen einer Öffentlichkeit

Gesellschaft geweckt und bestärkt. Nach den Worten Jacob Burckhardts ist „das entscheidende Neue, was durch die Französische Revolution in die Welt gekommen ist, das Ändern-dürfen und Ändern-wollen mit dem Ziel des öffentlichen Wohls". Öffentliche Meinung und öffentliche Diskussion wurden Grundlagen der Regierungen, vermittelt aus der Gesellschaft durch Parteien, Parlamente, Zeitungen und Ideologien. In der Auseinandersetzung mit der Französischen Revolution bildeten sich politische Überzeugungen und Grundeinstellungen: konservative, liberale, nationale und soziale. Die Revolution diente zu parteipolitischer Orientierung und Legitimation. Versuchen wir in Form eines Überblicks und Rückblicks Langzeitwirkungen der Revolution zu erkennen. Was hat sich in Frankreich durch sie entscheidend verändert?

Wirtschaftliche Folgen

- Wirtschaftsgeschichtlich betrachtet bremste die Französische Revolution das andere, aus England kommende Jahrhundertereignis, die industrielle Revolution. Die liberale Phase der Gewerbefreiheit mit der Aufhebung von Monopolen und Zünften war infolge des Krieges nur vorübergehend, ein vom Staat dirigierter „Kriegsmerkantilismus" setzte sich durch. Inflation, Kapitalflucht und Krieg ruinierten die Währung.

Bauern

- Auf dem Lande entstand ein freier Grundstücksmarkt. Aber die rechtliche Befreiung des Grundeigentums, seine Beweglichkeit und die Versteigerung der staatlichen Kirchengüter in der Revolution vertieften die Gegensätze zwischen einer bäuerlichen Oberschicht und einer armen Schicht von Kleinbauern und Pächtern auf den Dörfern noch.

Adel

- Der Adel zählt zu den Verlierern der Revolution: Fast 2 000 Adlige wurden hingerichtet, mehr als 16 000 mussten, wenn auch nur vorübergehend, emigrieren. Diese erhielten nach ihrer Rückkehr ihren in der Revolution enteigneten Grundbesitz nur teilweise wieder zurück, wurden aber 1825 aus öffentlichen Mitteln entschädigt.

- Weitere große Verlierer waren der katholische Klerus und die Amtskirche: Die Kirche büßte ihren Grundbesitz fast völlig ein; der Klerus verlor 15–20% seines Personalbestandes. Die Entchristianisierung veränderte die Mentalität der Franzosen tief greifend, laizistische und antiklerikale Tendenzen setzten sich durch. Die Schulen wurden grundsätzlich staatliche, also nicht mehr kirchliche Einrichtungen. *Kirche*

- Die bürgerlichen Mittel- und Oberschichten der Städte waren die Hauptgewinner der Revolution. Die Mitglieder der revolutionären Versammlungen und Behörden rekrutierten sich meist aus der Gruppe der aufgeklärten Beamten und Freiberuflichen. Diese neue politische Elite festigte ihre soziale Position. *Stadtbürgertum*

- Die Revolution führte zu einer außerordentlichen Steigerung und Zentralisierung der Mittel und Tätigkeitsfelder des Staates, nachdem die absolutistische Monarchie und die Herrschaft der Stände, der Körperschaften und der privilegierten Familien des Ancien Régime überwunden waren. *Staatliche Zentralgewalt*

- Auch das Militär und die Kriegsführung wurden grundlegend verändert. Es entstand ein Volks- und Massenheer mit allgemeiner Wehrpflicht, das den gedrillten Linientruppen der alten Mächte an Beweglichkeit, operativer Führung und Kampfmoral weit überlegen war. Der Krieg wurde aus nationalrevolutionärem Sendungsbewusstsein und nationalem Selbstbehauptungswillen gerechtfertigt und verherrlicht. *Militär*

- In der Rechtsordnung wurde das traditionelle Standes- und Privilegienrecht vom bürgerlichen Individual- und Vertragsrecht und dem Prinzip der Rechtsgleichheit abgelöst. Der Rechts- und Verfassungsstaat monopolisierte die Rechtsprechung. Die Gerichtshoheit und das Polizeirecht der feudalen Grundherren wurden aufgehoben. Die hausväterliche Gewalt gegenüber Kindern und Ehefrau wurde eingeschränkt; Ehescheidung und Zivilehe wurden rechtlich freigegeben, jedoch bei fortdauernder sozialer und rechtlicher Benachteiligung der Frau. Das Strafrecht wurde humanisiert. Folter und grausame Strafen wurden verboten. Der Rechtsschutz des Verhafteten wurde garantiert und neben die Richter traten Geschworene. *Justiz* *Rechtsstellung der Frau*

Die Französische Revolution war wesentlich eine Revolution der politischen Kultur; sie erweiterte den Handlungsspielraum der Politik, indem sie unter Berufung auf die Menschenrechte und die Volkssouveränität eine politisch einflussreiche Öffentlichkeit schuf. Die Politisierung des französischen Volkes stieß allerdings an Grenzen; nur etwa 2 % der Bevölkerung in den Städten und 8 % auf dem Land traten während der Revolution politischen Clubs, den Vorformen der Parteien, bei. Die Wahlbeteiligung überstieg selten 25 % der wahlberechtigten männlichen Bürger. Die Grundbegriffe unserer heutigen politischen Sprache wurden in der Revolution maßgeblich geprägt. Revolutionäre Handlungsformen der Volksmassen, Praxis und Ideologie einer revolutionären Regierung mit Einschränkung bürgerlicher Freiheitsrechte wurden erprobt. Die Furcht vor einer sozialen Revolution und direkter Volksherrschaft erfasste das Bürgertum und brach in den Folgerevolutionen des 19. und 20. Jahrhunderts immer wieder elementar auf. *Politische Kultur* *Revolutionsfurcht*

MATERIAL 32 Ein Dorf in der Revolution: La Selle en Hermois

Das Dorf liegt etwa 30 Meilen südöstlich von Paris, in der tiefen Provinz. Es war ein gewöhnliches Dorf, das vom revolutionären Auf und Ab weitgehend verschont blieb. Es gab keine militärischen Überfälle und Kriegseinwirkungen wie im Osten Frankreichs und keine Aufstände wie in den Westprovinzen, besonders in der Vendée und im Südosten. Das Dorf zählte 85 Herdstellen und etwa 500 Einwohner. Von seinen 50 Männern konnten nur 7 eine Unterschrift leisten und für kommunale Ämter als tauglich gelten. Aus den Aufzeichnungen der Gemeindesitzungen lässt sich die Alltagsgeschichte eines Dorfs in der Revolution nachzeichnen.

Die Nachrichten aus der nahen und doch so fremden Hauptstadt gelangten schnell in das Dorf, konnten aber seine Bewohner wenig aus ihren alten Gewohnheiten reißen. Es gab keine revolutionäre Inbrunst und keine Empörung. Man blieb dem alten Kalender und dem Rhythmus des Kirchenjahrs treu. Selbst als der Pfarrer im Januar 1791 den vorgeschriebenen Eid auf die Verfassung leistete, dem Bürgermeister im November 1792 die Kirchenbücher für die nunmehr zivile Standesamtsregistratur aushändigte, blieb die Kirche die Seele des Dorfes. Hier fanden die Gemeindeversammlungen statt, auf der Küsterbank wurde nach der Lesung des Evangeliums im September 1792 der republikanische Bürgereid geschworen und im Dezember 1791 hatte hier der Pfarrer die Gemeindewahlen durchgeführt.

Als im Januar 1793 die Dorfgemeinschaft in der Kirche den neu geforderten Treueid auf die Verfassung leistete, fügte der Gemeindeschreiber vielleicht aus Vergesslichkeit zum Vermerk hinzu: Man halte „mit aller Macht an der Verfassung des Königreichs“ fest.

Die Wahlen fanden oft ohne Kandidaten statt, die Wahlurne war ein Hut. Für die Liste der Nationalgarde, bei Truppenaushebungen oder etwa für die Versteigerung der Kirchenglocken meldeten sich keine Freiwilligen.

Revolutionäre aus der benachbarten Stadt Montargis mussten nachhelfen und beispielsweise auf „revolutionäre Art“ Steuern bei den säumigen begüterten Dorfbewohnern eintreiben. Sieben Freiwillige, zur „Verteidigung des Vaterlandes“ aufgerufen, konnten nur mit großer Mühe gefunden werden, nachdem ihnen für einen Feldzug sechzig und für vier Feldzüge fünfhundert Livres versprochen worden waren; als 7. Rekrut wurde zuletzt kurioserweise ein zehnjähriges Mädchen aus dem Hut ausgelost.

Die Bourbonenlilien aus Blei mussten vom Kirchturmskreuz und von der Küsterbank mit anderen Zeichen „des Feudalismus und des Königtums“ entfernt werden. Vergoldete und versilberte liturgische Gefäße wurden amtlich erfasst und geschätzt; der Wald in der Nähe des Dorfes wurde zum Wohl der Nation beschlagnahmt.

Alle in Paris getroffenen Entscheidungen sind im Gemeindebuch getreulich vermerkt, so z. B. die Zulassung von Juden zu Ehrenämtern, Heiratserlaubnis für Stiftsfräulein, Befehl an die Frauen, dreifarbige Kokarden zu tragen. Mangels großer Kirchengüter in der Nähe spielte ihr Verkauf als Nationalbesitz an die Dorfbewohner kaum eine Rolle. Niemand wurde guillotiniert.

Der Streit um die Menschenrechte und um Verfassungsgrundsätze erregte kaum jemand. Aber jedermann legte den Eid des Gehorsams auf alle Verfassungen ab, auf den König, die Gesetze, die Nation, die Republik – in Erwartung des Kaisers.

(Aus: René Sedillot, Hat sich die Revolution gelohnt?, Steidl-Verlag, Göttingen 1989, S. 301 ff.; Übers. W. Tschöke)

1. Stellen Sie zusammen, was sich in dem Dorf La Selle en Hermois veränderte. Versuchen Sie die Wirkung der Revolution auf das Leben der einzelnen Dorfbewohner einzuschätzen.

MATERIAL 33 Edmund Burke: Einige Grundsätze konservativer Revolutionskritik

Im November 1790 veröffentlichte der englische Publizist Edmund Burke seine in ganz Europa Aufsehen erregenden „Betrachtungen über die Französische Revolution“. Er prophezeite damals schon eine Schreckensherrschaft. Aufgrund dieser Schrift wurde er zu einem Vordenker der Gegenrevolution und des politischen Konservativismus im 19. Jahrhundert.

„Französische Freiheit“, Karikatur von James Gilray

Da die wahre Staatskunst so viel Erfahrung erfordert, als der schärfste und unermüdlichste Beobachter im Laufe eines Lebens nicht erwerben kann, so sollte wohl niemand ohne unendliche Behutsamkeit ein Staatsgebäude niederzureißen wagen, das jahrhundertelang den Zwecken der gesellschaftlichen Verbindung auch nur leidlich entsprochen hat. [...]

Wenn jene metaphysischen (philosophisch erdachten) Rechte des Menschen in das bürgerliche Leben eingehen, so werden sie wie Lichtstrahlen, die in ein dichteres Medium dringen, nach unwandelbaren Naturgesetzen von ihrem geraden Wege abwärts gebrochen. Die Natur des Menschen ist verwickelt. [...]

Wenn ich höre, dass man in neu zu errichtenden Verfassungen nach Simplizität strebt, so zweifle ich keinen Augenblick, dass die Werkmeister schamlos-unwissend in ihrer Kunst oder strafbar-nachlässig in ihrer Pflicht sind.

Wir haben den Staat geheiliget, auf dass niemand seine Gebrechen anders als mit schüchterner Ehrfurcht enthülle, auf dass es keinem träume, seine Verbesserung mit seiner Zerstörung zu eröffnen.

Die bürgerliche Gesellschaft ist ein großer Kontrakt (Gesellschaftsvertrag). Kleine Privatkontrakte, die ein vorübergehendes gemeinschaftliches Interesse herbeiführt, können nach Belieben wieder aufgehoben werden: Aber es wäre frevelhaft, den Staatsverein wie eine alltägliche Kaufmannssozietät, wie einen unbedeutenden Gemeinhandel mit Pfeffer oder Kaffee zu betrachten. Ein Staat ist eine Gemeinschaft zwischen denen, welche leben, denen, welche gelebt haben, und denen, welche noch leben sollen. Jeder Grundvertrag einer abgesonderten Staatsgesellschaft ist nur eine Klausel in dem großen Urkontrakt, der von Ewigkeit her alle Weltwesen zusammenhält, und die sichtbare Welt an die unsichtbare knüpft, alles unter der Sanktion eines unverletzlichen und unwandelbaren Gesetzes, vor dem nichts im moralischen Weltall seine angewiesene Stelle verlassen darf.

(Aus: Edmund Burke, Über die Französische Revolution. Betrachtungen und Abhandlungen, Akademie-Verlag, Berlin 1991, S. 136–138, Übers. F. Gentz)

1. Erläutern Sie Burkes grundsätzliche Revolutionskritik, indem Sie zeigen, von welchen weltanschaulichen Voraussetzungen (Menschenbild, Weltbild, Geschichts- und Politikverständnis) er ausgeht.
2. Erörtern Sie, ob Burke der Revolution gerecht wird.

MATERIAL 34 Immanuel Kant: Eine menschheitsgeschichtliche, moralische Würdigung der Französischen Revolution

Der Philosoph Immanuel Kant aus Königsberg schrieb im Jahre 1798 – also unter Berücksichtigung der Terrorphase und der Revolutionskriege – in seiner Schrift „Der Streit der Fakultäten“:

Die Revolution eines geistreichen Volks, die wir in unseren Tagen haben vor sich gehen sehen, mag gelingen oder scheitern; sie mag mit Elend und Greueltaten dermaßen angefüllt sein, dass ein wohl denkender Mensch sie, wenn er sie, zum zweiten Male unternehmend, glücklich auszuführen hoffen könnte, doch das Experiment auf solche Kosten zu machen nie beschließen würde – diese Revolution, sage ich, findet doch in den Gemütern aller Zuschauer (die nicht selbst in diesem Spiele verwickelt sind) eine Teilnehmung dem Wunsche nach, die nahe an Enthusiasmus grenzt, und deren Äußerung selbst mit Gefahr verbunden war, die also keine andere, als eine moralische Anlage im Menschengeschlecht zur Ursache haben kann. [...]

Ein solches Phänomen in der Menschengeschichte vergisst sich nicht mehr, weil es eine Anlage und ein Vermögen in der menschlichen Natur zum Besseren aufgedeckt hat, dergleichen kein Politiker aus dem bisherigen Laufe der Dinge herausgeklügelt hätte.

Aber, wenn der bei dieser Begebenheit beabsichtigte Zweck auch jetzt nicht erreicht würde, wenn die Revolution, oder Reform, der Verfassung eines Volkes gegen das Ende doch fehlschlüge, oder, nachdem diese einige Zeit gewähret hätte, doch wiederum alles ins vorige Gleis zurückgebracht würde (wie Politiker jetzt wahrsagen), so verliert jene philosophische Vorhersagung doch nichts von ihrer Kraft. – Denn jene Begebenheit ist zu groß, zu sehr mit dem Interesse der Menschheit verwebt, und, ihrem Einflusse nach, auf die Welt in allen ihren Teilen zu ausgebreitet, als dass sie nicht den Völkern, bei irgendeiner Veranlassung günstiger Umstände, in Erinnerung gebracht und zu Wiederholung neuer Versuche dieser Art erweckt werden sollte.

(Aus: Immanuel Kant, Werke in 12 Bänden, Bd. XI, Suhrkamp, Frankfurt 1964, S. 358, 361)

1. Versuchen Sie, den moral- und geschichtsphilosophischen Gedankengang des Philosophen wiederzugeben.
2. Vergleichen Sie Kants Deutung der Revolution mit der Burkes und setzen Sie sich mit den beiden Deutungen auseinander.
3. Vergleichen Sie das Revolutionsbild von Jacques Louis David (S. 94) mit demjenigen von Eugène Delacroix (S. 159).

Fahne der badischen Revolutionsarmee, Ortsgruppe Gailingen, 1848/1849.
Die Aufschrift der Fahne „Freiheit, Gleichheit, Bruderliebe“ bezieht sich in ihrer Begriffswahl auf die fortwirkende Tradition der Französischen Revolution.

Die Freiheit führt das Volk an, Gemälde von Eugène Delacroix, 1831 (Paris, Louvre)

Das Gemälde gilt als ein Hauptwerk der französischen Romantik. Es verherrlicht die Julirevolution von 1830, eine der zahlreichen Folgerevolutionen von 1789, die europaweit ausstrahlte.
Im rechten Bildhintergrund zeichnet sich die Silhouette von Notre-Dame ab. Aus dem linken Bildhintergrund drängt mit elementarer Gewalt eine Masse bewaffneter Bürger, Arbeiter und Soldaten nach vorn. Sie werden von einer mächtigen Frauenfigur über Pflastersteine, zerschossene Balken, Tote und Verwundete in einer mitreißenden Bewegung angeführt. Die Frau mit entblößten Brüsten reckt mit ihrer rechten Hand die flatternde Trikolore hoch und hält in ihrer linken ein Gewehr mit aufgestecktem Bajonett. Der Junge neben ihr scheint vor Begeisterung mit seinen zwei Pistolen in den Händen zu trommeln. Die Frauenfigur ist vieldeutig: Eine junge Frau aus dem Volk mit roter Jakobinermütze, Marianne, Identifikationsfigur der französischen Nation, wieder erstandene Jungfrau von Orléans, Siegesgöttin Nike, Freiheitsgöttin. Im Vordergrund blickt eine kauernde Figur sehnsüchtig hoffend zu ihr auf.
Das Bild stellt Fragen an das kommende 19. Jahrhundert: Geht die Welle der Revolution weiter? Geht sie über das Elend des Volkes hinweg? In welche Zukunft? Zu welcher Freiheit? Unter welchen Opfern?

Register